發現
當代
中國

施哲雄 總策劃／主編

施哲雄・王嘉州・何秀珍・吳榮鎮・邱伯浩・張執中・陳重成・曾喜炤／著

主編序

「當代中國」一系列教材叢書，是凝結了一群講授大陸課程的老師們的心血所完成的精心著作。

1949 年政府撥遷來台後，因當時特殊的時空環境，對中共有關問題的研究相當敏感，以致對此領域的研究人員和資料蒐集，僅限於少數的軍事、情治單位及中國國民黨的相關機構，各大學既無這方面的相關課程，坊間更少有此領域的相關資料。

此一狀況造成台灣地區在研究大陸問題的人才幾乎出現斷層，有鑑於此，當時擔任中華民國國際關係研究所主任吳俊才先生，向先總統蔣公建議，希望在大學裡能成立一所可授予碩士學位，從學術的立場，客觀研究中國大陸問題的研究所，先總統贊同此一建議後，吳主任即積極規劃，於 1968 年春在國立政治大學成立國內第一所研究大陸問題的東亞研究所，1981 年更進而成立博士班，以培養研究大陸問題的人才。

大學開設中國大陸研究的課程，在 1971 年前後，先在國立政治大學法學院的政治系進行試點，後續在台大、政大、師大和中興四所大學的相關學系正式開課，最後逐漸推廣到各公私立大學，目前成為一門顯學。在中共進行改革開放，兩岸交流逐漸熱絡後，兩岸經貿相關的問題益顯重要，國內各大專院校亦逐漸開授此一領域之相關課程。

在大學開設中國大陸研究相關課程後，即面臨教科書和相關資

料的使用問題，教育部曾委託專家學者撰寫相關問題的專書，這些專書僅能作為該問題的參考資料，不大適合作為該課程的教科書，因缺少基礎教材，致使課程講授的相關內容相當分歧，修課的同學也無法獲得有系統的瞭解與共識。基於此，東亞研究所畢業的多位博士幾經研商，決定以「當代中國」為名，針對目前台灣各大學開設中國大陸研究的課程，以共同合作撰寫的方式，計畫出版一系列的專書，作為該課程的教科書，以解決困擾多年無統一教材的窘境。

本人因曾擔任東亞研究所所長，自始即參與台灣各大學開設「中國大陸研究」課程的工作，故被推舉擔任此一叢書的主編，為說明此套叢書出版的源始，茲將台灣五十餘年來研究大陸問題的情況和面臨的問題簡略說明之。

在此叢書出版之際，特別懷念東亞研究所創辦人，先師吳主任俊才先生，如無當年先師的遠見，台灣在研究大陸問題的領域即無今日之榮景，政府方面亦難於網羅足夠的人才，以處理日趨複雜的兩岸事務。

最後，還要特別感謝揚智文化高效率的編輯群，以及張弘遠、張執中、王信賢、江雪秋等四位東亞所校友的不辭辛勞，才讓本書能夠如期順利出版。

施哲雄 謹識

曾序

2003 年 8 月初，施哲雄博士前來中華歐亞基金會，詳細說明即將出版的「當代中國」叢書寫作經緯，同時要求為文撰寫序文。本人自忖半世紀以來作為從事中國大陸研究的一介書生，且與東亞研究所又有數十年之歷史淵源，乃欣然接受，特擬就數語，以賀此一叢書出版，並略表感言，是為之序。

首先，本研究叢書在施教授的策劃和指導之下，集合了一批自政大東亞所畢業，且一直從事研究與講授中國大陸課程的年輕研究人員，群策群力撰寫而成，實為意義非凡之事。施教授自東亞所博士班第一屆畢業之後，三十多年來始終堅守中國大陸研究崗位，更曾擔任過東亞所所長一職。尤其在兩岸文化學術交流開啓之後，施教授赴陸考察的次數多不勝數，足跡遍及大江南北，實為國內中國大陸研究學界集理論素養與實務經驗於一身的少數優秀學者之一。如今施教授以其豐厚學養與權威地位，動員召集傑出桃李撰寫此一叢書，作為中國大陸研究課程之教材，並為世人介紹當代中國政治、經濟、文化、社會、教育等層面之實際狀況，對於兩岸交流的深入發展，以及中國大陸研究課程水準的提升，實有莫大助益。

其次，國內數十年來中國大陸研究的發展過程，呈現截然不同之差異。早期之「匪情研究」侷限於情報、調查機關或國民黨中央黨部等有關單位，乃是做為「對敵鬥爭」的一部分任務來進行，其特色是資料和研究成果都必須絕對保密，且在高度敏感的情況下為之。至

1970 年代初期，隨著社會變遷的趨勢，中國大陸相關研究在政大、台大、師大、中興、交大、清大等校試辦公開教學後，逐步加以普及化，各大學院校更逐漸將其視為「區域研究」中的重要領域，甚至成立許多碩、博士班以培養中國大陸研究之專業人才。從早期「匪情研究」到今日「區域研究」的演變歷程中，吾人可以發現國內學術研究自由化和多元化風氣的茁壯，與台灣社會的發展與進步乃是相輔相成的。

再次，早期從事「匪情研究」人士，乃憑藉自身文化背景、工作經驗，以及對國家的熱忱，為培養新一代研究人員貢獻心力。而新一代的研究人員卻能更加嫻熟運用各種各樣的社會科學研究方法，以及深厚的理論素養來從事中國大陸問題的研究，並獲得豐碩的成就。

在這裡我要藉由毛澤東的兩句話——「理論與實踐相結合」、「沒有調查就沒有發言權」——來勉勵年輕學者，不要忽略和放棄上一代學者的經驗與成果，而應該要充分繼承、瞭解與運用，並多多進行田野調查，為中國大陸研究開拓新境界，爭取台灣成為全球中國大陸研究之重鎮。學問沒有捷徑，唯有埋頭苦幹，再接再厲，希望「當代中國」叢書，能成為中國大陸研究領域的好教材，並在學術界奠定穩固的基礎。

祝福各位萬事如意，加油，再加油！

總統府資政
曾永賢　謹識

目錄

第一篇
總論篇

　　本篇為總論篇，說明中國大陸之國情、中國共產黨的發展以及中共的主張與信仰，期使讀者能對中國大陸產生一清晰之輪廓，以利深入瞭解中共之政治、社會、經濟、軍事、外交及文教之歷史與現況。第一章為中國大陸國情介紹，首揭中國大陸自然地理，繼之說明人口與民族、政治體制等相關問題。第二章為中國共產黨簡史，首先說明中共建黨的三項時代背景，包括歷史背景、國內背景及國際背景；然後分成政權成立前與政權成立後兩部分，敘述中共黨史之發展。第三章則是介紹中共的主張與信仰，包括毛澤東思想、鄧小平理論與江澤民的三個代表，使同學能從過去的歷史經驗、現實的需求與未來的發展方向瞭解中共意識形態的起源與變遷。

第一章 中國大陸國情介紹

施哲雄 博士

　　認識中國大陸，上自天文下至地理，綜觀歷史悠久，狀似被蠶食的秋海棠土地上，孕育出博大精深的中華文化，千頭萬緒的人文社會景觀以及受到世人所矚目、各家競相探究的政治制度等，應爲讀者所關心。本章首揭中國大陸自然地理，先有一個輪廓，再從人口與民族、政治統治領域等相關問題，稍加說明，以便對中國大陸的整體概況有一初步的瞭解。

第一節　中國大陸的自然地理[1]

一、位置、疆域、面積

　　大陸位於亞洲的東部和中部、太平洋的西岸，海陸兼備，疆域遼闊。最東端約在東經 135°05'，位置在黑龍江省撫遠縣以東烏蘇里江匯入黑龍江處的耶字界碑東角；最西端約在東經 73°40'，位置在新疆維吾爾自治區烏恰縣以西的帕米爾高原。東西跨經度 62°，長達 5,200 公里，時差在 4 小時以上。北起黑龍江省漠河以北的黑龍江江心，南至南海南沙群島南緣的曾母暗沙，從北緯 53°30' 到北緯 4°附近，南北約跨 49°，相距 5,500 公里。領土面積約 960 萬平方公里，占全球陸地面積的 6.5%，在全世界各國中，僅次於俄羅斯與加拿大，位居第三。

　　中國的陸地邊界長約 2.28 萬公里，東北與朝鮮爲鄰；東北、西北與俄羅斯、哈薩克、塔吉克、吉爾吉斯接壤；正北方爲蒙古人民共和國；西部毗鄰阿富汗、巴基斯坦；西南與印度、尼泊爾、不丹、錫

金相接；南面有緬甸、寮國和越南。

　　中國大陸的海岸線，北起鴨綠江口，南至北侖河口，長達 18 萬多公里，如把沿海島嶼的海岸線也計算在內，則長度超過 32 萬公里。沿海島嶼共有 5000 多個，其中約 85%分布在杭州灣以南的大陸近岸和南海之中。

二、地貌輪廓

　　一般說來，中國的地貌總輪廓是西高東低，成梯級分布。整個地勢自西向東逐漸下降，構成巨大的階梯狀斜面。長江、黃河等主要大河均沿此斜面自西向東流，匯入太平洋。整個地貌主要由自西向東的四個階梯組成：

　　最高一級為西南部的青藏高原，由極高山、高山和高原組成，平均海拔高度 4,000 米以上，有「世界屋脊」之稱。

　　第二級階梯從青藏高原的外緣向東到大興安嶺、太行山、巫山、雪峰山連線之間的地域。由廣闊的高原（內蒙古高原、黃土高原、雲貴高原等）和大盆地（塔里木盆地、準噶爾盆地、四川盆地等）組成，海拔高度從 2,000 米遞減至 1,000 米不等。

　　第三階段從上述連線向東直至海岸，基本上為低山、丘陵和平原交錯地區，大部分地區海拔在 500 米以下，這裡有東北平原、華北平原、長江中下游平原等。

　　第四階梯為大陸向海洋中的自然延伸部分，也就是構成中國內海（渤海）與邊緣海（黃海、東海、南海）的大陸架，水深都在 200

米以內。

如果從賀蘭山、六盤山、龍門山到哀牢山畫一條線，把中國大陸分成東西兩大部分，則此線以西，地勢高差很大，垂直分異比較顯著；此線以東，地勢高差相對較小，緯度地帶性比較明顯。

中國地形複雜，山地、高原和丘陵共約占總面積的 65%，平原面積僅占 35%。因此，多山是中國大陸自然地理的特點之一。

三、氣候

中國幅員遼闊，氣候多樣。從南到北，按照溫度指標可以分為赤道帶、熱帶、亞熱帶、暖溫帶、溫帶和寒帶六種溫度帶。

按照水文條件，從中國東部沿海到西北內陸，依次可以分為四個地區：一、濕潤地區，占總面積的 32%；二、半濕潤地區，占總面積的 15%；三、半乾旱地區，占總面積的 22%；四、乾旱地區，占總面積的 31%。

中國大陸的氣候具有多樣性，呈現三個基本特點：一、季風氣候明顯。主要表現為冬夏盛行風向有顯著的變化，隨季風的進退，降水有明顯的季節性變化；二、大陸性氣候強。表現為冬、夏兩季的平均溫度與同緯度其他地區或國家有較大的差異。冬季低於同緯度地區，夏季則高於同緯度地區；三、氣候類型多種多樣。全區大致可分為東部季風區、西北乾旱區和青藏高原寒區三大自然區域。

四、水系

中國大陸江河眾多，流域面積在 100 平方公里以上的河流有五萬多條，面積在 1,000 平方公里以上的也有一千五百多條。這些河流大多順地勢向東、向南流入大海，統稱外流河，構成了約占全部面積 66%的外流區域。外流區域中多數屬太平洋流域，主要有長江、黃河、黑龍江、珠江、遼河、海河、淮河、錢塘江及瀾滄江等。少數屬印度洋流域，如怒江、雅魯藏布江。只有新疆西北部的額爾濟斯河屬北冰洋流域。

這些河流水量豐富，河床比降很大，蘊藏著豐富的水力資源。這些河流中，秦嶺、淮河以南的河流水量豐富，水位季節變化小，冬季不結冰，河流含沙量較少，大多可四季通航，並利於蓄水、發電、灌溉。秦嶺、淮河以北的河流水量季節變化大，含沙量多，冬季水量小且有結冰現象，影響蓄水、發電，但夏季仍可通航、灌溉。

在外流河中，長江幹流 6,300 公里，是大陸第一大河，世界第三大河，黃河是大陸第二大河，幹流 5,500 公里。

大陸北部和西部有許多內陸河，最長的內陸河是新疆南部的塔里木河，全長 2,137 公里。

大運河也稱京杭運河，是中國古代偉大的水利工程，北起北京，南達杭州，全長 1,801 公里，是全世界最長的運河。

第二節　中國大陸的人口[2]

從古至今中國大陸的人口數量一直居全球之冠。幾千年中，中國有過滿目瘡痍的場面，留下過「千里無人煙」的慘象，也經過安居

樂業、海宴河清的盛世，人口的變遷是相當曲折而複雜的，在滿清以前，中國人口多次出現過「大起大落」的變化，嚴格來說，就是某些時期的持續增長和某些年代的急劇下降，這主要是由於戰爭、自然災害、政治動亂等因素造成的。中國人口從 1949 年至 2002 年增長的情形如表 1-1：

表 1-1　1949～2002 年中國人口增長情形

年分	1949	1954	1964	1969	1974	1981	1989	1995	2002
人口數	5.4167	6	7	8	9	10	11	12	12.8453

註：人口數量單位：億。

中國官方至今共進行五次人口普查的工作，前四次分別於 1953、1964、1982 及 1990 年的 7 月 1 日實施，第五次則於 2000 年 11 月 1 日進行。

中國國家統計局在 2001 年 5 月 15 日發布「2000 年第五次全國人口普查公報（第 1 號）」[3]，該公報透露中國大陸三十一個省、自治區、直轄市和現役軍人的統計數據如下：

1.人口：126,583 萬人。

2.人口增長：同 1990 年第四次全國人口普查結果的 113,368 萬相比，10 年 4 個月期間共增加 13,215 萬人，增長了 11.66%。平均每年增加 1,279 萬人，年增長率平均為 1.07%。

3.家庭戶人口：共有家庭戶 34,837 萬戶，平均每個家庭 3.44 人，比 1990 年「四普」的 3.96 人減少了 0.52 人。

4.總人口性別構成：男性 65,355 萬人，占總人口的 51.63%；女性 61,228 萬人，占總人口的 48.37%。性別比（以女性為 100，男性對女性的比例）為 106.74。

5.年齡構成：0～14 歲的人口為 28,979 萬人，占總人口的 22.89%；15～64 歲的人口為 88,793 萬人，占總人口的 70.15%；65 歲以上的人口為 8,811 萬人，占總人口的 6.96%。

6.民族構成：漢族人口為 115,940 萬人，占總人口的 91.59%；各少數民族人口為 10,643 萬人，占總人口的 8.41%。同 1990 年的「四普」相比，漢族人口增加了 11,692 萬人，增長了 11.22%；各少數民族增加了 1,523 萬人，增長了 16.70%。

7.各種受教育程度人口：接受大學（指大專以上）教育的 4,571 萬人；接受高中（含中專）教育的 14,109 萬人；接受初中教育的 42,989 萬人；接受小學教育的 45,191 萬人（以上各種受教育程度的人包括各類學校的畢業生、肄業生和在校生）。

8.文盲人口（15 歲以上不識字或識字很少的人）為 8,507 萬人，比第四全國人口普查的結果相比，文盲率由 15.88%下降為 6.72%，下降了 9.16 個百分點。

9.城鄉人口：居住在城鎮的人口 45,594 萬人，占總人口的 36.09%；居住在鄉村的人口有 80,739 萬人，占總人口的 63.91%。同 1990 年「四普」相比，城鎮人口占總人口的比重上升了 9.86 個百分點。

第三節　中國政制

一、中國國名：中華人民共和國[4]

中共政權成立之前，中共領導人或民主人士在撰述、演講時，多以「中華人民民主共和國」之稱謂爲將建立國家之名號。1949 年 6 月 21 日，中國人民政治協商會議籌備會第一次會議上，論及新中國的名稱問題時，有主張採「中華人民民主國」者，張奚若則提不如採「中華人民共和國」之說。中國人民政治協商會議正式召開期間，董必武即採用「中華人民共和國」並作以下說明：「因爲共和國說明了我們的國體，『人民』兩字在今天新民主主義的中國是指工、農、小資產階級和民族資產階級的人，它有確定的解釋，這已經把人民民主專政的意義表達出來，不必再把『人民』兩字重複一次」。中國人民政治協商會議第一屆全體會議就此接受了「中華人民共和國」此一稱號，並寫入「政協共同綱領」。十月一日，毛澤東在天安門上宣布：「中華人民共和國中央人民政府成立。」

二、中華人民共和國成立日期：1949 年 10 月 1 日[5]

「新中國」爲何要選在 1949 年 10 月 1 日這天成立，與史大林有密切關聯。1949 年 7 至 9 月劉少奇訪問蘇聯，8 月有一天史大林問劉少奇：「你們打算什麼時候正式成立中央政府？」劉少奇回答說：「我

們目前集中力量解放華南各省，解決那裡的問題。至於成立中央人民政府，可能計畫在明年 1 月，或許是 1 月 1 日吧。」史大林又說：「解決重大問題固然要穩妥，但要掌握住時機。我想提醒你們注意，國際上的敵人會不會利用所謂『中國無政府狀態』進行干涉，甚至聯合干涉。這是敵人最毒辣的一著，不能不警惕。」劉少奇等人對史大林這番話極為重視，立即向黨中央和毛澤東匯報。9 月初劉少奇從莫斯科回到東北便得悉中央已決定於 10 月 1 日正式宣布成立中華人民共和國中央人民政府，建都北京。

三、中國的「國旗」、「國歌」、「國徽」、「國花」

（一）中國的「國旗」、「國歌」、「國徽」、「國花」制定歷程

中國的「國旗」、「國歌」、「國徽」、「國花」制定歷程，見圖 1-1。

（二）國旗、國徽

「國旗」、「國徽」圖樣，見圖 1-2、圖 1-3。

圖 1-2　中國的「國旗」

圖 1-3　中國的「國徽」

中國「國旗」、「國歌」、「國徽」、「國花」制定歷程

由於 1949 年 6 月 15 日成立的「新政協籌備會」僅擬定了「國旗」、「國歌」、「國徽」方案，以致中共在是年 9 月 27 日，由「中國人民政治協商會議第一屆全體會議」通過旗、歌、徽的決定，卻無國花的議定。及至 1994 年，經中國人大提出，中國花卉協會牽頭成立國花評選領導小組，由中國「全國人大副委員長」陳慕華任名譽組長，並由專家學者組成國花評選專家組，審定國花評選條件，迄民國 1995 年，經該小組研究決定，一致同意以牡丹為國花。

中國「國旗」、「國徽」選委會

1949 年 7 月 4 日在中南海勤政殿，由葉劍英、翦伯贊、蔡暢、李立三、田漢、鄭振鐸、廖承志、張奚若等組成旗圖案初選委員會。

中國「國歌」詞譜選委會

1949 年 7 月 4 日在中南海勤政殿，由郭沫若、田漢、沈雁冰、錢三強、歐陽予倩等組成「國歌」詞譜初員會。

中國「國旗」設計者

中國五星紅旗圖案的設計者是原在中共上海地下黨領導的秘密新聞單位工作的曾聯松，他是於 1949 年 7 月 14 日在報上看到徵文後而設計參選。

釋義

中國「國旗」是五星紅旗，旗形為長方形，長與高的比為三比二。旗面紅色，代表共軍的血，象徵革命；五顆五角金黃星居旗左上方，金黃色代表秋收，顯示光明；五星的大星，代表中國共產黨；環拱於大星之右的四顆小星，代表工、農、城市小資產、民族資產等四階級。

發布日期

1949 年 9 月 27 日，經「中國人民政治協商會議第一屆全體會議」一致通過公布。

中國「國徽」設計者

中國「國徽」圖案是由清華大學建築系一級教授林徽音、李宗津、莫宗江、朱暢中等所組成的設計小組所設計。1950 年 6 月初經周恩來等評審採納。

釋義

中國「國徽」圖形是以五星照耀下的天安門為主體，周圍是穀穗和齒輪；齒輪中心交結著紅綬，紅綬向左右纏住麥稻穗。天安門圖案，象徵著中國人民的革命傳統，代表新的民族精神；齒輪、麥稻穗象徵工、農階級；用國旗上的五星代表中國共產黨領導下的中國人民的大團結。

發布日期

1950 年 6 月 23 日，經「中國人民政治協商會議第一屆二次會議」以鼓掌方式通過，由毛澤東於是年 9 月 20 日發布命令公布。

詞譜作者

中國「國歌」是「義勇軍進行曲」，該歌曲由聶耳創作於 1935 年，田漢作詞，是當時由上海電通影業公司所拍攝的抗日故事片「風雲兒女」的配曲。

演變歷程

在中共政權成立初期，「義勇軍進行曲」先是被「中國人民政治協商會議」選定為代國歌；其後一度被「東方紅」取代。後在 1978 年 3 月 5 日中國「全國人民代表大會第五屆一次會議」換了新詞；1982 年 12 月 4 日新詞被撤銷，重新恢復原詞譜。

發布日期

1982 年 12 月 4 日，經中國「全國人民代表大會第五屆五次會議」，正式確定原聶耳作曲、田漢作詞的「義勇軍進行曲」為中國「國歌」。

圖 1-1 中國的「國旗」、「國歌」、「國徽」、「國花」制定歷程

資料來源：《中國大陸綜覽》（台北：共黨問題研究中心編印，民國 90 年版），頁 20～21。

（三）國歌

中華人民共和國國歌（義勇軍進行曲）

作曲：聶耳　　作詞：田漢

起來！不願做奴隸的人們！把我們的血肉，築成我們新的長城！
中華民族到了最危險的時候，
每個人被迫著發出最後的吼聲，
起來！起來！起來！我們萬眾一心，
冒著敵人的炮火前進，
冒著敵人的炮火前進！前進！前進！進！

四、中國憲法[6]

（一）政權成立前

　　1931 年中共在江西瑞金召開「全國第一次工農兵蘇維埃大會」，宣布成立「蘇維埃共和國」，頒布「中華蘇維埃共和國憲法大綱」，共十七條，1934 年作了局部修改，此乃中共政權成立前制訂的「第一部憲法性文件」。後在政府的五次圍剿下，中共流竄至陝北，1941 年中共的陝甘寧邊區政府通過「陝甘寧邊區施政綱領」，1946 年再通過「陝甘寧邊區憲法原則」。1949 年 9 月 21 至 30 日，中國人民政治協商會議第一屆全體會議在北平舉行，會中通過了《中國人民政治協商會議共同綱領》，此《共同綱領》是 1954 年中國「全國人代會」制訂第一部憲法之前，具有憲法效力的一份文件。

（二）政權成立後

　　1.《五四憲法》：1954 年 9 月 20 日，第一屆全國人民代表大會第一次會議在北京召開。會議通過了《中華人民共和國憲法》

（簡稱《五四憲法》）。這是中國第一部憲法。但是，從 1957 年下半年起，特別是 1966 年「文化大革命」爆發後，此部憲法遭到極大的破壞，形同具文。

2. 《七五憲法》：1975 年 1 月 13 日，第四屆全國人民代表大會第一次會議在北京召開。1 月 17 日，會議通過了《中華人民共和國憲法》（簡稱《七五憲法》）。此部憲法是在「文革」的特定歷史條件下制訂的，在具體規定方面帶有極左的烙印。

3. 《七八憲法》：1978 年 2 月 28 日，第五屆全國人民代表大會第一次會議在北京召開。3 月 5 日，大會通過了《中華人民共和國憲法》（簡稱《七八憲法》）。此部憲法是在粉碎「四人幫」以後不久的特定歷史條件下制訂的，在指導思想上仍然沒有擺脫「以階級鬥爭為綱」和「無產階級專政下繼續革命理論」的影響，同時也沒能夠完全清算「文革」等一系列極左的錯誤。

4. 《八二憲法》：1982 年 11 月 26 日，中華人民共和國第五屆全國人民代表大會第五次會議召開，12 月 4 日通過了《中華人民共和國憲法》（簡稱《八二憲法》）。此部憲法是中國現行的憲法，包括序言、第一章總綱、第二章公民的基本權利和義務、第三章國家機構和第四章國旗、國徽、首都，共一百三十八條。

五、中國的統治體系[7]

中華人民共和國是由中國共產黨所建立，故中國共產黨自執政之日起，即在國家政權中居領導及中心的地位。在落實黨對政府的領導，主要是通過黨委和黨組織這兩種形式來實現的。中央政府內設黨

的委員會，政府部門內設黨組，保證黨中央一切有關政府工作的決定貫徹執行。中國共產黨對政府的領導具體來說是有三個側面和三個層次的內容。

　　從三個側面來看，一是黨對政府的政治領導，即由黨來決定政府活動的政治原則和政治方向；二是黨對政府的組織領導，表現為黨的幹部執掌各級政府機關的重要領導崗位；三是黨對政府活動的思想領導，即黨通過教育和引導，使各級幹部及相關人員接受中共的思想意識形態。

　　從三個層次看，黨對政府政治的領導包括：

　　首先，表現為對國家宏觀發展的規劃、指導，及對政府在經濟文化和社會生活等各方面工作方向的總體性領導，主要是使黨的意圖和方針通過法定的立法程序及政策制訂程序，變為國家的法律和政策。

　　其次，表現為黨的意圖、方針在貫徹實施方面的引導作用，主要是通過在各級政府機關的成員，利用自己的宣傳媒介，在一系列的宣傳、教育、解釋等工作中，把黨對國家大政方針的設計，通過政府的各項工作貫徹到社會中去，使黨的主張深入社會各個領域與階層中，保證黨的意圖得以實現。

　　第三，表現為對黨的方針、政策的貫徹實施所發揮的監控作用，及通過黨的各級組織和黨員，監督各級政府機關職權的行使，保證黨的意圖主張在它們的職權行使和功能營運的過程中得以實現。同時，領導廣大民眾對政府實行監督，對政府過程中的重大動向作出及時的判斷和處理，對業已形成的不利於黨的政策意圖的貫徹實施思潮、行為和活動，給予有效的控制和調適。中國的統治體系如圖 1-4。

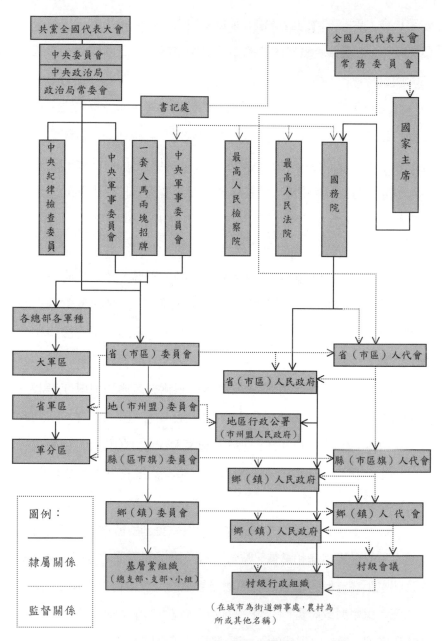

圖例：

———————
隸屬關係

- - - - - - -
監督關係

（在城市為街道辦事處，農村為
所或其他名稱）

圖 1-4　中共的統治體制

資料來源：《中國大陸綜覽》（台北：共黨問題研究中心編印，民國 90 年），頁 18。

六、中國行政區劃分

根據《八二憲法》，中國的行政區劃分為三級：

1. 省、自治區、直轄市：目前共有二十二個省、五個自治區、四個直轄市。

    （1）二十二個省：遼寧、吉林、黑龍江、河北、山東、江蘇、浙江、福建、廣東、山西、河南、安徽、江西、陝西、湖北、湖南、甘肅、四川、貴州、雲南、青海和海南。

    （2）五個自治區：廣西壯族自治區、新疆維吾爾自治區、寧夏回族自治區、內蒙古自治區及西藏自治區。

    （3）四個直轄市：北京市、天津市、上海市及重慶市。

2. 省、自治區分為地區、自治州、縣、自治縣及市。

3. 縣、自治縣分為鄉、民族鄉及鎮。直轄市和較大的市分為區、縣。自治州分為縣、自治縣及市。

行政區劃簡圖如圖 1-5、圖 1-6。

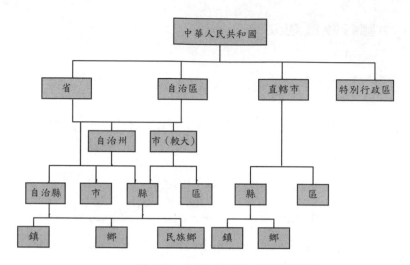

圖 1-5　中國大陸行政區劃簡圖

資料來源：浦興祖主編，丁容生等撰，《當代中國政治制度》（上海：上海人民出
　　　　版社，1990年），頁73。

圖 1-6　中國大陸行政區圖

資料來源：《中國大陸綜覽》（台北：共黨問題研究中心編印，民國90年版），頁12。

七、中國大陸的宗教[8]

　　中共師承馬列主義的宗教觀，認爲「宗教是人民的鴉片」，並認爲在人類歷史上，宗教終究要消亡的。雖然中共否定宗教的價值，但由於宗教有長久的歷史，大陸上也有爲數不少的宗教人口，一時又無法消滅；且信仰自由是國際公認的基本人權，不宜明目張膽箝制宗教活動，「憲法」中亦明文規定人民有宗教信仰的自由。實際上對宗教信仰施以種種壓迫，此乃中共一貫的兩手策略，懷柔與高壓手段交互運用，其最終目的就是要消滅宗教。

　　中國大陸各宗教面臨嚴格的管理，以致形成多種型態的地下宗教活動，造成中共與宗教之間的矛盾。目前大陸各宗教的問題，參考圖 1-7。

基督教

組織：中國基督教三自愛國運動委員會。
主席：羅冠宗。
組織：中國基督教協會。
會長：韓文藻。
教堂：一萬兩千餘座。
信徒：一千萬人。

天主教

組織：中國天主教愛國會。
主席：傅鐵山。
組織：中國天主教主教團。
會長：劉元仁。
教堂：四千六百餘座。
信徒：四百餘萬人。

伊斯蘭教

組織：中國伊斯蘭教協會。
會長：陳廣元。
清真寺：三萬餘座。
信徒：一千八百萬人。

佛教

包括藏語系、巴利語系佛教。
組織：中國佛教協會。
會長：趙樸初（歿）。
寺廟：一萬三千餘座。
信徒：無法統計。

道教

組織：中國道教協會。
會長：閔智亭。
宮觀：一千五百餘座。
信徒：無法統計。

中共對宗教的統戰策略

掌握和研究對宗教的方針、政策貫徹執行的情況，善於發現和掌握新情況、新問題，進行綜合分析，提出政策性建議，當好黨委的助手和參謀。
大力倡導和幫助宗教界人士發揚自我教育的優良傳統，提高愛國主義和社會主義覺悟。
幫助各愛國宗教團體解決宗教教職人員數量不足、素質不高、年齡偏大的狀況。
加強與宗教界代表人士的經常聯繫，廣交、深交朋友。
利用宗教界，特別是對回教世界的統戰。

宗教主管機關

國務院及各省級單位設有宗教事務局；縣市級亦設置宗教部門，未設者，其工作由當地中共黨委統戰部門兼辦。

中共的宗教政策

尊重和保護宗教信仰和不信仰的自由，執行至未來宗教自然消亡為止。
鞏固和擴大各民族宗教界的愛國政治聯盟，為建設現代化的社會主義強國，完成國家統一大業而共同奮鬥。
堅持獨立自主、自辦教會「三自」（自治、自養、自傳）宗教方針。

中共的宗教管理依據

一九八二年中共中央頒發「關於我國社會主義時期宗教問題的基本觀點和基本政策」，調整在文化大革命時期全面破和宗教活動的政策。
一九九一年二月中共國務院發出「關於進一步做好宗教工作若干問題的通知」，列出各項管制宗教活動的辦法。
一九九四年一月中共國務院頒布「中華人民共和國境內外國人宗教活動管理規定」和「宗教活動場所管理條例」兩項法令，具體落實宗教活動的管理措施。

中共與宗教的矛盾

社會方面：中共限制宗教的發展，但歷經「三信危機」和「六四事件」之後，大陸人民心裡空虛，精神苦悶，在這種因素下，反而產生了宗教熱，信教的人越來越多，連中共黨員幹部也不例外。
政策方面：中共的宗教策略是企圖使宗教成為其控制教徒工具，所以有五大全國性宗教團體的成立；但是由於層層加碼，使這些團體也有難以忍受的痛苦。
民族方面：部分民族如蒙、藏、回族與宗教是合而為一的，中共限制、利用、消滅宗教的政策，就引發了民族問題，造成分離運動。
對外方面：中共為防止和平演變，對外國宗教採嚴厲措施，結果傷害其形象及國際關係。

地下宗教活動的存在

早期中共為加強對宗教活動的控制，推動教會「三自」政策，主動成立五大宗教的協會組織，並將這些組織外的所有宗教活動列為非法，統稱為「反動會道門」，嚴厲予以打擊。
一些不參加「天主教愛國會」、「基督教三自會」活動的傳道人轉入「地下」傳教，在家中秘密集會，成為家庭教會。
在天主教則多稱為「天主教地下教會」。
近年，由於中共在農村統治力量的逐漸式微，一些民間宗教和民間信仰日漸興起，算命、卜卦、勘輿、巫醫等民間傳統在農村再度盛行。
一九九九年七月，中共開始取締法輪功，將其定位為邪教非法組織；同年十月，「全國人大常委會」通過《關於取締邪教組織、防範和懲治邪教活動的決定》作為取締法源，另設立「國務院防範和處理邪教問題辦公室」負責執行；但法輪功信徒堅不屈服，除轉入地下活動，並經常向中共當局抗爭，使得事件愈演愈烈。

圖 1-7　中國大陸的宗教問題

資料來源：《中國大陸綜覽》（台北：共黨問題研究中心編印，民國 90 年版），頁 154。

八、中國國家領導人

　　中國政府主要的國家領導人，在此是指「國家主席」、「國務院總理」和「全國人民代表大會常務委員會委員長（簡稱人大委員長）」三者，中共政權成立至今上述最高權力機構之領導人更替列表如下：

表 1-2　中國國家領導人

時間	人大屆數	國家主席	國務院總理	人大委員長	備　　　　　註
1949.1	政協一屆（註一）	毛澤東（註二）	周恩來（註三）		註一：中共建政初始，係由政協代行人大職權。
1954.9	第一屆	毛澤東	周恩來	劉少奇	註二：當時毛澤東係任中央人民政府委員會主席。
1959.4	第二屆	劉少奇	周恩來	朱德	註三：一九四九年十月人民政府委員會第一次會議任命周恩來為政務院總理。
1965.1	第三屆	劉少奇（註四）	周恩來	朱德	註四：一九六八年十月劉少奇在未經法定程序下，遭撤銷國家主席等職務。
1975.1	第四屆	取消（註五）	周恩來華國鋒（註六）	朱德（註七）	註五：一九七五年一月人大修改憲法，取消國家主席的設置；一九八二年十二月修憲恢復。
1978.3	第五屆	未設	華國鋒趙紫陽（註八）	葉劍英	註六：一九七六年一月周恩來病故，由華國鋒接任。
1983.6	第六屆	李先念	趙紫陽李鵬（註九）	彭真	註七：一九七六年七月朱德病故。
1988.4	第七屆	楊尚昆	李鵬	萬里	註八：一九八〇年九月華國鋒請辭，由趙紫陽接任。
1993.3	第八屆	江澤民	李鵬	喬石	註九：一九八七年十一月趙紫陽請辭，由李鵬代理。
1998.3	第九屆	江澤民	朱鎔基	李鵬	
2003.3	第十屆	胡錦濤	溫家寶	吳邦國	

資料來源：《中國大陸綜覽》（台北：共黨問題研究中心編印，民國 90 年版），頁22。

【問題與討論】

一、在上這門課之前，你對中國的瞭解有多少？能否簡單描述你對中國大陸的概念？

二、中共政權為何稱為「中華人民共和國」？為何選在十月一日成立？

三、中國大陸的統治體系特徵為何？中國共產黨在國家的地位與我國或西方國家有何不同？

四、你能否簡單描述中國大陸的行政區劃分，以及各省行政中心所在？

五、除了毛澤東、鄧小平、江澤民之外，你還知道那些中共的領導人？

注釋

1 劉洪主編，中華人民共和國國家計畫委員會長期規劃司組織編寫，《中國國情》（北京：中共中央黨校出版社，1990 年），頁 9～13。共黨問題研究中心編印，《中國大陸綜覽》（台北：法務部調查局，民國 90 年），頁 14。

2 蔡昉主編，《2001 年：中國人口問題報告》（北京：社會科學文獻出版社，2001 年），頁 206。

3 中華人民共和國國家統計局網站，〈第五次全國人口普查公報〉（第 1 號），取自 http://www.stats.gov.cn/tjgb/rkpcgb/qgrkpcgb/200203310083.htm/

4 《中華人民共和國大典》（北京：中國經濟出版社，1994 年），頁 58。

5 同前註。

6 「中國憲法」參考資料：趙建民，〈社會主義憲法淺論〉，載中國大陸問題研究所主編，《中共建政五十年》（台北：正中書局，民國 90 年），頁 2～28；《中華人民共和國大典》編委會，前引書，頁 7； 呂平編著，《中國政制手冊》（香港：商務印書館，1990 年修訂版），頁 1～2；謝慶奎主編，《當代中國政府》（瀋陽：遼寧人民出版社，1991 年），頁 54～81。

7 謝慶奎主編，前引書，頁 43～53；共黨問題研究中心編印，前引書，頁 18。

8 行政院大陸委員會編著，《大陸宗教現況簡介》（台北：編者印行，民國 85 年），頁 17。

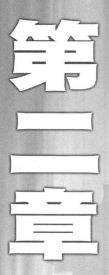

第二章

中國共產黨簡史

施哲雄　博士

第一節　中共建黨的時代背景

對於中國共產黨（以下簡稱「中共」）成立的時代背景，殷海光在其所著《中國共產黨之觀察》一書中，歸納以下三個因素：[1]

一、歷史背景

自古以來中國以農立國，80%以上的人口都是農民，幾千年專制王朝的統治，基本上是統治官僚階層壓榨基層，而很少為農民興利，致使農村經濟問題長期未能解決，特別是每一朝代中葉之後，政治腐化，土地兼併，苛捐雜稅日益加重，農民生活日漸貧困，如果再出現水旱天災，常引發農民暴動，為了號召四方，團結群眾，這類性質的暴動常常又與宗教或迷信相關連，諸如陳勝、吳廣起事，假藉圖讖，太平天國以上帝會為幌子等。

這種農民暴動反映的是中國農村經濟「宿疾」的爆發，其結果是導致改朝換代，否則就被官方鎮壓而形成「流寇」。

中共建黨的時代背景亦類似歷史上產生農民暴動的原因：主因多為：一、農村經濟問題未得合理解決；二、水旱饑饉；三、基層政治貪暴；四、宗教或迷信，中共即以共產主義代替以往的圖讖、道教、上帝會。

二、國內的背景

　　除上述歷史的背景外，中共建黨亦有其當時中國內部存在著特殊的時空因素。政治方面：辛亥革命雖推翻了滿清，建立了民國，然當時中國政局一直陷於動盪不安之中，先有袁世凱的稱帝和張勳的復辟，後有軍閥的割據，這種民主與反民主，革新與保守，兩者勢力的消長所形成的摩擦和激盪，有助於中共的建黨。

　　經濟方面：鴉片戰爭後，中國在不平等條約的壓迫下，農村經濟在內遭地主豪紳和大小官僚的剝削，外受帝國主義的壓榨，逐漸陷於崩潰破產的困境之中。工業領域雖在第一次世界大戰期間，造就了輕工業的發展，但大戰一結束，列強勢力再度入侵，導致工廠倒閉，工人失業。

　　社會方面：從十九世紀末，中國社會貧富懸殊的現象日益嚴重，除少數藉特殊力量或依附國外資本而致富的人以外，大多數人生活都陷於飢餓邊緣掙扎，一些中產階級也因戰亂不斷而陷入赤貧困境，這種社會兩極分化的現象，有助於挑撥階級意識的集團之施展陰謀。

　　軍事方面：鴉片戰爭後中國持續處於戰亂之中，戰爭是製造貧困和混亂的工廠，當時軍閥的割據，相互傾軋，更使經濟的貧困和社會的混亂日趨惡化，同時還產生「散兵游勇」。整個社會的這種形勢亦有助於中國共產黨的產生與建立。

　　文化方面：1919 年中國發生「五四運動」，此一運動喊出「打倒孔家店」的口號，提倡白話文，揭櫫「民主」與「科學」。當時一方

面打擊傳統文化，另一方面則介紹宣揚國外的新學說和主張，共產主義趁此時機輸入中國。

三、國際的背景

毛澤東說：「在十月革命以後學了馬克思列寧主義，建立了中國共產黨。」[2] 因此可以確定，中共的建黨和蘇聯的十月革命是息息相關的。

1917 年 10 月俄共革命成功後，面臨著內部有白俄軍激烈的抵抗和反撲，國外有列強的武裝干涉和封鎖。在當時，列寧認為只有掀起世界革命，才能保障俄國革命的勝利，為了掀起全歐革命和世界革命，1919 年 3 月，在莫斯科成立了第三國際。在俄共和第三國際的推動下，德國慕尼黑共產黨和匈牙利共產黨雖建立政權，但存在不久即告崩潰，全歐革命終成泡影。

西歐無產階級革命的失敗，促使俄共與第三國際不得不轉變戰略，把進攻的方向，由西方轉向東方，企圖在東方打開一條出路，並以東方包圍西方。於是，如何來組織中國共產黨，如何來策動中國革命，便成為第三國際和俄共的重要課題。

為了在中國籌組共產黨，俄共 1918 年和 1919 年兩度發表「對華宣言」，聲稱：「要把所有沙皇政府單獨或與日本和其他協約國共同自中國攫取的一切權益歸還，不要求任何補償。」這種偽裝親善的外交諾言，雖無確實兌現之意，但在中國卻引起良好的迴響，博得了中國人民的好感，同時對十月革命和社會主義也產生憧憬，從而鋪平中共建黨的道路 [3]。

第二節　政權成立前的中共黨史

一、中共建黨和加入中國國民黨時期

（一）臨時中央與「一大」

在第三國際的鋪路後，1920 年春，第三國際東方部書記維丁斯基帶同山東華僑楊明齋等人到中國，先在北京與李大釗接觸，後經李大釗的介紹，在上海與陳獨秀會面，商談籌組中國共產黨事宜。5 月，在上海成立「臨時中央」，作為推動正式建黨的籌劃機構，隨後一年多的主要活動有：一、在上海、北京、廣州、湖北、湖南、山東、日本、巴黎等地建立支部；二、創辦刊物進行宣傳活動；三、組織社會主義青年團；四、創辦「外國語言社」；五、開展工人運動；六、清除無政府主義者。

經過一年多的籌備，建立了初步的組織基礎，1921 年 7 月 23 日，十三個代表在上海召開第一次全國代表大會，代表七個地方黨的組織和五十七位黨員，會議是在第三國際代表馬林和赤色職工國際代表尼康斯基兩人領導下進行的。會後選出陳獨秀擔任書記，完全採取俄共布爾塞維克的原則，作為中共建黨的組織原則，對於建黨後的發展策略，在「一大」決議中表示：「對現有各政黨，應採取獨立、攻擊、排他的態度。」

（二）加入中國國民黨

中共在「一大」的決議中，原對他黨採取「攻擊」和「排他」

的立場，後因所面對外在客觀環境及其內部發展遲緩等因素而改變其策略，綜述四項如下：一、國父的威望和國民黨的積極籌備北伐；二、中共企圖勾結軍閥失敗；三、中共勢力發展相當遲緩；四、第三國際的指導和協助。這些因素促使在 1922 年 7 月召開的「二大」改採「民主革命的聯合戰線政策」。

加入國民黨是由第三國際代表馬林所提出，陳獨秀等中共領導人雖不贊成，然為「尊重國際紀律」，遂不得已接受。最終促使中共黨員以個人名義加入國民黨，此一工作亦由第三國際代表越飛來促成，1923 年 1 月 26 日國父孫中山先生與越飛發表共同宣言，奠定了中共加入國民黨的基礎。

1924 年 1 月 20 日，中國國民黨第一次全國代表大會在廣州舉行，中共黨員正式以個人名義加入國民黨。加入後中共在國民黨內主要作為有：一、積極分化國民黨，將國民黨內部分為左、中、右三派，並集中全力打擊右派；二、把持國民黨內的農民部；三、滲透黃埔軍校；四、製造中山艦事件；五、反對北伐，散布北伐必敗論；六、反對北伐不成，進而在國民黨北伐過程中製造南京事件和上海暴動。

中共這些作為終促使國民黨在 1927 年 4 月 12 日進行清黨，7 月 15 日汪精衛的武漢政權也進行分共，所謂「國共第一次合作」終告結束。

二、土地革命、武裝暴動建立蘇維埃政權時期

（一）南昌暴動與八七會議

　　國民黨的清黨和武漢政權的分共使中共的勢力遭到嚴重的打擊，面臨此一險惡的形勢，中共改採「武裝的反抗」。1927 年 7 月下旬，中共中央派周恩來策劃南昌暴動，8 月 1 日中共控制了南昌，隨後遭到國軍的圍攻，終告不支而在 8 月 5 日暴動部隊撤離南昌，向南逃竄。因這是中共首次從事的武裝暴動，中共源此紀念將 8 月 1 日訂為其「建軍節」，「八一」字樣也鑲入紅星軍徽中，代表共軍。

　　8 月 7 日，中共中央在漢口召開緊急會議，總結前一時期失敗的經驗教訓，批判陳獨秀的「右傾投降主義」的錯誤，提出「土地革命」是當時革命的「中心問題」，最後由瞿秋白取代陳獨秀，擔任中共中央總書記的職務。

（二）武裝鬥爭與根據地之建立

　　1927 年 8 月 3 日中共中央決定組織「湘鄂贛粵四省農民秋收暴動」，確定「土地革命和武裝暴動」的總方針。於是各地的農民在中共的領導下紛紛發起暴動，11 月中共中央認為革命的形勢「不斷高漲」，決定「使零星散亂的農民暴動，成為大範圍內的農民總暴動」，這些農民在各地暴動地區進行燒殺劫掠，終遭失敗。

　　這些暴動失敗的殘部，最後大都往政府統治力量比較薄弱的「三不管地區」去發展，並利用日本軍閥的侵略行動，以及蔣、馮、閻的中原大戰，藉著政府無暇顧及中共之時機，使中共在各省建立了不少根據地（或稱為蘇維埃區），諸如井岡山根據地、贛南、閩西根據地、湘鄂西根據地、鄂豫皖根據地、左右江根據地和陝北根據地等。

（三）五次圍剿與二萬五千里流竄

中共利用國民黨內部的矛盾和戰爭，配合日本的侵略行動，加上以「打土豪，分田地」為口號，進行「土地革命」，爭取貧僱農的支持，展開游擊戰，勢力有長足的發展，到了 1930 年，所有游擊隊的人數達到 6 萬餘人，游擊區達一百二十四縣，1931 年在江西瑞金宣布成立蘇維埃共和國。

面對中共勢力迅速發展的形勢，從 1930 年 12 月至 1934 年 10 月，國軍開始對各地中共建立的根據地，尤其是贛南的中央根據地，先後進行五次圍剿，終迫使中共無法在中央根據地立足，被迫從 1934 年 10 月進行兩萬五千里的流竄，1935 年 10 月毛澤東所率領的陝甘支隊抵達陝北的吳起鎮，11 月初與當地的共軍會師。流竄過程中，共軍遭到國軍的攻擊，加上惡劣的天候和自然環境，使共軍死傷非常慘重。

這段十年蘇維埃運動期間，中共黨內的領導權逐漸落入留俄的「國際派」手中，1931 年後王明和秦邦憲先後擔任中共的總書記，「國際派」掌權後對建立各根據地的本土派加以鬥爭，例如，建立中央根據地的毛澤東，在中共中央從上海遷入瑞金後，軍權一再被削弱，最後因反圍剿的戰略戰術問題，與第三國際派駐中共擔任軍事顧問的李德，意見相左而遭到「嚴重警告」的處分，直到 1935 年 1 月中共流竄到貴州遵義，召開政治局擴大會議，檢討反第五次圍剿失敗的責任問題時，毛澤東才翻身，逐漸取得中共黨內的領導權。

三、抗日戰爭時期

（一）「抗日民族統一戰線」的提出

　　1935 年 7 月第三國際在莫斯科召開第七次全世界代表大會，面對德、日、義三國法西斯勢力興起的形勢，會中決議要建立「全球反法西斯的統一戰線」。8 月 1 日，中共駐第三國際首席代表王明，發表「八一宣言」，提出「抗日民族統一戰線」的口號，使中共的策略路線從推翻國民政府，進行武裝鬥爭，轉變到號召與各黨派、各團體合作，組織「抗日聯軍」、「共同救國」。

　　由於當時中共仍在流竄途中，與第三國際失去了聯繫，對「八一宣言」提出的新策略並不知曉，直到 1935 年 12 月，王明派張浩從莫斯科返抵陝北，中共中央即召開瓦窯堡會議，確立「抗日民族統一戰線」，並決定設立「白軍工作委員會」，進行統戰策反工作，同時加強白區工作。

（二）「西安事變」的爆發

　　當中共在 1935 年底逃抵陝北後，以張學良的東北軍和楊虎城的西北軍為主力，仍繼續對中共進行圍剿，但在中共「抗日民族統一戰線」的影響下，國軍的圍剿部隊，特別是東北軍，軍心產生動搖，無法接受當時蔣委員長提出的「攘外必先安內」的作法，終導致 1936 年 12 月 12 日張學良發動「西安事變」的兵諫行動。

（三）共軍的改編

　　「西安事變」後，中共即向國民政府接洽輸誠的相關事宜，除表達其抗日之意願外，並宣布要放棄武裝暴動、土地革命的路線，接受政府的領導，將其盤踞的陝北地區改名為「陝甘寧邊區政府」，1937

年「七七事變」一爆發，中共即對外宣布要加入抗戰行列。9 月 22 日中共發表「共赴國難宣言」，表示要擁護三民主義，國民政府軍事委員會著手改編共軍，將長江以北的共軍，改編為國軍的八路軍，其下轄 115 師、120 師和 129 師，江南的共軍則改編為新四軍。

（四）中共的策略

毛澤東認為抗戰是中共發展的絕佳時機，因此中共在抗戰期間是採取「七分發展，兩分應付，一分抗日」的策略，主要是進行敵後游擊戰，以擴大其勢力範圍，八年抗戰期間，中共對日軍進行的軍事行動，僅僅是「平型關戰役」和「百團大捷」兩次而已。在此策略的運作下，中共勢力在抗戰期間有長足的發展，從抗戰初期共軍人數只有數萬人，侷限於陝北地區，到 1945 年 4 月，共軍的正規軍已發展到 91 萬人，民兵 220 萬人，並控制整個黃河流域地區。

（五）毛澤東領導地位確立

在此時期中共黨內的領導權逐漸從國際派轉移到毛澤東手中，1941 年 6 月德蘇戰爭爆發，德軍勢如破竹到年底即兵臨莫斯科城下，毛澤東利用蘇聯無暇顧及各國共產黨之際，1942 年 2 月在延安發起「文藝整風」運動，鬥爭主要矛頭針對國際派，經此一運動，國際派在中共黨內從此一蹶不振。1945 年 4 月，中共召開「七大」，將「毛澤東思想」正式列入中共的黨章，成為中共的指導方針，毛澤東在中共黨內的地位，從此定於一尊。

四、全面奪權時期

（一）中共武裝奪權

　　1945 年 8 月日本宣布無條件投降，中共乘機大肆擴張，企圖掌控黃河流域以北地區。中共部隊在蘇聯的掩護下進入東北，並獲得日本關東軍的武裝配備，使其戰力大增，當國軍接收東北地區後，國共兩軍即爆發武裝衝突，從 1946 年 4 月起形成「關外大打，關內小打」的局面，戰爭初期國軍占了優勢，曾擊潰東北地區的共軍，迫使共軍退到中蘇邊界一帶，1947 年 3 月國軍亦曾一度攻陷中共陝北的老巢延安，之後在美國特使馬歇爾的調停下，中共運用「打打談談，談談打打」的策略，使國軍喪失許多有利的機會，終使戰局逐漸逆轉，特別是從 1948 年 9 月到 1949 年 1 月，先後爆發遼瀋、淮海和平津三大戰役後，形勢完全逆轉，1949 年 4 月中共渡江，逐步占領長江以南地區，1949 年 10 月 1 日正式成立政權，而軍事行動至 1950 年 4 月渡海攻下海南島才告停息。

（二）中共統戰工作

　　此一時期中共除從事「武裝鬥爭」的實際行動外，另一重要的策略目標就是進行統戰活動。1945 年 8 月 29 日至 10 月 10 日，毛澤東到重慶與國民黨談判，雖曾簽訂「雙十紀要」，實則毛澤東到重慶之前早已定下「針鋒相對，寸土必爭」的腹案，致使「雙十紀要」的簽訂形同廢紙，談判無效終至爆發全面內戰。1946 年 1 月，中共也參加政治協商會議，會中對民主黨派和無黨派人士大肆拉攏，此一會議也因無法解決共軍人數減少及中共讓出根據地等問題，終告破裂，然在 1949 年 6 月中共政權成立前夕，中共旋即召開政治協商會議，

通過「政協共同綱領」，作為其統治的「合法基礎」。

第三節　政權成立後的中共黨史

中共政權成立至今五十餘年的期間，中共黨內主要是由毛澤東、鄧小平和江澤民所主導，三者主導下的中共黨內發展簡述如下[4]：

一、毛澤東時期

（一）三年經濟恢復時期

政權成立初期中共首要之務在如何鞏固政權。

1.對外方面：採取「另起爐灶」、「打掃乾淨屋子再請客」和「一邊倒」的方針，將帝國主義在中國的特權加以肅清。毛澤東也在 1949 年 12 月訪問蘇聯，1950 年 2 月 14 日與蘇聯簽訂「中蘇友好同盟互助條約」和「關於中國長春鐵路、旅順口及大連的協定」，並向蘇聯貸款。

2.對內方面：進行土地改革、鎮壓反革命、三反五反、思想改造及抗美援朝「五大運動」，主要是剷除大陸內部的反共人士和國民黨的殘存力量。為穩定經濟形勢，積極進行統一全國的財經工作。

（二）過渡時期

1.1952 年底，中共提出過渡時期社會主義總路線的口號，進行

對農業、手工業和資本主義工商業的社會主義改造，將社會的主要生產資料收歸公有，到 1956 年底中共宣布已完成「三大改造」，大陸進入社會主義社會。

2.1953 年中共進行第一個五年經濟計畫，採取史大林經濟模式，即指令式的計畫經濟體制，蘇聯幫助中共設計一百五十六個大中型的企業。

3.在 1953、1954 年中共黨內發生「高饒事件」，揭露高崗、饒漱石攻擊劉少奇、周恩來，企圖奪取黨和國家最高領導權的陰謀。

4.1956 年中共發動「鳴放運動」，呼籲黨外人士及知識分子協助中共整黨，然在「大鳴大放」過後，1957 年 6 月，中共卻發動「反右鬥爭」，55 萬多人被劃成「右派分子」遭到整肅。

5.1956 年 9 月 15～27 日，中共「八大」在北京召開，大會作出把中共黨和國家的工作重心轉移到經濟建設上來的戰略決策。

6.1957 年 11 月毛澤東再度出訪蘇聯，參加蘇共革命成功 40 週年紀念，毛澤東喊出「東風壓倒西風」的口號。

（三）三面紅旗時期

1.1958 年中共急於求成，喊出了「超英趕美」的口號，企圖以窮過渡的方式，用快跑的速度將大陸建成「共產社會的天堂」，提出「社會主義總路線」、「工農業生產大躍進」和「人民公社」之「三面紅旗」。

2.1958 年發動全民大煉鋼，到年底參加大煉鋼的勞動力達到

9,000 多萬人，不但工廠、農村，而且部隊、學校，甚至中共中央和政府機關，也建了土高爐，辦起煉鐵廠，其結果是鋼鐵品質很差，大多成了廢鐵。

3. 農業生產大躍進，形成了浮誇風，當時鼓吹「人有多大膽，地有多大產」，「只怕想不到，不怕做不到」，各地競相競賽糧食的產量，畝產量竟有高達十三多萬斤。

4. 1958 年 8 月，中共發起農村人民公社運動，標榜其基本特點為「一大二公」，「大」就是組織規模大，「公」就是公有制高，人民公社實行政社合一的領導體制，將工農商學兵合在一起，並且實行以「吃飯不要錢」為主要內容的供給制的分配制度，將七十四萬個高級農業合作社合併成兩萬多個人民公社。

5. 1959 年 7、8 月中共召開廬山會議，彭德懷上「萬言書」，抨擊「三面紅旗」政策，終致彭德懷被罷黜國防部長之職，由林彪所取代。

（四）調整時期

1. 「三面紅旗」推行不久即告失敗，毛澤東在 1958 年底辭「國家主席」，由劉少奇繼任。

2. 生產大躍進實際反成了大躍退，從 1959 年起出現連續三年的大饑荒，餓死了 3～4,000 萬人。據估算，「大躍進」造成的直接經濟損失高達一千兩百億元。

3. 針對「三面紅旗」的失敗，1962 年在劉少奇的主導下，提出「調整、鞏固、充實、提高」八字方針，以挽救瀕臨崩潰邊緣

的國民經濟。

4.在調整時期劉少奇提出「三自一包」的政策，即自留地、自負
盈虧、自由市場和包產到戶，此一政策的實施促使大陸的經濟
逐漸復原。

5.從 1960 年底，對人民公社的主要作法是穩定以生產隊為基礎
的三級所有制，徹底清理一平二調，堅決退賠。

6.1962 年 9 月中共召開八屆十中全會，毛澤東提出「左」傾階
級鬥爭理論，強調要「以階級鬥爭為綱」，在此種理論的主導
下，中共從 1962 年底起即進行城鄉社會主義教育運動，從事
「清帳目、清財物、清倉庫、清工分」的所謂「四清運動」。

（五）十年文化大革命時期

1.1965 年 11 月 10 日上海《文匯報》發表一篇由姚文元執筆並
署名的文章〈評新編歷史劇海瑞罷官〉，此文被視為是「文革」
發動的直接導火線。《海瑞罷官》是由當時北京副市長吳晗所
寫的劇本，原是表揚明朝忠臣海瑞「剛正不阿，直言敢諫」的
耿直個性，後卻被認為是影射彭德懷在 1959 年的「廬山會議」
上的直言敢諫而被毛澤東罷黜國防部長之職。

2.1966 年 5 月中共中央在北京召開政治局擴大會議，16 日會議
通過《中國共產黨中央委員會通知》（簡稱《五·一六通知》），
「文革」之火自此燃起。

3.《五·一六通知》通過後，「文革」逐漸加溫，正式成立「中

央文革小組」，負責推動「文革」工作，鼓動北京大學哲學系學生聶元梓等 7 人貼出第一張大字報，派工作組進駐《人民日報》社，改組北京市委，派工作組領導進行北大的「文革」。

4.經上述部署後，大陸各地青年學生紛紛起來造反，衝擊學校機關，揪鬥學校領導。為進一步全面發動「文革」，8 月 1～12 日中共召開「八屆十一中全會」，會中改組中央領導機構，劉少奇在政治局常委的排名，由原來的第二位降至第八，會後只有林彪一人被尊為副主席。

5.8 月 1 日，毛澤東寫信給清華大學附中的紅衛兵，支持他們「對反動派造反有理」，8 月 18 日毛澤東在天安門首次檢閱紅衛兵，到 11 月 26 日為止前後八次接見來自各地的紅衛兵，使大串聯的行動到達高潮。

6.1967 和 1968 這兩年，整個大陸陷入從「全面奪權」演變到「天下大亂」的形勢，中共黨組織被砸爛，另成立「軍、幹、群」三結合的「革命委員會」。

7.1968 年 10 月，中共召開「八屆十二中全會」，宣布將劉少奇「永遠開除出黨，撤銷其黨內外的一切職務」，並被扣上「叛徒、內奸、工賊」的罪名，1969 年 11 月 12 日在河南開封被整死。

8.1969 年 4 月，中共召開「九大」，提出「無產階級專政下繼續革命的理論」，堅持「以階級鬥爭為綱」，作為黨的基本路線。

9.「九大」召開後，毛澤東與林彪之間的矛盾逐漸加深，特別是為了設立「國家主席」的問題頗有爭論，終爆發 1971 年 9 月

13 日林彪集團駕機逃往蘇聯，而在蒙古境內的溫都爾汗機毀
人亡的事件。

10.「林彪事件」後，中共發動「批林批孔」運動，表面上是批
判「林彪集團」，事實上是針對周恩來的官僚集團，造成「四
人幫」與官僚集團之間的明爭暗鬥。

11.為了處理「林彪事件」後的軍中問題，毛澤東將「文革」時
期被鬥的鄧小平拔擢復出，擔任「總參謀長」的職務，掌理
軍中事務。

12.1976 年 1 月 8 日周恩來過世，4 月 5 日爆發「四·五天安門
事件」，隨即被鎮壓，鄧小平第三度被鬥下台。同年 9 月 9 日
毛澤東過世，10 月 6 日「四人幫」被捕，文化大革命正式終
結。

二、鄧小平時期

（一）鄧小平的復出與掌權

1.「四人幫」被捕，等於否定了「文革」，於是在「文革」期間
遭到打擊迫害的中共黨員幹部，紛紛提出平反，要求復職，1977
年 7 月，鄧小平第三度復出。

2.華國鋒掌權期間，仍繼續推行「以階級鬥爭為綱」的毛澤東路
線，並提出「兩個凡是」的主張，在經濟領域則進行後來被批
評為超過國力可行的「洋躍進」。

3. 鄧小平復出後大量平反在「文革」期間遭到打擊迫害的中共黨員幹部，形成了「改革派」，而與以華國鋒為首的「凡是派」相鬥爭，「改革派」提出「實踐是檢驗真理的唯一標準」，打擊全面肯定毛澤東的「凡是派」。

4. 1978 年 12 月 18 日中共召開十一屆三中全會，會中「改革派」獲得勝利，鄧小平提出「解放思想，實事求是，團結一致向前看」的號召，作為中共今後各項工作的指導方針。

5. 三中全會後，「凡是派」的勢力一再被打擊。有「小四人幫」之稱的「凡是派」核心分子先被排除出中央政治局，華國鋒的國務院總理職務亦由趙紫陽代替，1981 年 6 月底召開「十一屆六中全會」，通過「建國以來黨的若干歷史問題的決議」，對毛澤東的歷史地位正式作出評價，其總結為「開國有功，建國有過；功勞第一，錯誤第二」。華國鋒的中共黨主席職位由胡耀邦取代，中共中央軍委主席的職務亦由鄧小平擔任，華國鋒被降為排名第六的副主席。

（二）鄧小平理論的形成與內容

1. 放棄毛澤東提出的「以階級鬥爭為綱」的基本路線，並否定「無產階級專政下繼續革命」的理論。

2. 提出「一個中心」，即「以經濟建設為中心」的口號，主要內容包括：一、在領導社會主義事業中，必須堅持以經濟建設為中心，其他各項工作，都服從於這個中心；二、把經濟工作搞上去，是最大的反「和平演變」；三、以「工、農、國防、科

技」的四個現代化為主要內容，核心是科技現代化。

3.強調「兩個基本點」，一是「改革開放」，二是「四個堅持」。「改革開放」的主要內容包括：一、實行對外開放，引進外資，引進先進科學技術及先進管理經驗提高生產力，闖出一條新的路子來；二、吸收和借鑑人類社會創造的一切文明「成果」，包括西方已開發國家的一切反映現代化生產規律先進經驗和經營方法。「四個堅持」的涵義是：一、堅持走社會主義道路；二、堅持人民民主專政；三、堅持共產黨領導；四、堅持馬列主義、毛澤東思想。

4.提出二十字的「基本方針」：抓住機遇、深化革命、擴大開放、促進發展、保持穩定。

（三）中共黨內的基本形勢

1.1982 年 9 月中共召開「十二大」，廢除「主席制」，改採「總書記制」，以防止毛澤東個人崇拜的現象再度出現，會中選出胡耀邦擔任總書記。

2.鄧小平提出「改革開放」和「四個堅持」兩相矛盾的主張，讓中共黨內的「保守派」經常伺機反對「改革開放」，因此中共黨內曾進行「反資產階級自由化運動」和「清除精神污染運動」，胡耀邦總書記的職位在 1987 年 1 月也因中共黨內保守派的壓力而由趙紫陽所取代。

3.中共 1985 年後的改革措施，產生若干社會問題，特別是中共

黨員幹部貪污腐化的問題日趨嚴重,引發大陸學生的「民主運動」,終導致 1989 年「六四天安門事件」,中共出動坦克車大砲加以血腥鎮壓。趙紫陽因此下台被軟禁,由江澤民接任總書記。

三、江澤民時期

(一)江澤民的上台

1.1989 年「六四天安門事件」發生後,因當時擔任總書記的趙紫陽同情學生而被罷黜,6 月 9 日由江澤民出任總書記之職,到了 11 月鄧小平辭去「黨中央軍委主席」之職,亦由江澤民兼任。1993 年 3 月「八屆人大一次會議」又選江澤民擔任中國的「國家主席」。

2.江澤民表面上雖身兼中共的黨政軍大權於一身,但中共的領導權實際仍掌握在強人鄧小平手中,一直到 1994 年鄧小平表示從此不再過問政事後,特別到了 1997 年 2 月 19 日鄧小平過世,江澤民才逐漸取得主導權。雖然如此,江澤民在中共黨內的地位,仍無法與毛澤東和鄧小平相比,中共基本上是採取「集體領導」的決策模式在運作。

3.「六四天安門事件」後,中共黨內保守勢力高漲,致使江澤民在擔任總書記初期,對「改革開放」工作的推動並不積極,此一形勢促使鄧小平在 1992 年 2 月發表「南巡講話」,認為不管地位再高,誰反對改革,誰就垮台。自此之後,江澤民才積極

積極推動「改革開放」工作。

（二）江澤民時期的主要措施

1. 1992 年 10 月中共召開「十四大」，確立「中國經濟體制改革的目標是建立社會主義市場經濟體制」。

2. 1995 年 9 月「十四屆五中全會」通過《中共中央關於制訂國民經濟和社會發展「九五」計畫和 2010 年遠景目標的建議》。這是在發展社會主義市場經濟條件下的第一個中長期規劃，也是經濟和社會綜合發展的跨世紀宏偉藍圖。

3. 1997 年 9 月中共召開「十五大」，對黨章作了部分修正。將鄧小平理論載入黨章，確立為黨的指導思想。

4. 1997 年 7 月 1 日香港回歸中國，1999 年 12 月 20 日澳門回歸中國，在這兩地推行「一國兩制」。

5. 1998 年 11 月江澤民推行「講學習、講政治、講正氣」的「三講」教育，中共黨員自上至下，分級分批進行，以加強黨自身的建設。

6. 1999 年 7 月 19 日，中共中央發出《關於取締法輪大法研究會的決定》，在大陸各地全面取締法輪功。

7. 2000 年 2 月，江澤民首次提出「三個代表」的重要思想，即中共黨代表「先進社會生產力、先進文化、最廣大人民的根本利益」，認為這是中共的「立黨之本、執政之基、力量之源」。2002 年 11 月中共召開「十六大」，「三個代表」正式列入黨章，

江澤民不再擔任「總書記」和「國家主席」，而由胡錦濤取代，僅保留「黨中央軍委主席」一職。

【問題與討論】

一、中共為何能夠贏得政權？你能否簡單描述中共成立前的歷史與環境特徵？

二、中共建黨初期，為何要加入國民黨？中共黨員進入國民黨後，有何計畫與策略？對國民黨產生何種影響？

三、對日抗戰與西安事變對中共與中國歷史的意義為何？

四、你認為毛澤東的施政與鄧小平、江澤民有何差別？為什麼鄧小平要改變路線？試說明你的看法。

五、國民政府為何失去政權？請你簡單描述你對國民政府的看法？

注釋

[1] 殷海光，《中國共產黨之觀察》（台北：桂冠圖書公司，民國 79 年），頁 5～19。

[2] 毛澤東，〈論人民民主專政〉，《毛澤東選集》，第四卷（北京：人民出版社，1960 年），頁 1477。

[3] 郭華倫，《中共史論》，第一冊（台北：中華民國國際關係研究所編印，民國 58 年），頁 4～5。

[4] 主要參考資料：蓋軍主編，《中國共產黨 80 年歷史簡編》（北京：中共中央黨校出版社，2001 年）。

第三章

中國共產黨的主張與信仰

張執中　博士

　　中國共產黨對自身定位所依據的基本觀點，即黨是依據馬列主義理論建立起來的無產階級先鋒隊。無產階級政黨作為工人運動的產物，其一開始就把批判和否定現存制度的合法性作為自己存在和發展的依據，使它具有鮮明的反體制特徵。這特徵體現在中共建政前的革命時期，以推翻封建主義、資本主義與帝國殖民主義等「三座大山」，建立一個全新的政治形態，即社會主義的民主共和國，取代國民黨的資產階級政權為目標。

概念說明

無產階級（Proletariate）

　　馬克思認為，階級的形成，首先在於有效的私有財產分配。在資本主義社會私有制的運作下，形成一種以雇傭關係為主體的社會，其中勞動者（工人），被剝奪了生產工具與生產資料，成為出賣勞動力，被資本家剝削剩餘價值的無產階級。

　　從革命到建政的過程中，中共所關注的焦點在於如何保持組織的特徵及性質，並且透過一套明確的意識形態理論系統作為黨的主張與信仰，用以指導、支援、激勵與限定成員的行為，鞏固成員對組織價值與目標的認同。但其內容也隨著組黨、革命、建政與領導人的更替而有不同的發展與名辭意涵，包括：毛澤東思想、鄧小平理論到江澤民的「三個代表」，必須從過去的歷史經驗、現實的需求與未來的發展方向尋求一個合理的詮釋。

概念說明

意識形態（Ideology）

　　法國哲學家 A. D. de Tracy 最早提出「意識形態」一詞，以表示「觀念之科學」（science of ideas）。普遍而言，意識形態可被視為一套具有社會功能的符號系統，或是一套對人的思想行為具有規範、導引作用的符號系統。這套系統可以分為兩個部分，即包括世界觀、歷史觀與未來藍圖的核心理論，以及包括事實描述、狀況分析與步驟策略的實踐方針。

第一節　毛澤東思想

一、馬克思主義的「中國化」

　　馬列主義是中共建黨與組織發展的重要工具之一，然而組織意識形態的核心理論最終仍要面對「本土化」的問題，對中共而言，就是馬克思主義的「中國化」。毛澤東在延安時期之所以能夠整肅國際派，取得黨內意識形態的主導權，其關鍵之一就在於毛澤東能夠抓住馬克思主義中國化的形勢。[1]從毛澤東發表「實踐論」與「矛盾論」到延安整風，其政治目的就在於反駁國際派的「主觀主義」、「教條主義」與長期忽略中國革命的經驗，試圖使馬克思主義與中國革命經驗相連結，使其適應中國國情，並為中國革命事業服務。

概念說明

國際派

　　中共革命時期，黨內「留俄」回國之成員，受原任莫斯科中山大學校長米夫與史達林所支持，以維護和執行共產國際路線為目標，稱為「國際派」，以王明（陳紹禹）、博古（秦邦憲）為代表。

　　毛澤東在民粹主義與群眾路線下，發展出一種不同於列寧精英主義的政黨概念，主張應轉變黨的路線為群眾路線，在群眾中發展組織，吸收幹部與群眾領袖，透過他們聯繫黨員與群眾；並提出以「統一戰線、武裝鬥爭、黨的建設」作為戰勝敵人的三個「法寶」。所謂「統一戰線」就是指無產階級同資產階級和其他階級「既聯合又鬥爭」的路線；所謂「武裝鬥爭」就是在無產階級領導下的農民戰爭；而「黨的建設」就是將馬克思主義理論和中國革命實踐相結合，掌握統一戰線和武裝鬥爭這兩個武器，得以在政治、組織與思想上鞏固全黨。

　　隨著革命過程中一連串的暴動失敗，對中共早期意識形態權威和共產國際代言人進行淘汰。1945 年中共「七大」，除了奠定毛澤東在中共黨內的領導地位，毛澤東思想也被中共視為「馬克思列寧主義與中國革命實踐」相結合的產物，成為中共路線與政策的指導思想。劉少奇在中共「七大」所作「關於修改黨章的報告」，首度做出中共官方對「毛澤東思想」的定義：「毛澤東思想，就是馬克思列寧主義的理論與中國革命的實踐之統一的思想，就是中國的共產主義，中國的馬克思主義。」表現在下列九項內容：一、關於現代世界情況及中國國情的分析；二、關於新民主主義的理論與政策；三、關於「解放農民」的理論與政策；四、關於「革命統一戰線」的理論與政策；五、關於「革命戰爭」的理論與政策；六、關於「革命根據地」的理論與政策；七、關於建設「新民主主義共和國」的理論與政策；八、關於「建設黨」的理論與政策；九、關於「文化」的理論與政策。[2]毛澤東思想的確立，基本上統一了黨內對馬克思主義的態度，但無形中也

強化對毛的個人崇拜，直至中共建政後，毛澤東思想不僅作爲黨的指導思想，並且載入憲法成爲國家的政治意識形態。

二、人民民主專政

對共產黨而言，生產工具的產權是一切社會經濟結構的核心，也是政權的根源及一切社會價值分配的基礎。在歷史唯物主義中，階級占據了核心的地位，經濟上的有產者總是成爲政治上的統治者和文化上的教化者；無產者則成爲被統治者和被教化者。這種關係在資本主義社會所呈現即爲一貫的經濟剝削、政治壓迫與文化宰制，必須透過革命的過程，將現存社會秩序徹底改變。[3]因此，社會革命不僅推翻政權，而且從根本改變社會階級關係。社會主義民主的實現必須先確立人民經濟與社會上之權利，在保證社會公共利益實現的前提下，實現個人利益，具有群眾性意涵，而關鍵就在於生產工具的公有化與「無產階級專政」。

（一）無產階級專政

依據馬克思主義的古典概念，在「生產力」與「生產關係」發生不可調和的矛盾時，社會革命便會發生。這個革命是以工人革命的形態來打破資產階級的國家機器，經過「無產階級專政」（dictatorship of the proletariate）而結束資本主義，進而實現社會主義。馬克思在1875年《哥達綱領批判》中曾寫道：「在資本主義社會和共產主義社會之間，有一個從前者變爲後者的革命轉變時期，同這個時期相適應的也有一個政治上的過渡時期，這個時期的國家只能是無產階級的革

命專政。」而列寧則說明所謂無產階級專政，即是作爲被壓迫者的無產階級上升成爲統治階級以鎮服壓迫者，用暴力鎮壓少數地主資本家剝削者的反抗，把他們摒除於民主制之外，使絕大多數民眾享有民主。[4]

概念說明

生產力與生產關係

生產力（force of production）：指人類利用自然、征服自然的能力。其構成包括勞動者（人）與生產資料——包括勞動資料（如生產工具）與勞動對象（如自然界的動植物）。

生產關係（relation of production）：指物質生產過程終結成的相互關係，其內容包括物質資料的生產、交換、分配與消費的關係，構成一個整體的環節。

不同的生產力決定不同的生產關係，而生產資料的所有制形式是生產關係的基礎，因此在社會發展過程中，包括：奴隸、封建與資本主義生產模式，是以私有制爲基礎，屬於剝削與被剝削的關係，具有對抗的性質。

（二）人民民主專政

毛澤東根據社會經濟結構、階級矛盾關係、國家權力性質、政治體制特徵，勾勒出中國特殊的革命環境，即推翻帝國主義與封建主義的革命任務就是民族革命與民主革命。毛澤東雖然接受列寧主義關於階級的覺悟只能由黨灌輸給無產階級，但毛在革命根據地的游擊戰與統一戰線的實踐過程中，理解到紅色蘇維埃的存在必須倚賴農民群眾的支持，將農民視爲「工人階級的前身」以及「現階段中國民主政治的主要力量」，轉而接受以無產階級和農民爲主體的革命典範。[5]這也決定了當時中國革命的性質還不是無產階級社會主義革命，而是作

為社會主義過渡的「新民主主義」革命。

概念說明

新民主主義

　　1940 年 1 月，毛澤東發表「新民主主義」論。提出中國革命的歷史特點分為民主主義和社會主義兩個步驟，其第一步已不是舊的民主主義，而是「新民主主義」。新民主主義的國家形式就是抗日統一戰線的形式，國體是由無產階級領導的各革命階級聯合專政；政體是民主集中制，這就是新民主主義的政治。

　　隨著國共實力的消長與國際環境的限制，毛澤東提出「走俄國人的路」，在 1949 年針對共產黨領導下的國家與社會關係，採取更明確的「人民民主專政」的概念。在毛澤東的界定下，社會階級內部和不同階級之間，都還存在利益的衝突。但這些分屬性質不同的「敵我之間矛盾」與「人民內部矛盾」應做區別。一切贊成、擁護和參加社會主義建設事業的階級、階層和社會集團，都屬於人民的範圍；反之則是人民的敵人。在當時所謂「人民」指的是包括工人、農民、城市小資產、民族資產階級。這些階級在工人階級和共產黨的領導下，對「反動派」（地主、官僚資產階級）實行專政，剝奪其發言權；而在人民內部則實行民主制度，只讓人民有發言權。這種「對人民內部的民主方面和對反動派的專政方面，互相結合起來，就是人民民主專政。」[6]反映在中共的基本法規，包括《共同綱領》與《五四憲法》，都規定「人民民主專政」是中華人民共和國的國體，是無產階級專政的一種形式，即工人階級（經過共產黨）領導的，以工農聯盟為基礎的，團結全體人民，在人民內部實行民主，對敵人實行專政的國家政

權。

民粹主義與群眾運動的立場，使毛澤東在贏得政權後仍背離制度化的黨建路線，強調以群眾運動來取代黨，把自上而下的行政權力、軍事化組織方式和嚮往社會主義的群眾激情，當作克服理想與現實矛盾的手段，並為其個人崇拜做出從理論到實踐的合理化基礎。從「反右」到「大躍進」，黨逐漸轉向「以階級鬥爭為綱」，「不斷革命」的激進克里斯瑪（charismatic）任務最終引發「文革」浩劫，使中國陷入「無法無天」的十年動亂，亦使中共為文革的善後付出極大的代價。在鄧小平的主導下，中共於 1981 年「十一屆六中」全會通過《關於建國以來黨的若干歷史問題的決議》，試圖把「經過長期歷史考驗形成為科學理論的毛澤東思想，同毛澤東同志晚年所犯的錯誤區別開來」，將毛澤東思想重新界定為「是馬克思列寧主義在中國的運用和發展，是被實踐檢驗了的關於中國革命的正確的理論原則和經驗總結，是中國共產黨集體智慧的結晶。」[7]通過集體化的強調，毛澤東思想被抽象化；而就在這個基礎上，毛澤東思想被拱上中共意識形態結構中的「核心」部分，與現實的政治經濟與社會發展區隔開來，為鄧小平思想進入意識形態中的「實踐」部分提供了條件。

第二節　鄧小平理論

中國大陸在後文革時期，知識分子最關切的莫過於如何防止個人獨裁與「人治」思想的回潮，以及從制度上建構改革所要求的民主法治框架和政局穩定機制。

因此中共的改革由意識形態解構開始，其軌跡是在思想上先求觀念上之解放，然後對馬列主義與毛澤東思想提出檢證與批評，在脫離教條主義禁錮與「非毛化」（demaoization）下重新對馬克思主義進行反思。[8]而在黨內，鄧小平所提出「實踐是檢驗真理的唯一標準」的立場，取代毛澤東「欽定」接班人華國鋒的「兩個凡是」，掌握黨的意識形態主導權。為避免重蹈毛時期的個人崇拜與權力過度集中的現象，重建集體領導制度，中共從「十二大」展開整黨，希望政權朝制度主義的路線發展。鄧小平在改革過程中，建立起「穩定壓倒一切」的共識，並以「建設有中國特色社會主義」與「社會主義初級階段」的概念，定出「發展生產力」的主軸，為中共的領導權力建立合理化解釋。

概念說明

兩個凡是

　華國鋒於 1977 年 2 月，提出「凡是毛主席作出的決策，我們都堅決擁護；凡是毛主席的指示，我們都始終不渝地遵循。」簡稱「兩個凡是」，與鄧小平「實踐檢驗真理」形成對立的觀點。

一、有中國特色的社會主義

在鄧小平接班後，關於如何結合馬克思主義與中國實際情況，仍是中共在理論思考上的一個現實問題。對此，鄧小平在中共「十二大」開幕詞中提出：「我們的現代化建設，必須從中國實際出發，…把馬克思主義的普遍真理同我國的具體實際結合起來，走自己的道路，建設有中國特色的社會主義，這就是我們總結長期歷史經驗得出

的基本結論。」[9]回顧中國特色社會主義的形成過程，大致可分爲三個階段：一、十一屆三中全會提出「解放思想、實事求是」的思想路線；二、十二大提出「走自己的道路，建設有中國特色的社會主義」；三、十三大展開論述「社會主義初級階段」理論，這三項內容成爲中國特色社會主義的理論基礎。

對於有中國特色社會主義的論述，中共基本上是沿著「四個現代化」與「四項基本原則」的邏輯來發展的。反映在包括在黨的「十三屆七中」全會或「十四大」對此概念的詮釋，除了堅持社會主義道路、人民民主專政、中國共產黨領導與馬列毛思想，也強調以經濟建設爲重心，解放生產力，採取以社會主義公有制爲基礎的多種經濟成分並存的所有制結構，發展有計畫的商品經濟。中共確定「建設有中國特色社會主義」的基本路線，企圖以其作爲中共「實踐性」意識形態的主體內容；並且透過「社會主義初級階段」作爲銜接中共意識形態「核心」與「實踐」部分的中介。

概念說明

四項基本原則與四個現代化

四項基本原則：指堅持社會主義道路、人民民主專政、中國共產黨領導、馬列主義毛澤東思想，簡稱為「四個堅持」。

四個現代化：中共提出在堅持社會主義道路的前提下，實現農業、工業、國防與科學技術的現代化目標，簡稱為「四化」。

二、社會主義初級階段

社會主義初級階段是中共在鄧小平時期，爲後文革的中國大陸

歷史發展所作的定位。在思想解放後的理論重建，提出「社會主義初級階段論」（以下簡稱「初階論」），然後在此理論基礎上推行「社會主義市場經濟」，並在完成市場經濟和解放生產力的要求下，進行社會所有制改革以及相應的政治改革。

　　關於「初階論」的說法，最早出現在 1981 年中共「十一屆六中」全會《關於建國以來黨的若干歷史問題的決議》中，提出中國大陸的社會主義制度還處於「初級的階段」。而 1986 年 9 月，中共「十二屆六中」全會《關於社會主義精神文明建設指導方針》的決議中，提出「我國還處於社會主義的初級階段，不但必須實行按勞分配，發展社會主義的商品經濟和競爭，而且在相當長的歷史時期內，還要在公有制為主體的前提下發展多種經濟成分，在共同富裕的目標下鼓勵一部分人先富裕起來」[10]，則是中共首次對所謂「初級階段」有較具體而明確的認定。經過七年的醞釀，至趙紫陽在中共「十三」大的報告，提出「要正確認識我國社會現在所處的歷史階段，是建設有中國特色社會主義的首要問題，是我們制定和執行正確的路線和政策的根本依據」，這個「正確認識」和「根本依據」就是「我國正處在社會主義初級階段」。[11]

　　事實上，依據馬克思歷史唯物主義關於人類歷史的進程，從「封建的生產方式」到「社會主義生產方式」，中間隔有「資本主義生產方式」，亦即落後地區社會發展（現代化）必須以發達國家之發展經驗為面貌，此即需經過資本主義發展階段（圖 3-1）。然而俄國革命與中國共產革命都是以列寧主義、史達林主義作為理論指導，其關鍵就在於跨越資本主義階段，直接進入社會主義社會。這在馬克思的歷史

公式而言是反理論、逆理論的，如果成熟的物質生產力、高度發展繁榮的資本主義是社會主義的前提，則任何試圖跳躍歷史階段的作法，顯然是在製造先天不足的社會主義產兒。[12]也因此「初階論」的提出，使中國大陸由原來已是社會主義社會，並準備過渡到共產主義社會的前進道路上「倒退」，提供理論的基礎，也爲中共未來黨的改革路線定下調子。

圖 3-1　馬克思的社會主義發展論

「初階論」的基本意涵，是指它是一個只適用於生產力落後、商品經濟不發達條件下的中國大陸實行社會主義的理論典範。因此，唯有肯定商品經濟、市場機能和物質刺激的部分作用，進一步調整公有制的形式來提高社會生產力。若歸納趙紫陽的說法，中共在初級階段的基本路線可以簡稱爲「一個中心、兩個基本點」。此即社會主義初級階段應該以「經濟建設」爲中心，並堅持「四項基本原則」與「改革開放」的基本立場。因此對中共而言，「社會主義初級階段」的最大意義在於：[13]

在中共的主觀認知上，中國大陸並不是「走資」（資本主義路線），而是走向社會主義初級階段→社會主義高級階段，最後走入共產主義階段。

1.從 1950 年代生產資料私有制的社會主義改造，到社會主義現

代化的基本實現爲止，都是屬於社會主義初級階段。

2.反映在經濟改革則是強調「市場化」而非「私有化」，也就是「市場社會主義」（market socialism），即中共所提出的「社會主義市場經濟」。（請參考本書經濟篇）

3.「初階論」可視爲中共在馬克思主義理論上的一種修正，除了體現實事求是，承認自己發展不足，並試圖透過提高生產力，使中國大陸重新邁向社會主義的目標成爲可能，也爲中共未來的發展路線提出合理性說明。

「初階論」的提出，成爲中國大陸發展道路的理論新典範，而此一新典範是在中共提出「有中國特色社會主義」的意識形態理論基礎上發展出來，此一意識形態內容經過中共「十五大」討論，被定名爲「鄧小平理論」。依據江澤民的界定下：「鄧小平理論是馬克思主義同當代中國實踐和時代特徵相結合的產物，是對毛澤東思想的繼承與發展，是當代中國的馬克思主義，是馬克思主義在中國發展的新階段。」[14]

第三節　江澤民與「三個代表」

由前述可知，中共的改革是以提高經濟效率、創造經濟成長爲核心考慮，而因此對政權經濟控制的衝擊視爲必要的代價。因爲在後文革時期，經濟表現已經成爲共黨政權最主要的支柱。在意識形態層面，權力接班人除了面對前期政治遺產的繼承，也必須思考個人政治路線的建構。因此，江澤民繼位後，除了必須定位毛澤東思想與鄧小

平理論的關係，同時也要思考個人的思想與毛鄧思想的聯繫。

　　江澤民上任初期，外有共產陣營崩解的悲觀主義，內則面臨共黨權力的弱化與鄧後權力的鞏固，江澤民除了高舉鄧小平理論的大旗，作爲權力繼承的合法性基礎；並且延續鄧小平路線，以「改革、發展、穩定」爲方針。但是面對內外環境的改變，黨也必須重新自我定位與調適。爲了對社會不同部門的需求更具回應性，「應該建設一個什麼樣的黨？怎樣建設黨？」乃成爲中共新時期的思考方向。在這個前提下，中共於 2000 年提出以「三個代表」——黨始終要代表中國先進生產力的發展要求、代表中國先進文化的前進方向，以及代表中國最廣大人民的根本利益——確立江澤民路線，爲江體制的歷史地位提供理論論證；[15]同時希望按現有組織與制度，使中共轉型成爲更具代表性與回應性的「執政黨」。

一、理論內涵

　　「三個代表」的黨建方向，按中共的說法，其關鍵在「與時俱進」。[16]延續鄧小平理論中實事求是與發展生產力的目標，擺脫傳統的革命教條，除了調整與資本主義世界體系接軌的問題，也必須在政治上維持中共一黨專政的地位，包括：順應全球化浪潮，帶動產業升級，透過各種所有制經濟在市場競爭中發揮各自優勢、共同發展；黨一方面順應經濟發展所帶動的思想與文化的多樣化，但仍須遏制西方民主化與自由化思想的擴散；黨必須均衡「先富」與「共同富裕」的關係，解決日益嚴重的城鄉差距與貧富不均，建立小康社會；同時解決黨與

官僚紀律的鬆弛腐化，避免成爲形式上的無產階級代表。

　　事實上，隨著市場經濟的發展、高科技與資訊產業的興起，與非國有經濟部門聘僱人員的出現，改變傳統馬克思主義關於「工人階級」的概念。無論是官僚資產階級或私營資產階級，如何對待這些因市場經濟發展所產生新的社會代理人。就如馬克思主義所強調：「生產資料所有權的分配決定政治權力分配。」中共必須選擇是按群眾路線，將這個具有社會影響力的新階層吸引與凝聚在黨的周圍；抑或按黨的意識形態將他們排除在黨的門檻之外，甚至把他們視作異己力量推到黨的對立面。這使中共在「黨性」與「發展」的價值上，面臨選擇的困境與理論發展的難題。

二、對「私營企業主」的定位

　　私營企業主的產生，是觀察中共經濟改革對社會分配機制、社會分層結構，以及對社會資源分布影響的重要切入點。他們除了是一個隨改革開放而在中國重新產生的社會群體；更重要的是，他們也成爲社會成功和地位向上流動的標誌。[17] 這些過去所謂的「階級敵人」與「反革命分子」，如今已成爲黨所招攬以完成新的政策目標之對象。

　　中共於 1989 年 8 月《中共中央關於加強黨的建設的通知》中，提出不能吸收私營企業主入黨的禁令，而甫接任黨總書記的江澤民亦採相同立場，仍強調私營企業主與工人之間「剝削與被剝削」的關係。[18]但從江澤民在「中共建黨八十週年講話」與「十六大」政治報告中，把包括民營科技企業的創業人員和技術人員、受聘於外資企業的管理

技術人員、個體戶、私營企業主、仲介組織的從業人員、自由職業人員等社會階層，都定位為「有中國特色社會主義事業的建設者」。改變了馬克思以有效的私有財產分配，劃分階級和資本家與工人之間剝削與被剝削的關係；亦改變了 1989 年以來的禁令，轉而以思想政治狀況和現實表現、財產的來源與支配，以及對建設有中國特色社會主義事業的貢獻為判準。[19]這個理論上的重大轉變，代表中共決意承認現狀，並使其成為黨國的代言人，而非潛在的對抗者，以提供黨國新的社會基礎。

對處於包容階段的共黨而言，這些統合的成分與列寧主義體系的核心有非常多的共同點，主要都是基於執政黨對合法政治組織的獨占權。國家可藉由建立群眾組織連繫國家與社會，而共黨也預防具有自主性結構的新組織，特別是與官方系統重複者，以及在黨的掌控外可能對權威構成挑戰者，使國家作為一種政治代表與國家干預形式的制度化複合體。無論在社會中的權力分配，或是經濟的發展方向，黨國均扮演支配與自主的角色。一方面滿足人民對經濟發展的需求；另一方面，則意圖控制需求表達的政治過程。[20]

「三個代表」形塑中共未來的經濟發展走向，以及對逐漸商業取向的城市社會之治理。中共於「十六大」將「三個代表」列入政治報告與黨章總綱中，並且界定為「對馬克思列寧主義、毛澤東思想和鄧小平理論的繼承和發展，以及黨的行動指南。」除了確立了江澤民的歷史地位，也成為胡錦濤未來所須依循的政治遺產。不過，「三個代表」雖然改變中共傳統的革命屬性，藉由擴大黨的包容性來回應社會多元化的利益。可是問題在於，中共未來如何調和甄補新富階級與

工人階級政黨的傳統地位，並且依然能以原有政治與社會目標動員社會？黨是否可能成爲富有與權勢者的代言人，而忽略實際上多數的工人與農人階級？現有的民意機制與客觀條件，是否足以反映廣大人民利益？事實證明，社會主義的「優越性」並不取決於是否（或以何種方式）建立有別於西方國家的政治體制；也不取決於怎樣有效地確保政權中工人階級數量的優勢，而是在於黨在政治、組織、意識形態以及資訊上的專制地位。如果按現實發展形態來看，中國大陸不再是缺乏破壞政治民主機會的社會基礎，倒是政治民主的缺乏威脅著社會主義未來的成就。

【 問題與討論 】

一、 什麼是馬克思主義？什麼是共產主義？爲何要消滅「私有制」？請談談你的看法。

二、 除了在台灣討論「本土化」之外，馬克思主義在中國大陸也面臨「本土化」的問題，請你概略說明毛澤東如何處理這個問題。

三、 什麼是「有中國特色的社會主義」？爲什麼社會主義會有所謂「初級階段」？請概略說明之。

四、 就你的觀點，當前的中國大陸是不是所謂「資本主義」社會？

五、 什麼是「三個代表」？你認爲中共能否代表十三億大陸人民的利益？

注釋

1 李英明,《中國:向鄧後時代轉折》(台北:生智文化,民國 88 年),
   頁 4~5。

2 劉少奇,〈論黨〉,《劉少奇選集》(北京:人民出版社,1985 年),
   頁 332~337。

3 吳玉山,〈回顧中國大陸產權改革〉,《香港社會科學學報》,第 14 期
   (1999 年),頁 177。

4 馬克思,〈哥達綱領批判〉,《馬克思恩格斯選集》,第三卷(北京:
   人民出版社,1995 年),頁 314;列寧,〈社會民主黨在民主革命中
   的兩種策略〉,《列寧選集》,第一卷(北京:人民出版社,1995 年),
   頁 562;列寧,〈國家與革命〉,《列寧選集》,第三卷(北京:人民
   出版社,1995 年),頁 188~193。

5 毛澤東,〈論聯合政府〉,《毛澤東選集》,第三卷(北京:人民出版
   社,1990 年),頁 1026~1027。

6 毛澤東,〈論人民民主專政〉,《毛澤東選集》,第四卷(北京:人民
   出版社,1990 年),頁 1405~1418。

7 中共中央文獻研究室,《關於建國以來黨的若干歷史問題的決議註釋
   本》(北京:人民出版社,1985 年),頁 47~60。

8 姜新立,〈後社會主義中國發展轉型論〉,《東亞季刊》,第 30 卷 2 期,
   頁 1~3;James C. F. Wang, *Contemporary Chinese Politics*
   (Englewood Cliffs, N. J. : Prentice-Hall, 1989), pp. 61-66.

9 鄧小平,〈建設有中國特色的社會主義〉,《鄧小平文選》,第三卷(北
   京:人民出版社,1993 年),頁 62~66。

10 關於中共歷屆會議對「社會主義初級階段」的論述,請參考中共中
   央文獻研究室編,《十一屆三中全會以來黨的歷次全國代表大會中
   央全會重要文件選編》(北京:中央文獻出版社,1997 年)。

11 趙紫陽,〈沿著有中國特色的社會主義道路前進——在中國共產黨
   第十三次全國代表大會上的報告〉,《人民日報》,1987 年 11 月 4 日,

版 1。

12 姜新立,〈後社會主義中國發展轉型論〉,《東亞季刊》,30 卷 2 期(民國 88 年 4 月),頁 9;R. H. Chilcote, *Theories of Comparative Politics*(Boulder: Westview Press, 1981), p. 288.

13 姜新立,〈中共意識形態之演變與發展(下)〉,《中共研究》,34 卷 5 期(民國 89 年 5 月),頁 64;吳玉山,《遠離社會主義:中國大陸、蘇聯和波蘭的經濟轉型》(台北:正中書局,民國 85 年),頁 50。

14 江澤民,〈高舉鄧小平理論偉大旗幟,把建設有中國特色社會主義事業全面推向二十一世紀〉,《十五大以來重要文獻選編》(北京:人民出版社,2000 年),頁 9~14。

15 「三個代表」為江澤民於 2000 年 2 月在廣東考察時所提出,作為「黨的立黨之本、執政之基與力量之源。」見江澤民,《論「三個代表」》(北京:中央文獻出版社,2001 年);張執中,〈「三個代表」與中共今後政治走向〉,《歐亞研究通訊》,3 卷 8 期(民國 89 年),頁 3~4。

16 江澤民,〈開創中國特色社會主義事業新局面〉,《大公報》(香港),2002 年 11 月 9 日,版 A10。

17 依據中國大陸第二次全國基本單位普查統計,至 2001 年末,中國大陸國有、集體企業單位數分別占全部企業的 12.2%和 28.3%,從業人員占 30.6%和 22.8%。而私營企業單位數占 43.7%,從業人員占 20%,全國共有私營企業一百三十二萬三千家,五年年均增長 24.5%,從業人員年均增長 31.6%。引自《人民日報》,2003 年 1 月 18 日,版 2。

18 黨的《通知》內容指出:「私營企業主同工人之間實際上存在剝削與被剝削的關係,不能吸收私營企業主入黨。」見中共中央文獻研究室編,〈中共中央關於加強黨的建設的通知〉,《十三大以來重要文獻選編》(北京:人民出版社,1991 年),頁 598;江澤民亦表示:「私營企業家不能入黨,…如果讓依靠剝削生活的人入黨,究竟要建成一個什麼黨。」見江澤民,〈在全國組織部長會議上的講話〉,

前引書，頁 584。

[19] 江澤民，〈在慶祝中國共產黨成立八十週年大會上的講話〉，《人民日報》（海外版），2001 年 7 月 2 日，版 3。

[20] Bob Jessop, *State Theory: Putting States in their Place* (Cambridge: Polity Press, 1990), pp. 118-119; Philippe C. Schmitter, "Still the Century of Corporatism?" *Review of Political Studies*, 36: 1(1974), pp. 93-111.

第二篇
政治篇

　　第二篇主題為黨與政權，共分成三章，分別探討中國大陸的黨政體制、政治變遷及中央與地方關係。

　　基本上，中國大陸的黨政體制是由政黨、政府和軍隊三重權力所組成，每一部分都自成體系，但由共產黨的領導連結在一起，並由「民主集中制」所貫穿。因此在研讀中共政府體制時，絕不能忽略黨組織在體制中所具有的關鍵地位。因為在一黨專政的環境下，政權由一黨長期持續掌控，即使憲法條文可能在「有限政府」與「人民主權」做出相當的規定，但執政的共黨卻可藉組織運作，將政府的不同機構強固地連結起來，導致權力高度的集中，並使憲法的規範形同虛設。至今執政的中國共產黨仍視本身為社會利益的唯一仲裁者，雖然承認社會多元利益的存在，但藉由控制利益表達管道，亦即對社會自主發展的力量採取守勢，維持其「監護人」的角色。

　　針對中國大陸的政治變遷與民主前景，第五章共分成三大部分進行分析：第一部分提出三個問題作為分析架構，分別是：統治階層內部是否產生改革派？若產生改革派，則改革派與民運力量是否進行合作？統治階層分化的結果，是改革派或強硬派占優勢？第二部分依毛澤東死後分成三個時期，分別是過渡時期（1976～1978）、鄧小平時期（1978～1994）、江澤民時期（1994～2002），以說明中國大陸的政治變遷。第三部分將綜合歸納出中國大陸政治變遷的特點，並展望其民主前景。

　　「中央與地方關係」被中共領導人與學界視為重大課題。第六章針對此一重要問題，分成四節進行分析，第一節旨在說明「單一制」與「聯邦制」之差別，並指出中央集權與地方分權的優缺點。第二節將依照第一節之標準，說明中國大陸何以屬於單一制國家，以及其中央與地方間究竟屬於中央集權或地方分權。第三節將說明中國大陸在政治集權經濟分權所將產生之影響。第四節將預測未來中國大陸中央與地方關係的變化及其影響。

第四章

中國大陸的黨政體制

張執中　博士

就如費正清（John K. Fairbank）和瑞肖爾（Edwin O. Reishauer）所指出：共產中國是「由政黨、政府和軍隊三重權力所組成，每一部分都自成體系，但由共產黨的領導連結在一起。」[1]如前章所述，中共長期以來依據黨的理論自我辯護，數列西方制度的種種弊端，並以現行制度在理論上的優越性，認定唯有「社會主義民主」才是屬於真正無產階級的民主，而貫徹社會主義民主的組織原則就是「民主集中制」。依據表 4-1，從政府的橫向權力結構上看，「民主集中制」規範了黨和政權、軍隊的關係，以及人民代表大會、國家行政機關和司法機關的關係；從政府的縱向權力結構上看，「民主集中制」又規範了中央政府與地方政府間的關係，構成了政治體制與國家政策形成的主要制度規範。本章以「民主集中制」為核心來說明當前中共的黨政體制，除了瞭解中共黨政組織結構外，也能瞭解支撐整個黨政結構的理論基礎。

第一節　民主集中制

「民主集中制」是源自於列寧的觀點，並賦予其內涵。列寧提出透過一個高度集中的指揮結構，以嚴格紀律結合職業革命家的祕密組織，組成革命的先鋒黨（vanguard party）領導無產階級從事對抗專制政權的活動。1905 年的革命高潮使列寧重新檢討黨內民主問題，這種延續嚴密組織與紀律，維持組織的統一性，並提倡由下而上的選舉與多數決的組織原則即演變成為「民主集中制」。

表 4-1 中共政權結構表

層級	黨	政	軍	法	自治機構
中央	中央委員會 中紀委	全國人大 國家主席 國務院 全國政協	中央軍委	最高法院 最高檢察院	
省級	省委 省紀委	省人大 省政府 省政協	省軍區	高級法院 檢察院	
地級	地委 地區紀委	#人大工作委員會 *行政公署 #政協工作委員會	軍分區	中級法院 檢察院	
地級市	市委 市紀委	市人大 市政府 市政協	軍分區	中級法院 檢察院	
縣級	縣委 縣紀委	縣人大 縣政府 縣政協	武裝部	法院 檢察院	
鄉（鎮）	鄉黨委 紀檢組	人大主席團 鄉政府 #政協參事組	武裝部	*法庭	
街	街黨委	*街道辦事處		*法庭	
村	黨組織				村委會
城市社區	黨組織				居委會

註：1.標示 * 者為派出機構，標示 # 者為協調性機構。

　　2.「十六大」通過的黨章修正案，將村黨支部改為村黨組織，並增加社區居
　　委會黨組織，以及非公有制經濟組織中黨的基層組織。

資料來源：朱光磊著，《當代中國政府過程》（天津：天津人民出版社，1997 年），
　　　　　頁 65；浦興祖主編，《中華人民共和國政治制度》（上海：人民出版社，
　　　　　1999 年）；〈中國共產黨章程〉，《人民日報》，2002 年 9 月 19 日，版 1。

從歷史發展來看，列寧政黨的組織型態在革命中被證明是有效工具，中共作爲共產國際成員之一，其建黨理論與組織架構多師法俄國。1920 年，列寧起草的《加入共產國際的條件》明確規定：「加入共產國際的黨，應該是按照民主集中制原則建立起來的。」[2]使得「民主集中制」也成爲中共在內，各個共黨普遍遵循的組織原則。事實上，對組織凝聚與民主程序的雙重要求——列寧政黨與一般群眾政黨並沒有什麼區別。但問題是，民主集中制所訴諸的概念卻一直沒有實現，使其實質及運作一直存在爭議性。[3]另一方面，共產革命後的一個重要轉變，就在於執政的共產黨將「民主集中制」納入國家憲法規範，賦予新政府追求「無產階級專政」的合法性基礎，使得「民主集中制」不再僅限於政黨組織，而逐漸擴大成爲指涉社會層面的組織關係，並有明顯組織上的階層化（hierarchy）。

中共從革命時期的「國家建立」，到後革命時期的「政權建立」過程中，「民主集中制」不僅作爲黨的組織和運作原則，而且也成爲建政後憲法架構下的政體形式——人民代表大會制度與國家機構的組織原則。「民主集中制」從橫向規範了黨和政權、軍隊以及人民代表大會與「一府兩院」的關係，使政府體制呈現以中國共產黨的領導爲核心，以立法、行政、司法爲主體，以意識形態爲推動力的政治結構[4]；在縱向權力上，中央集權的單一制使權力不僅集中於國家，在國家內部則集中於中央，而中央則更進一步集中於黨。在黨的一元化領導下，從中央到地方的各級政府在這種橫向集權中被整合進黨的組織體系。於是，中央與地方的行政關係就逐漸轉化爲黨內的組織關係，而「黨」在國家中的角色與地位也就成爲「民主集中制」運作的關鍵。[5]

第二節　「民主集中制」與中共黨組織

　　中共至 1927 年 6 月「第三次修正章程決案」，首次在黨章明確提出「民主集中制」原則，並於 1928 年黨的「六大」將「民主集中制」寫入黨章內容。基於中共建黨以來的情勢變化，歷屆黨章對「民主集中制」的規範內容並不一。本章依據中共改革開放以來的黨章規範，「民主集中制」的內容可歸納爲六項基本原則：一、黨員個人服從黨的組織，少數服從多數，下級組織服從上級組織，全黨各個組織和全體黨員服從黨的全國代表大會和中央委員會；二、黨的各個領導機關，除它們派出的代表機關和在非黨組織中的黨組外，都由選舉產生；三、黨的最高領導機關，是黨的全國代表大會和它所產生的中央委員會。黨的地方各級領導機關，是黨的地方各級代表大會和它們所產生的委員會。黨的各級委員會向同級的代表大會負責並報告工作；四、黨的上級組織要經常聽取下級組織和黨員群眾的意見，黨的下級組織既要向上級組織請示和報告工作，又要獨立負責地解決自己職責範圍內的問題；五、黨的各級委員會實行集體領導和個人分工負責相結合的制度；六、黨禁止任何形式的個人崇拜。[6]

一、黨的組織結構

　　共產黨的特徵在於組織的深入（penetration）、嚴密的組織網絡，以及籠罩每一個黨員的基層組織。作爲一個縱向聯繫制（vertical link）的政黨，在組織上形成一種嚴格的分隔形式，處於同一級別的機構只

能通過上層組織才能互相溝通（參見圖 4-1）。[7]這當中有兩個意涵：
缺乏直接的橫向聯繫，以及以委任代表（delegation）組成「上級機關」。
例如，黨的支部（cells）與支部之間必須透過作為上級的分部（section）
來溝通；分部是由支部所委派的代表組成，代表們透過選舉組成委員
會（committee），並由委員會委任辦事機構，依此分層，最終集於全
國代表大會與中央委員會。[8]

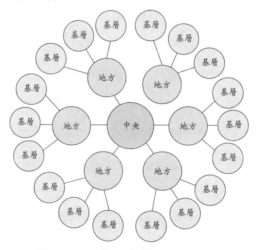

圖 4-1　共產黨組織結構圖

資料來源：王貴秀著，《論民主和民主集中制》（北京：中國社會科學出版社，1995
　　　　　年），頁 185。

　　若依圖 4-1 將黨的組織結構刻畫為一個由中心層層向外輻射的
網狀圖，這種網狀結構不像蜘蛛網那樣由中心直通邊緣，而是由中心
輻射到「中介點」，再依次分權，逐級到達邊緣；黨的組織網在各層
級之間缺少橫向連結，表明黨的組織只有從中央到地方，再到基層的
縱向關係，而在各地方之間和各基層之間並沒有橫向關係，它們之間
要發生組織關係必須上行到領導它們的上級組織，再從上而下下達指

令，才能發生組織關係。[9]此一體制意圖阻止黨內分歧以及「派系」或反對派的發展，遏阻橫向聯繫，避免平行單位受意見分歧的波及。此外，縱向聯繫不單是維持政黨團結與同一性的絕佳手段，亦使政黨易於轉入地下活動，因為縱向聯繫正好是地下活動的基本規則。

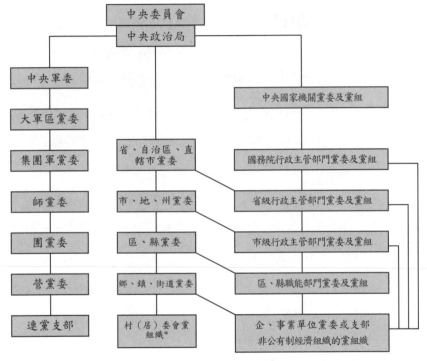

圖 4-2 中國共產黨組織系統

註：＊「十六大」通過的黨章修正案，將村黨支部改為村黨組織，並增加
　　社區居委會黨組織，以及非公有制經濟組織中黨的基層組織。
資料來源：胡偉，《政府過程》（杭州：浙江人民出版社，1998 年），頁 86；〈中
　　國共產黨章程〉，《人民日報》，2002 年 9 月 19 日，版 1。

「民主集中制」反映在中共組織運作上，所建立的「黨組織制度」、「黨委統一集體領導下的首長分工負責制」對維護「黨的領導」

原則產生極爲關鍵的作用。共產黨的整個組織系統從形式上可以分爲三個子系統，即以塊塊爲基礎的地方黨組織系統，以條條爲基礎的國家職能部門黨組織和軍隊黨組織系統。這三個子系統通過各自的途徑統一於中國共產黨中央委員會及政治局（見圖 4-2），黨每一階層的組織都分成三個功能相關的機構：即黨代表機構、決策中心及行政體制（辦事機構）（見圖 4-3）；地方黨組織在結構與職權方面，基本上是對中央的結構的不同規模複製。[10]地方黨組織系統與職能部門黨組織系統有職權交錯關係，每級職能部門黨組織除接受上級職能部門黨組織的領導外，還接受同級地方黨委的領導的「雙重領導制度」，形成一個複雜且相互掛鉤的階層體制。而在基層組織方面，黨在企業、農村、機關、學校、科研院所、街道、解放軍連隊和其他基層單位，凡是有正式黨員 3 人以上者，都要成立黨的基層組織。在一般情況下，黨員超過 1,000 人的基層單位，設立黨的基層委員會，下設若干總支部；有正式黨員 3 人以上而不足 50 人的基層單位則建立黨支部，形成一個嚴密的組織網絡。

二、集體領導與核心

若按黨章規範，書記只是「平等中的首位」（first among equals），不能凌駕於黨委其他成員或黨組織之上，但如鄧小平所言：「集體領導也要有個頭，各級黨委的第一書記，對日常生活要負起第一位的責任。」[11]因此核心與集體的互動關係，特別是在後強人時期，就成爲中共政權運作的重心所在。

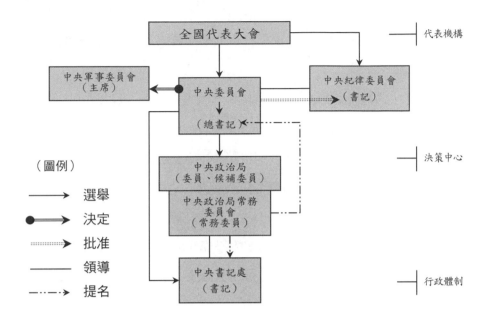

圖 4-3 中共中央組織圖

資料來源：《中國共產黨章程》（北京：外文出版社，2001 年）；《中國大陸綜覽》
（台北：共黨問題研究中心編印，民國 90 年版），頁 61。

　　從毛澤東、鄧小平到江澤民，中共長期以來圍繞著核心領導人
的權力結構，通常是與一系列黨內鬥爭同步發展起來的，黨不能有兩
個聲音或兩個司令部，是已經建立起來的規則和習慣。[12]由於中共政
治的特殊性與高度人格化特質，最主要的政治權威存在於對領導與上
下級關係的理解，而非客觀化的法律或道德準則中。基於「領導階層」
一定程度上的封閉性，構成一個不易滲透的「內圈」（inner circle），
包括：中央政治局及其常務委員會在實質上成為黨政領導中樞，而黨
的總書記則在政治局及其常委會中扮演關鍵角色。這個鄧小平口中的

「領導集體」與「核心」，成為實質上掌控著國家資源分配和權力關係的「中央」。[13]

在中共黨史上，最高領導人的職稱從毛澤東於「七大」被推舉為黨主席之前，一直採用「總書記」的稱謂（參見表 4-2）。1982 年中共「十二大」取消黨主席，設總書記，雖然強調集體領導，但權力掌握在鄧小平等元老手中，有權否決政治局的決議。在鄧小平著手部署權力接班，先後選擇了胡耀邦與趙紫陽擔任總書記職務，形成中共改革時期的一線領導人。但是涉及政權安危的重大議題，最終決定權仍掌握在二線元老手中，而非一線領導人或正式制度中的最高國家權力機構。比如趙紫陽與政治改革隨著「六四」而下台，而在「六四事件」中最重大的四項決策──四二六社論對民運的「動亂」定性、北京市的戒嚴、趙紫陽的去職和新政治局常委和新總書記人選的產生，並非依照黨章程序，而是掌握在二線元老以及鄧的定奪。黨政領導人的政策路線與判準，受制於元老由上而下的意志，並須承擔所有政治風險，以保護元老的核心地位；另一方面，黨的最高權力核心的頻繁變動（黨主席、總書記、中央軍委主席），也造成人民對政局的不確定感。

表 4-2　中共黨的歷任領導人

時間	姓名	職稱	任命會議	備註
1921.07	陳獨秀	中央局書記	一大	
1922.07	陳獨秀	中央執委會委員長	二大	
1923.06	陳獨秀	中央執行會委員長	三大	
1925.01	陳獨秀	中央執委會總書記	四大	原委員長改為總書記
1927.05	陳獨秀	中央委員會總書記	五大	
1927.08	瞿秋白	中央委員會總書記	八七會議	撤換陳獨秀
1928.07	向忠發	中央委員會總書記	六大	實權由李立三掌握
1930.09	向忠發	中央委員會總書記	六屆三中全會	
1931.01	向忠發	中央委員會總書記	六屆四中全會	實權由國際派掌握
1931.06	陳紹禹（王明）	中央委員會總書記		向忠發被捕處決而接任
1931.09	秦邦憲（博古）	中央委員會總書記		王明調往莫斯科而接任
1935.01	張聞天	中央執委會總書記	遵義會議	毛澤東任中央軍委主席
1945.06	毛澤東	中央委員會主席	七大	總書記改為中央主席
1956.09	毛澤東	中央執委會主席	八大	
1966.08	毛澤東	中央主席	八屆十一中全會	
1969.04	毛澤東	中央委員會主席	九大	
1973.08	毛澤東	中央委員會主席	十大	
1976.10	華國鋒	中央委員會主席		毛澤東病逝而接任
1981.06	胡耀邦	中央委員會主席	十一屆六中全會	鄧小平任中央軍委主席
1982.09	胡耀邦	中央委員會總書記	十二大	
1987.01	趙紫陽	中央委員會總書記	政治局擴大會議	胡耀邦下台
1987.11	趙紫陽	中央委員會總書記	十三大	
1989.06	江澤民	中央委員會總書記	十三屆四中全會	趙紫陽下台
1992.10	江澤民	中央委員會總書記	十三大	
1997.09	江澤民	中央委員會總書記	十四大	
2002.09	胡錦濤	中央委員會總書記	十六大	江澤民續任中央軍委主席

資料來源：《中國大陸綜覽》（台北：共黨問題研究中心，民國 91 年），頁 22；
　　　　　李谷城，《中共黨政軍結構》（香港：明報出版社，1992 年），頁 41
　　　　　～46；《人民日報》（北京），2002 年 9 月 19 日，版 1。

　　江澤民上台後，在缺乏強人背景的前提下，核心的概念緊密地
和不同世代的領導集體相連接，以配合權威領袖間的平衡需求。包括

胡錦濤等接班人核心權力的鞏固，必須包含幾個要件：一、不同政治勢力間的權力平衡；二、軍隊的支持；三、培植權力網絡；四、對於前期政治遺產的繼承，以及個人政治路線的建構。

第三節 「民主集中制」與中共政權組織

一、政權結構

中共憲法架構下的政體形式稱為「人民代表大會制度」，其組織結構的成形主要是依據俄國蘇維埃制度為藍圖。依據《八二憲法》，「民主集中制」作為國家機構的組織原則，主要體現在三組關係上：

1. 全國人民代表大會和地方各級人民代表大會都由民主選舉產生，對人民負責，受人民監督。
2. 國家行政機關、審判機關、檢察機關都由人民代表大會產生，對它負責，受它監督。
3. 中央和地方的國家機構職權的劃分，遵循在中央的統一領導下，充分發揮地方的主動性、積極性的原則。

概念說明

蘇維埃（Soviet）

蘇維埃，俄語的音譯，意為「會議」或「代表會議」。列寧依據馬克思的觀點，認為擺脫議會制的出路，在於把代表機關變為同時兼任立法和行政的工作團體，把立法的職能和執法的職能在選出的人民代表身上結合起來。因此，「一切權力歸蘇維埃」也成為革命後蘇聯的國家政權建設的指導方針。

　　依據前述規範，中共現行憲法的「民主集中制」，除了確立中華人民共和國作爲中央集權的單一制國家（請參見第六章）；最重要的是在政府職權的劃分上，建立以「人民代表大會制度」爲核心的政治體制，即由基層直選產生的代表機構（人民代表大會）選舉上一級人大代表，依此分層，透過間接選舉最終組成全國人民代表大會，成爲國家最高權力機關，體現「人民主權」原則。

　　在中共的憲法架構下，全國人民代表大會的一元化權力在於全國人民代表大會作爲國家最高權力機關，具有最高的法律地位，全國人大及其常委會行使立法權，有權修改憲法、制定法律，並監督憲法及法律的實施；而權力執行機關「一府兩院」（政府、最高人民法院、最高人民檢察院）則由全國人民代表大會產生，其位階從屬於人大，接受人大的領導與監督，體現出一種「議會至上」的原則。因此人民代表大會制的特徵，在於全國人民代表大會作爲國家最高權力與立法機關，其權力遠高於任何西方國家的議會；所強調的是直接代表「公意」（general will）的國家權力機關應居優越地位，否定行政、立法、司法三權是「同位」（co-ordinate）的存在，使行政與司法機關並不存在如否決權（veto power）等「回應權力」（reactive powers）的制衡關係。圖 4-4 與表 4-3 即簡述人民代表大會制度下，國家權力機關與執行機關之權力關係與職權。

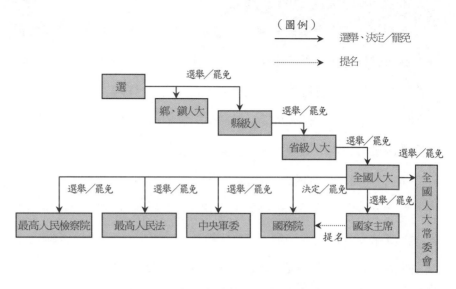

（圖例）
　　——————▶　選舉、決定／罷免

　　·················▶　提名

圖 4-4　中共憲法架構下的政府體制

資料來源：作者自製。

　　必須特別說明的是，僅從制度規範來分析中共「民主集中制」的運作畢竟與事實有所出入。由於在一黨專政的環境下，政權由一黨長期持續掌控，即使憲法條文中可能在「有限政府」與「人民主權」做出相當的規定，但執政黨卻可藉組織運作，將政府的不同機構強固地連結起來，導致權力高度的集中，使憲法的規範形同虛設，民意機構的監督功能成為犧牲的對象。黨國權力的集中造成包括黨在內的整個政治結構的變質和「民主集中制」規範下的制度從屬關係的顛倒。

表 4-3 中共國家權力機關與執行機關之職權

全國人民代表大會	1. 國家最高權力機關，人大代表為兼職，每屆任期五年，每年召開一次，行使立法權、任免權、決定權與監督權。 2. 修改憲法，監督憲法實施；制定和修改基本法律。 3. 選舉、罷免國家主席、副主席、中央軍委主席、最高人民法院院長、最高人民檢察院院長。 4. 決定或罷免國家主席提名的國務院總理；國務總理提名的國務院副總理、國務委員、部長、委員會主任、審計長、秘書長；以及中央軍委主席提名中央軍委會組成人員人選。 5. 審查、批准國家經濟與社會發展計畫、國家預算和執行報告。 6. 改變或撤銷人大常委會不適當的決定。 7. 批准省、自治區和直轄市建置；決定特別行政區設立及其制度。 8. 決定戰爭與和平的問題。 9. 授權國務院制定行政法規。
全國人民代表大會常務委員會	1. 全國人民代表大會之常設機關，由全國人大選出。主持人大選舉、召集人大會議，常委會委員不得擔任官員。 2. 解釋憲法與法律，監督憲法實施；制定和修改除應由人大制定以外的其他法律；修改或補充人大制定的法律；但不得牴觸該法基本原則。 3. 審查、批准國家經濟與社會發展計畫、國家預算調整。 4. 監督「一府二院」及中央軍委會工作。 5. 撤銷國務院行政法規、決定與命令；對國務院提出質詢案。 6. 決定國務院總理、中央軍委會主席提名人選、駐外全權代表任免、同外國條約與協定的批准或廢除、授予勳章與榮稱、特赦、戰爭狀態宣布、動員、戒嚴；任免最高法院院長、最高檢察院長提請人選。
國家主席	1. 五年一任，連任不得超過兩屆。 2. 依據人大及其常委會決定，公布法律、任免國務院總理、副總理、國務委員、部長、委員會主任、審計長、秘書長；派遣和召回駐外全權代表。 3. 依據人大及其常委會決定授予國家的勳章和榮譽稱號；批准和廢除條約與協定；發布特赦令、發布戒嚴令、宣布戰爭狀態、發布動員令。 4. 接受外國使節。

（續）表 4-3　中共國家權力機關與執行機關之職權

國務院	1.中央人民政府、最高國家權力機關的執行機關、最高國家行政機關，向全國人大及其常委會負責並報告工作。 2.實行總理負責制、部長、主任負責制，五年一任，總理、副總理、國務委員連任不得超過兩屆。 3.依據憲法和法律，規定行政措施、制定行政法規、發布決定和命令；各部、各委員會依據法律和國務院的行政法規、決定、命令，依部門權限發布命令、指示和規章。 4.向人大及其常委會提出議案。 5.編制與執行國家經濟和社會發展計畫和國家預算。 6.管理對外事務，締結條約和協定。
中央軍事委員會	1.國家武裝力量受中國共產黨領導。 2.領導全國武裝力量，採主席負責制，向全國人大及其常委會負責，每屆任期五年。 3.根據憲法和法律，制定軍事法規，發布決定和命令。 4.向全國人大及其常委會提案。
最高人民法院	1.最高審判機關，最高法院院長五年一任，連任不得超過兩屆。 2.對全國人大及其常委會負責。 3.依法獨立行使審判權，不受行政機關、社會團體和個人干涉。
最高人民檢察院	1.國家法律監督機關，最高檢察院檢察長五年一任，連任不得超過兩屆。 2.對全國人大及其常委會負責。 3.依法獨立行使檢察權，不受行政機關、社會團體和個人干涉。

資料來源：中華人民共和國憲法；中華人民共和國立法法；中華人民共和國國防法。

　　反映在黨政結構上，如圖 4-2 顯示中共在各級黨委內部設立與各級政權平行的黨委會，指導甚或領導各級政府工作，形成「以黨領政」的格局；而與各級政府平行的黨組織內，還設立各個專責處理政府事務的專門部門和專門委員會等「對口」部門，以專門指導或協調同級政權機關的相應工作。使得黨的縱向結構與各級政府平行，在中央、地方以及軍隊，都有共產黨的組織；並且透過黨委批准在非黨組織領導機構設立「黨組」，以指導黨員為加強黨的影響。[14]特別是「黨委統

一集體領導下的首長分工負責制」對中共的領導和控制具有極為重大的意義，因為它一方面直接實現黨的領導，另一方面它又保證了組織能夠順利執行任務。在實現黨的直接領導上，首長在黨委會僅為成員之一，沒有獨斷獨行的權力，凡事須取決於黨委的集體決定，如果黨委會就某一問題達不到一致意見，黨委書記有最後決定權；此外，黨還藉由「雙重領導制度」，除了中央與上級統一垂直領導，還包括各級地方黨委對同級單位的平行領導，以確保黨的意志的貫徹。黨組織設定前提與必要干預之能力，使制度得以按其偏好運作。即使提出「黨政分開」，最終仍維持以中國共產黨的領導為核心，掌控立法、行政、司法與軍隊的政治結構。

二、黨軍關係

中共革命期間，在根據地建立起各種隸屬於黨政機關與軍隊的群眾組織，領導群眾進行階級鬥爭、土地改革並支援戰爭。中共透過急速和劇烈轉變的土地改革，為其提供政治與人力支持的機會；並且在「無產階級領導下的農民戰爭」中槍桿子裡出政權，這種綱領式規範成為黨歷史唯物主義一個新的原則。因此自毛澤東以來的中共領導人不斷強調：「我們的原則，是黨指揮槍，而絕不容許槍指揮黨」。而黨軍關係透過軍隊的政治工作制度、黨委領導制度和軍政雙重首長制度相結合的「黨委統一集體領導下的首長分工負責制」，得以維持政權穩定與權利的鞏固。

從中共憲法與黨章，對於國家的中央軍委和黨的中央軍委職權

的區分規範並不明確，但在實際運作中，就是兩塊招牌，一套人馬。亦即人民政權統轄的武裝力量與中國共產黨統轄的武裝力量是相一致的，決定權仍掌握在黨的手中，透過人大的選舉而加以合法化。因此中共憲法序言規定了黨在國家的領導地位後，再於「國防法」中明確規定黨對武裝力量的領導地位，確定了中共黨的各級組織在武裝力量中的法律地位。

另一方面，從中共歷史發展來看，軍權與核心領導人之間一直維持密切的聯繫。無論是毛澤東於大躍進失敗後交出黨主席職位，但保留中央軍委會主席；鄧小平於 1987 年黨「十三大」辭去中央委員、政治局委員暨常委職務，但同時修改黨章關於中央軍委須由政治局常委擔任的規定，以黨員身分，兼任黨中央軍委主席職務；江澤民仍依循鄧的路線，繼續掌握軍權，都可以看出軍權與核心的密切關係，和中央軍委主席作為最高權威的象徵。也因此當黨總書記與軍委主席由不同人擔任，可能衍生的制度衝突包括「黨」與「槍」的關係；以及黨政與軍事統帥權的分立問題。

第四節　政黨制度

中國大陸的政黨制度，稱為「中國共產黨領導的多黨合作和政治協商制度」。這項制度的設計，主要是透過統一戰線的運用，結合其他的「民主黨派」來維持共黨專政的局面。當前中國大陸「民主黨派」包括中國國民黨革命委員會、中國民主同盟、中國民主建國會、中國民主促進會、中國農工民主黨、中國致公黨、九三學社、台灣民

主自治同盟，是「政協」工作對象的一部分（表 4-4）。[15]

表 4-4　中國大陸「民主黨派」成立時間、地點及成員屬類

黨派名稱	簡稱	成立時間	成立地點	成員類屬
中國致公黨	致公黨	1925	舊金山	華僑暨眷屬
中國國民黨革命委員會	民革	1927	香港	原國民黨或相關人士
中國農工民主黨	農工黨	1927	上海	醫藥衛生界人士
中國民主同盟	民盟	1941	重慶	文教界人士
九三學社	九三	1944	重慶	科學技術界人士
中國民主建國會	民建	1944	重慶	工商金融界人士
中國民主促進會	民促	1945	上海	中小學教師、文化出版界
台灣民主自治同盟	台盟	1947	香港	大陸台籍人士

資料來源：歐陽新宜，〈中共與「非共黨派」的關係〉，載於吳安家主編，《中共政治發展》（台北：政大國關中心，民國 83 年），頁 249；《中國大陸綜覽》（台北：共黨問題研究中心，民國 91 年），頁 50。

　　中國大陸的民主黨派，是一個特定的稱謂，並非泛指以民主為目標的政黨，而是專指建政前即與中共共同反對國民黨一黨專政，建政後又與中共一起建設「新中國」的八個黨派。1989 年 12 月，中共發布了「關於堅持和完善中國共產黨領導的多黨合作和政治協商制度的意見」之重要文件。文件中說明了各民主黨派是共產黨的親密戰友，共同堅持社會主義初級階段的基本路線，並將中共界定為「執政黨」，而各民主黨派是接受中共領導的「參政黨」。[16]文件同時也將民主黨派的參政途徑作了詳盡的說明，使共黨和民主黨派的關係得到制度化的基礎。依據中共的立場，社會主義多黨合作是在共同目標下真誠合作而又互相監督的關係，各政黨之間沒有在朝、在野之分，共產黨是居於領導地位的執政黨，民主黨派也參加國家政權；而資本主義國家各資產階級政黨是以在朝與在野的面貌出現，為了爭奪執政地

位，彼此鬥爭激烈，決定了資產階級各政黨之間是互相攻訐、彼此傾軋的關係。

　　民主黨派參政議政的主要場所即是「中國人民政治協商會議」（簡稱「政協」）。正確來說，「政協」是由中共和八個民主黨派、無黨派人士以及各人民團體如婦聯、青聯等，還有各界人士、華僑，少數民族等，幾乎涵蓋了中國大陸社會中，在政治、經濟和社會的各層面，如「中華全國工商聯合會」，長期以來和各民主黨派一同參政議政，參與政治協商、民主監督。「政協」與「人大」和政府機構，構成了中共政治體制的基本架構，其主要作用是所謂「政治協商」與「民主監督」。但事實上民主黨派的作用，其實正是分別屬於政治整合、政治動員及政治社會化的範疇，使中共得以維持「社會主義民主」的假象。

　　隨著經濟發展與社會多元化，執政的共產黨也瞭解必須對社會的需求與壓力更具回應性，因此減少強調群眾運動與革命轉變，轉而持續投入強化國力與經濟發展。但基於對權力獨占的堅持，不可能順從民間成立代議政府的訴求。因為真正的代議政權，必定是一種多元政治，容許有組織的自主性團體在政見與利益上的自由競爭，透過結盟與協商達成決議。如林茲（Juan J. Linz）所指出：權威式政體的自由化，必須有讓政治反對者接近「大多數民眾」的制度化管道。[17]相對的，後革命一黨政權視本身為社會利益的唯一仲裁者，雖然承認社會多元利益的存在，但藉由控制利益表達管道，以維持本身的最終決定權；亦即對社會自主發展的力量採取守勢，維持其監護人（guardian）的角色。

【問題與討論】

一、什麼是「民主集中制」？它和民主制度有什麼差別？

二、中共的黨組織有何特徵？它和我國與西方其他政黨組織有什麼不同？

三、若與我國的立法院與行政院的關係相比較，你認為「人民代表大會制度」最重要的特徵為何？

四、胡錦濤是中共總書記，江澤民是中共中央軍委主席，你認為誰是真正的領導核心？為什麼？

五、中國大陸也有共黨以外的政黨，你認為這些政黨與民主國家的政黨有什麼差別？所謂「參政黨」與「反對黨」有何不同？

注釋

[1] John K. Fairbank and Edwin O. Reishauer, *China: tradition and transformation*(Boston: Houghton Mifflin Co., 1989), p. 493.

[2] 列寧，〈為共產國際第二次代表大會準備的文件〉，《列寧選集》，第四卷（北京：人民出版社，1984 年），頁 254。

[3] Michael Waller, *Democratic Centralism*(New York: St. Martin's Press, 1981), pp. 12-13; Alan Ware, *Political Parties and Party Systems*(New York: Oxford University Press, 1996), p. 140.

[4] 謝慶奎、楊鳳春、燕繼榮著，《中國大陸政府與政治》（台北：五南圖書，民國 88 年），頁 34。

[5] 吳國光，〈論制度化分權〉，《二十一世紀》（香港），第 35 期（1996 年月），頁 16；浦興祖主編，《中華人民共和國政治制度》（上海：人民出版社，1999 年），頁 608。

[6] 〈中國共產黨章程〉，《人民日報》，2002 年 9 月 19 日，版 1。

[7] 組織的縱向聯繫是指兩個機構之間具有上下主從的聯繫形式；而橫向聯繫則指兩個機構間平等排列的聯繫。見 Maurice Duverger, *Political Parties*(London: Lowe & Brydone, 1967), pp. 40-47; 漢娜·鄂蘭（Hannah Arendt），《極權主義的起源》（台北：時報出版社，民國 84 年），頁 506～527。

[8] *Ibid.*, pp. 47-49.

[9] 王貴秀著，《論民主和民主集中制》（北京：中國社會科學出版社，1995 年），頁 184；Giovanni Sartori, *The Theory of Democracy Revisited*(Chatham, N. J. : Chatham House Publishes, 1987), pp. 100-101.

[10] James R. Townsend and Brantly Womack, *Politics in China* (Boston: Little, Brown, 1986), p. 93.

[11] 鄧小平，〈黨和國家領導制度的改革〉，《鄧小平文選：1975～1982》（北京：人民出版社，1983 年），頁 300。

[12] 鄒讜，《二十世紀中國政治》（香港：牛津大學出版社，1994 年），頁 162～168。

[13] 鄧小平，〈組成一個實行改革的有希望的領導集體〉，《鄧小平文選》，第三卷（北京：人民出版社，1993 年），頁 296～301。

[14] 「黨組」在中共「六大」黨章稱為「黨團」，其任務在於非黨的組織中，加強黨的影響，實行黨的政策，並監督黨員在非黨組織之工作，而在「七大」黨章則正式使用「黨組」名稱。見王勁松，《中華人民共和國政府與政治》（北京：中共中央黨校出版社，1995 年），頁 345。

[15] 趙相明，〈當前中共「人民政協」之政治角色研究〉（台北：政治大學東亞研究所博士論文，民國 82 年 7 月），頁 105。

[16] 〈中共中央關於堅持和完善中國共產黨領導的多黨合作和政治協商制度的意見〉，載於《十三大以來重要文獻選編》，（北京：人民出版社，1991 年），頁 821。

[17] Juan J. Linz, "Totalitarian and Authoritarian Regimes," in Fred I. Greenstein and Nelson W. Polsby, eds., *Handbook of Political Science*, Vol. 3(Reading, Mass. : Addison-Wesley, 1975), p. 273.

第五章

中國大陸之政治變遷與民主前景

王嘉州　博士

中國大陸的民主前景，不但攸關其未來之發展，也將影響兩岸關係以及國際局勢，因此是全世界都關注之議題。所謂民主政治，可視之爲透過爭取選票的競爭方式以獲得政治權力的制度安排。[1]中國大陸要實現民主化，則必須達到以下六項標準：第一，逐漸開放黨禁；第二，通過選舉領導政府；第三，黨和軍隊分開；第四，黨和國家財政分開；第五，黨法分開，使立法、司法獨立；第六，取消對意識形態和大眾傳媒的壟斷和干預。[2]

針對中國大陸的政治變遷與民主前景，本章共分成三大部分進行分析：第一部分爲第一節，將說明用以解釋政治變遷與民主化的理論。第二部分包括第二節到第四節，將分成三個時期說明中國大陸的政治變遷。第三部分爲第五節，將綜合歸納出中國大陸政治變遷的特點，並展望其民主前景。

第一節　解釋政治變遷的理論

共黨政權發動政治轉型的時機，通常都是因爲政權內部劇烈的派系鬥爭，或社會因經濟困難而醞釀了反對的力量，[3]而這正在「轉型理論途徑」的分析焦點。由於從威權體制到民主體制的轉變，必須存在兩個條件：第一，統治階層發生分裂；第二，統治階層的改革派與社會民主力量建立有效的聯盟。[4]所以，在以下的分析過程中，本章將關注三個問題：

第一個問題：統治階層內部是否產生改革派？本章從政治主張與經濟主張兩方面，將執政精英分爲強硬派與改革派。政治主張可分

爲「維持一黨專政」與「實行民主化」兩項，而經濟主張則分爲「採行計畫經濟」與「採行市場經濟」兩項。只要執政精英在政治上主張實行民主化，或在經濟上主張採行市場經濟，都屬於改革派。至於強硬派則限定在，政治上主張維持一黨專政，且經濟上主張計畫經濟的執政精英。上述分類之結果，可列表如表 5-1。在此必須說明，改革派與強硬派的歸類，具有相當的彈性與不確定性，執政精英並非固定不變地屬於某一派，而須視其在轉型中各階段的主張加以歸類。

表 5-1　改革派與強硬派之區分

		政治主張	
		維持一黨專政	實行民主化
經濟主張	採行計畫經濟	強硬派	改革派 1
	採行市場經濟	改革派 3	改革派 2

資料來源：作者自製。

第二個問題：若產生改革派，則改革派與民運力量是否進行合作？本章將民運力量分爲激進派與溫和派。溫和派主張與執政精英進行協商，採行議會路線，希望透過諸如選舉等和平方式，達到體制改革的目標；而激進派對執政精英則採杯葛態度，主張群眾路線，希望以走上街頭的方式，達成改革體制的目標。以上兩者之比較，可整理如表 5-2。在促成民主轉型最有利的途徑上，是使政權中的改革派與政治反對勢力裡的溫和派結盟，放棄激進立場，採取漸進方式，共同邁向民主化。

表 5-2　溫和派與激進派比較

	溫和派	激進派
與執政精英之互動	主張協商	主張杯葛
運動路線	議會路線	群眾路線
運動目標	體制改革	改革體制

資料來源：作者自製。

　　第三個問題：統治階層分化的結果，是改革派或強硬派占優勢？從表 5-1 可知，一旦強硬派掌權，將在政治上維持一黨專政，在經濟上採行計畫經濟。若是改革派掌權，將因改革派與政治反對勢力間不同的關係，而有不同的結果。當改革派與政治反對勢力無聯繫時，則將出現有經濟改革，無政治改革的情形；當改革派利用政治反對勢力時，則除了經濟改革外，將會出現有限度的政治改革；當改革派與政治反對勢力結盟時，政治上將會逐步民主化，在經濟上則可能是採行市場經濟，也可能是採行計畫經濟，端視改革派的經濟主張而定。

　　當代中國大陸的政治變遷，可依毛澤東死亡、鄧小平掌權、江澤民「核心」地位的確立等三件大事，劃分為三個階段：過渡時期（1976～1978）、鄧小平時期（1979～1994）、江澤民時期（1994～2002）。以下將依照前述三個問題分析中國大陸的政治變遷與民主前景。

第二節　過渡時期（1976～1978）的政治變遷

　　在毛澤東時期結束後、鄧小平時期開始前的過渡時期，中共高層發生了兩次鬥爭，一次是官僚派與「四人幫」的鬥爭，一次是凡是

派與實踐派的鬥爭。其中，對「四人幫」的鬥爭，純為權力鬥爭。因為「四人幫」宣稱「按既定方針辦」是毛澤東的臨終遺囑，並以此作為向華國鋒奪權之憑據，[5]使華國鋒與葉劍英等老幹部聯盟，發動「十六政變」逮捕「四人幫」。[6]

凡是派與實踐派的鬥爭，是一場政治上的強硬派與政治上的改革派的鬥爭。以華國鋒為首的凡是派屬強硬派，堅持毛澤東的「以階級鬥爭為綱」和「無產階級專政下繼續革命」的理論。[7]「兩個凡是」不但成為大陸的精神枷鎖，也使冤假錯案難以平反。鄧小平、胡耀邦等改革派，針對此一問題癥結，提出「實踐是檢驗真理的唯一標準」，奠定大陸改革開放的思想基礎，[8]終能在中共十一屆三中全會上壓倒「凡是派」。

改革派在中共十一屆的三中全會取得勝利，但並非單憑一己之力，文革時被整肅的老幹部，與「北京之春」的民主力量，都是改革派獲勝的助力。首先是胡耀邦任中共中央組織部長時，改正大量的冤假錯案，解放大批幹部，又摘掉全國右派分子的帽子，平反知識分子，擴大了改革派的力量；[9]然後在真理標準的討論中，產生了要求結束專制制度、實現民主政治的新思潮，使改革派與民主牆運動的社會力量結合，在三中全會上否定了「兩個凡是」和「無產階級專政下繼續革命」，強調解放思想與實現民主，使大陸短暫地進入思想解放時期，也宣告鄧小平時期的開始。

第三節　鄧小平時期（1978～1994）的政治變遷

　　1978 年改革派的獲勝，爲大陸帶來改革的希望，而鄧小平也曾掌握此潮流，在「十一屆三中全會」的主題報告中，提出加強法制以保障民主的看法。另外，也在「五屆人大二次會議」中通過新的選舉法，使停滯已久的選舉活動得以繼續推行，更讓人對大陸的民主前景充滿希望。不過，因爲社會民主運動的監督對象轉到掌權的鄧小平身上，特別是當魏京生貼出「要民主還是要新的獨裁」的大字報，指出鄧小平可能成爲新的獨裁者後，鄧小平一反過去對民主牆的讚揚與支持，而發表「堅持四項基本原則」的講話，點名批判民主牆運動中的活躍人士，並關閉「民主牆」，逮捕魏京生。

　　「四項堅持」的提出，不但徹底掃蕩了「北京之春」民主運動，使中國大陸回復到萬馬齊瘖的狀態，更讓「凡是派」乘機活躍起來，逼得鄧小平必須發動「真理標準討論補課」。但是，「凡是派」利用「四項基本原則」爲掩護，不僅大幅削弱「補課」的效果，更進一步在1980 年春，以「興無滅資」（即興無產階級思想，滅資產階級思想）爲口號，企圖撲滅逼近城市的改革浪潮。爲使城市改革得以展開，鄧小平接受李維漢的建議，放棄「興無滅資」，改而主張「肅清封建主義影響」[10]，政治制度改革再次被改革派提出。因此，在討論黨和國家領導制度的改革會議上，鄧小平指出政治改革的目的，是要「保證全體人民真正享有通過各種有效形式管理國家，特別是管理基層地方政權和各項企業事業的權力，享有各項公民權利」。[11]

　　1980 年中以後，中國大陸的政治發展再次出現有限度的政治改

革，主要表現在三方面：第一，1980 年 8 月底召開的第五屆全國人民代表大會第三次會議，除熱烈討論鄧小平提出的政治制度改革問題外，並立即付諸實踐，要求政府部門的主要領導人列席大會，當場回答人大代表所提出的批評、建議和質詢；第二，根據 1979 年制訂的新選舉法，縣級人大代表的選舉在 1980 年舉辦，成為基層選舉有史以來最民主的一次，不但從同額選舉改為差額選舉，且民眾可自由提名候選人，有些地區更出現候選人之間的公開競選；第三，在政治思想學術文化領域出現蓬勃的發展，不止各種探討制度改革的活動頻仍，且於全國建立起各種經常性的組織，對改革所面臨的問題進行調查研究。[12]

　　此次政治改革僅維持約半年，到 1980 年 12 月底，即因陳雲之「包圍戰略」成功，使鄧小平以為改革力量正威脅其政治權力，故將其政治思想轉回階級鬥爭，提出「反對資產階級自由化」。[13]因此，鄧小平此次不但鎮壓社會民主運動的力量，也批判打擊黨內民主改革力量，同民主改革力量徹底決裂。雖然鄧小平與民主改革力量決裂，但鄧小平仍是中共領導階層的改革派，而其改革作為就表現在經濟上。鄧小平首先解散人民公社，實行「家庭聯產承包責任制」，接著在大陸城鄉恢復個體經濟活動，然後實行對外開放政策，設置經濟特區，引進西方資金與技術。到了 1984 年，中共十二屆三中全會更通過「關於經濟體制改革的決定」，提出「有計畫的商品經濟」概念，為中國大陸走向商品化和市場化提供了理論根據。

概念說明

資產階級自由化

違反四項基本原則，鼓吹「全盤西化」，主張資本主義制度，否定社會主義制度的一種社會思潮。

經濟改革雖取得顯著的成果，卻因為沒有政治改革的配合，而遭受反改革勢力的破壞，不但直接反對、打擊改革，更利用特權假改革開放以營私，所以到了 1986 年時，經濟改革已處於停頓狀態。為求保障經濟體制改革的成果，使經濟改革得以繼續推行，鄧小平再度重提政治改革，希望以政治改革動員社會力量，來壓制陳雲等強硬派。[14]此次重提政治改革，鄧小平先闡明政治改革和經濟改革的關係是相互依賴，並表示改革能否成功決定於政治體制改革，然後指出政治體制改革的目的「是調動群眾的積極性，提高效率，克服官僚主義」，而改革的內容則包括「黨政分開」、「權力下放」、「精簡機構」等三項。[15]鄧小平此次所提的政治體制改革，有很大的侷限性，精簡機構更只是行政的改革，但其主要作用在打開人們的眼界，使各界熱烈討論政治改革。[16]

配合鄧小平關於政治改革的談話，改革派在學術界發起關於政治改革問題的討論。[17]此外，胡耀邦在中共十二屆六中全會中所討論的「精神文明建設指導方針的決議」中，不但體現鄧小平的改革開放思想，也希望此一決議對推進自由思想與民主政治有所突破。[18]但是，卻因此引發「反自由化」與否的爭論，強硬派更藉此進行「倒胡」行動，向鄧小平表示，「八六學潮」之興起是方勵之、王若望等「自由化知識分子」的影響，而胡耀邦就是自由派知識分子的保護傘，[19]也

就是將「八六學潮」說成是胡耀邦的奪權動作，使鄧小平深感政權受到挑戰，因而拋棄用政治改革動員社會力量以掃除經改阻力的原意，不但鎮壓學生民主運動，更罷黜黨內主張改革最力的胡耀邦。

　　從胡耀邦被迫辭職中可得知，鄧小平將政權穩固擺第一，其次再求經濟發展，而政治改革僅是協助經濟發展的一種手段，一旦政治改革威脅到政權的穩固，即使經濟發展受到影響，也要終止政治改革。鄧小平雖聯合陳雲集團逼使胡耀邦下台，但仍未放棄其經濟改革之理想，所以當強硬派將「反自由化」鬥爭的矛頭指向改革開放時，[20]鄧小平便在 1987 年 4 月，由反「右」轉而反「左」，強調「改革、開放、搞活」，[21]且支持趙紫陽為代表的改革派，使改革開放政策得以持續下去。接替胡耀邦的趙紫陽除執行鄧小平支持的經濟改革外，也未放棄政治改革的理想。先是在中共十二屆七中全會上提出「關於政治體制改革的總體設想」，又將政治改革的設想反映在中共十三大的報告中，提出政治改革的項目包括「實行黨政分開、進一步下放權力、改革政府工作機構、改革幹部人事制度、建立社會協商對話制度、完善社會主義民主政治的若干制度、加強社會主義法制建設」等七項，並認為「改革的關鍵是黨政職能分開」。[22]此次政治改革在推進過程中，仍因影響到黨內領導人的權力和利益，以致遭到強大的阻力，而在 1988 年中以後再次停頓。[23]

　　在政治改革無以為繼之時，經濟改革也遭遇了瓶頸。趙紫陽所進行的產權改革，因迴避物價改革而使改革整個停頓，鄧小平為求推進改革，於是提出要「闖物價改革關」，結果卻造成搶購與擠兌的風潮，物價改革因而流產。[24]物價闖關失敗後，因物價上漲、社會分配

不公、黨政機關腐敗等原因,使社會不滿情緒不斷升高,終在胡耀邦去世後爆發為「八九民運」。社會民主運動的產生,原本是中共黨內改革派戰勝強硬派的良機,可惜不論民運領導人或黨內改革派都錯失機會,終使「八九民運」以血腥鎮壓收場。就民運方面而言,溫和派主張與中共黨內的改革派合作,共同推動政治改革[25],激進派則堅持民主運動的純潔性,不願捲進中共黨內的派系鬥爭[26],但最終是激進派占優勢,不僅沒有給予黨內改革派充分的支持,甚至將黨內改革力量視為鬥爭對象。[27]再就中共黨內改革派來說,鄧小平早已同社會民主運動及黨內民主力量決裂,[28]且處於強硬派的包圍之中,因而認為「這次學生鬧事,是有預謀、有組織、有準備的反對共產黨,反對社會主義制度,是動亂。」[29]因此,不可能與民運力量合作。至於趙紫陽則並未真心要與民運力量合作,而是將學運視作權力鬥爭的工具,不但要和強硬派的李鵬鬥,也要和鄧小平鬥,結果卻事與願違,反而身陷孤立無援中,[30]終在中共十三屆四中全會因「支持動亂,分裂黨」的罪名下台。[31]

「八九民運」後,強硬派主掌政權,不但政治改革之說消聲匿跡,經濟上的「改革開放」也被「治理整頓」所取代。總的來說,強硬派打算在經濟上回復計畫經濟體制,在政治上重拾「階級鬥爭」理論[32],並利用蘇聯與東歐變天的形勢,企圖以「反和平演變」壓制「改革開放」[33],進而將「改革開放」劃上休止符。鄧小平為反制強硬派、確保其經改路線之持續,在 1992 年初以南巡的方式,為改革派造勢[34],鼓吹加速改革。此舉扭轉了「六四」以來改革派的劣勢,故能在中共「十四大」上,將「建設有中國特色社會主義」理論納入黨章[35],並

明確提出經濟體制改革的目標,「是建立社會主義市場經濟體制」。[36]

　　經濟改革雖已向市場化邁進,但政治改革並未隨之往民主化發展。在江澤民「十四大」的報告中雖亦論及政治改革,但其目標「是建設有中國特色的社會主義,絕不是搞西方的多黨制和議會制」[37],與中共「十三大」的政改主張相較,顯然是在開民主倒車。因為在趙紫陽「十三大」的報告中,至少包含三項改革思想,即黨內民主、權力應受制約和制度化,[38]而江澤民所提出的「實行民主集中制」、「決策之科學化與民主化」等八項改革主張,卻僅是屬於行政體制的改革。[39]因此,中共「十四大」後的政經改革取向,就是希望以行政體系的改革,排除經濟改革的政治阻力與障礙。[40]因此,中共「十四大」後,中國大陸的發展,雖無政治改革,但經濟改革已向市場化前進。

第四節　江澤民時期（1994～2002）的政治變遷

　　江澤民自 1989 年中共「十三屆四中全會」接任中共中央總書記,至 1994 年正式建立「上海幫」[41],及中共「十四屆四中全會」強調要將黨中央的領導權集中於核心之手,可說已鞏固其權力。[42]在江澤民主政時期,中共的領導人都屬於主張市場經濟及一黨專政的改革派。經濟上的改革,主要表現在提昇私營經濟地位。政治上的一黨專政,則表現在鎮壓「中國民主黨」組黨運動及提出「三個代表」。

　　早在 1988 年,中華人民共和國憲法修正案第一條就給予私營經濟合法地位,允許其存在與發展,但其地位僅是社會主義公有制經濟的補充,並要由國家對其進行保護、引導、監督和管理。到了 1999

年，私營經濟已從「社會主義公有制經濟的補充」躍升為「社會主義
市場經濟的重要組成部分」。此發展過程並非一帆風順，而是經歷了
兩次的思想解放：一次是 1992 年，思想解放衝破了「計畫經濟崇拜」
[43]，江澤民在中共「十四大」的報告中得以宣告，「中共經濟體制改革
的目標，是建立社會主義市場經濟」，而這必須歸功於 1992 年初鄧小
平的南巡。另一次在 1997 年，思想解放衝破了「所有制崇拜」，[44]江
澤民在「十五大」的政治報告中再次提出「社會主義初級階段」，將
經濟改革的方向指向公有制，並指出非公有制經濟是社會主義市場經
濟的重要組成部分。[45]此一轉變，除可視為市場化路線的繼續發展外，
私營經濟的力量逐漸壯大更是主因。從表 5-3 看出，私營企業從業人
數與企業主人數的成長幅度每年均為兩成左右，私營企業產值的增長
幅度更快，年平均有三成以上，此外，其稅收貢獻的成長幅度更是驚
人，每年有五成六以上。因此，不論從經濟實力或對社會經濟發展的
貢獻來看，中共領導人再也無法忽視私營經濟與私營企業主。

表 5-3　私營企業階層對經濟社會發展的貢獻

類別	1989	1992	1995	1998	1999	2000
產值（億元）	97	205.1	2295.2	5853.3	7687	10739.8
成長率（%）	*	1.11	10.19	1.55	0.31	0.40
消費品零售額（億元）	34	90.7	1006.4	3059.3	4191.4	5813.5
成長率（%）	*	0.63	0.91	0.67	0.27	0.28
工商稅收（億元）	1.1	4.6	35.6	163	255	414.4
成長率（%）	*	3.18	6.74	3.58	0.56	0.63
從業人數（萬人）	143.6	231.9	956	1709.1	2021.6	2406.5
成長率（%）	*	0.61	3.12	0.79	0.18	0.19

資料來源：張厚義，〈成長中的中國私營企業主階層〉，汝信主編，《2002 年：中
　　　　　國社會形勢分析與預測》（北京：社會科學文獻出版社，2002 年），
　　　　　頁 235。成長率為作者自行計算所得。

　　江澤民主政期間發生兩次爭取民主的運動，不過都因中共統治階層並未分裂，致使民主運動無法獲得官方支持，而慘遭鎮壓。第一次乃「中國民主黨」組黨運動，發生於 1998 年 6 月 25 日，王有才等人利用美國總統柯林頓訪問中國大陸之時機，宣布籌組「中國民主黨」。此舉雖被杭州公安局以「煽動顛覆國家政權」罪名逮捕，但各地民運人士並未停止組黨之行動，甚至在 9 月間形成一股組黨風潮，廣布於南北七個省市。[46]中共在 9 月中旬開始採取鎮壓措施，到了 2002 年 11 月，仍有 38 名「中國民主黨」的領導人在獄中未獲釋放，其中至少 9 人的刑期在十年以上。第二次則是「法輪功」事件，發生在 1999 年 4 月 25 日，上萬名法輪功學員包圍中南海，要求「合法地位」與「寬鬆修煉環境」及「釋放在天津遭公安部扣查的法輪功學員」。此乃北京自「八九民運」後近十年來最大規模的示威活動，被中共認爲造成社會不安，先是低調處理，防止事態升溫；再則運用媒體「消毒」，加強監控；隨後則進行逮捕，並在 7 月 22 日正式宣布法輪功爲不法組織，同時予以鎮壓，導致上萬名信徒被拘禁。[47]

　　除以高壓手段防堵民主運動外，江澤民亦透過提出「三個代表」[48]，以鞏固中共的執政地位[49]，亦即延續其一黨專政之地位。中共黨內對「三個代表」並非毫無異議，尤其「左派」以「堅持四項基本原則」作爲護身符，以「捍衛毛澤東思想的指導地位」、「堅決反對私有化」、「堅持中共的無產階級先鋒隊的性質，反對私營業主入黨」爲主題，公開反對「三個代表」[50]。鄧立群等人更發表萬言書，指責允許資本家入黨是極大的政治錯誤，「違反了中共黨章的基本原則和規定」。[51]雖有「左派」的批評，但中共黨內普遍給予「三個代表」肯定

評價，其中擁江立場特別鮮明者包括三方面人馬：第一，軍方，因其領導人均為江所提拔，與江形成利益共同體；第二，地方領導人，尤其是在最近換屆中繼續留任之書記與省長，與江關係深厚；第三，部分的改革派，包括政府官員與私營企業主，因擔心胡錦濤無法掌控大局而特別支持江。[52]因此，在中共「十六大」上，「三個代表」順利列入中共黨章。

結論── 展望中國大陸民主前景

綜合以上分析，可將當代中國的政治變遷整理如表 5-4，從表中可有四點發現：第一，中共領導階層中一直存在改革派，但改革派與民主運動力量的關係僅出現利用與鎮壓兩種，並未形成結盟的關係，這是中國大陸未能向民主轉型的原因所在。

第二，在三十七年中有二十九年不曾出現民主運動。長時間的缺乏社會民主運動，不但使得改革派沒有機會與之結盟，更使其力量因不連續而不堪一擊，也連帶影響改革派對其採利用而非結盟的策略。

第三，當代中國大陸所發生的民主運動主要有五次，而其下場都是遭受鎮壓。其中兩次的民主運動都未曾與改革派有所聯繫就遭鎮壓，而「北京之春」是先被利用而後被鎮壓；「八六學潮」的力量並未被改革派利用成功，而在強硬派掌權下被鎮壓；「八九民運」時，改革派雖希望利用其力量打垮強硬派，但民運力量卻與之保持距離，因而民運力量是在與改革派無聯繫的情況下被鎮壓。

　　第四，自 1978 年中國大陸實施改革開放以來，大部分的時間雖無政治改革，卻不斷進行市場化與私有化的經濟改革。換言之，中國大陸的統治階層不但產生改革派，且大部分的時間是改革派掌權。因此，中國大陸的民主前景就寄望在社會民主運動之上。一旦社會民主運動擁有足夠的力量，且遇到中國大陸執政精英內部的鬥爭，改革派就有可能以給予社會民主運動合法地位，使其成為合法的反對黨，雙方結盟共同對付強硬派。在打倒強硬派後，中國大陸也就能逐步的向民主化改革。

表 5-4　中國大陸精英策略互動之過程

時期	時間	有無改革派	與民主運動力量之關係	何派掌權	結果
過渡時期	1976～1978	有	未出現民主運動	強硬派	無任何改革
鄧小平時期	1978～1979	有	利用	改革派	政改：新選舉法
	1979～1980	有	鎮壓	改革派	經改：農村改革
	1980	有	利用	改革派	政改：基層直接選舉
	1981～1986	有	81 年鎮壓，之後未出現	改革派	經改：城市改革
	1986～1987	有	鎮壓	強硬派	無任何改革
	1987～1988	有	未出現民主運動	改革派	經改：產權改革
	1988～1989	有	鎮壓	強硬派	無任何改革
	1989～1992	有	未出現民主運動	強硬派	無任何改革
	1992～1994	有	未出現民主運動	改革派	經改：市場經濟
江澤民時期	1994～2002	有	鎮壓	改革派	經改：私有經濟

資料來源：作者自行整理。

　　若從中共領導人的政經主張分析，可發現其正逐代在更新。在毛澤東時代，仍堅持計畫經濟與一黨專政，鄧小平雖不改一黨專政，但已打破計畫經濟轉為社會主義市場經濟。江澤民延續鄧小平的一黨專政及社會主義市場經濟，但在所有制上，已從公有制轉為非公有

制。就此而預測未來，第四代領導人胡錦濤似將觸及政治領域，也將會往民主靠攏。換言之，在往民主轉型過程中，執政精英的政經主張可能經歷三個階段的轉變：在第一階段時，政治上主張一黨專政，經濟上主張採行計畫經濟；第二階段時，政治上仍主張一黨專政，但經濟上已轉為主張採行市場經濟；第三階段時，經濟主張不變，仍採行市場經濟，而政治上則以實行民主化代替維持一黨專政。[53]此三階段的變化，可用圖 5-1 表示。中國大陸目前正處於第二階段，實行民主化將成為中共第四代領導人（胡錦濤）未來的選擇之一。綜言之，未來中國大陸要實現民主化，必須民運人士與中共領導階層的改革派結盟，而較為有利的時機是中共「十八大」胡錦濤退位交班前。

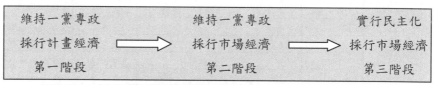

圖 5-1　民主轉型過程中執政精英政經主張轉變的三階段

資料來源：王嘉州，〈論兩岸民主差距之現況與成因〉，頁 36。

【問題與討論】

一、何謂民主政治？中國大陸要實現民主化，必須達到那些標準？

二、何謂改革派？何謂保守派？何謂溫和派？何謂激進派？

三、中國大陸在 1980 年再次出現有限度的政治改革，主要表現在哪三方面？

四、中國大陸的政治變遷具有幾項特點？其內涵各為何？

五、中共領導人的政經主張歷經哪些變化？未來可能的發展又為何？

注釋

[1] Joseph A. Schumpeter, *Capitalism, Socialism and Democracy* (New York: Haper and Brothers, 1950), p. 269.

[2] 蘇紹智，《中國大陸政治經濟的再認識》（台北：風雲論壇出版社，民國 84 年），頁 202。

[3] 吳玉山，《後鄧時期對大陸及台灣的震盪》（台北：國家發展基金會，民國 84 年），頁 16～17。

[4] 參閱鄒讜，《二十世紀中國政治──從宏觀歷史與微觀行動角度看》（香港：牛津大學出版社，1994 年），頁 177。

[5] 胡繩主編，《中國共產黨的七十年》（北京：中共黨史出版社，1991 年），頁 476。

[6] 參閱辛子陵，《毛澤東全傳・卷六，永不停止的鬥爭》（台北：書華出版公司，民國 82 年），頁 370～378。

[7] 胡繩主編，前引書，頁 484。

[8] 阮銘，《鄧小平帝國》（台北：時報文化公司，民國 81 年），頁 30～31。

[9] 韓文甫，《鄧小平傳（治國篇）》（台北：時報文化，民國 85 年），頁 587～590。

[10] 肅清封建主義影響的主要內容，就是改革「史達林＋秦始皇」的專制極權政治制度及其意識形態。詳見阮銘，前引書，頁 91～93。

[11] 鄧小平，〈黨和國家領導制度的改革〉，《鄧小平文選》，第二卷（北京：人民出版社，1994 年），頁 322。

[12] 阮銘，前引書，頁 102～103。

[13] 同前註，頁 116。

[14] 吳玉山，《共產世界的變遷》，頁 129。

[15] 鄧小平，〈關於政治體制改革問題〉，《鄧小平文選》，第三卷（北京：人民出版社，1994 年），頁 177。

[16] 蘇紹智，前引書，頁 195。

17 學術界的論點主要有三方面:「提出政治體制全方位改革主張」、「要求借鏡西方政治體制經驗」、「提議政治體制改革的實質就是民主化」。詳見江振昌,〈政治體制改革的背景〉,刊於吳安家主編,《中共政治發展》(台北:政大國關中心,民國 83 年),頁 67～71。

18 高皋,《後文革史——中國自由化浪潮》(台北:聯經出版社,民國 83 年),頁 272。

19 阮銘,前引書,頁 182～189。

20 強硬派對經濟改革的中傷與攻訐,詳見薩公強,〈中共反對資產階級自由化鬥爭的前因後果〉,《中國大陸研究》,第 30 卷第 1 期(1987 年),頁 15～16。

21 陳德昇,〈中共「改革派」反「左」的背景與對策〉,《中國大陸研究》,第 30 卷第 3 期(1987 年),頁 15。

22 趙紫陽,〈沿著有中國特色的社會主義道路前進〉,中共中央文獻研究室編,《十三大以來重要文獻選編(上)》(北京:人民出版社,1991 年),頁 4～61。

23 陳一諮,《中國:十年改革與八九民運》(台北:聯經出版社,民國 79 年),頁 121～122。

24 物價改革的失敗是因鄧小平臨陣退卻,未把物價改革進行下去。阮銘,前引書,頁 226～227。

25 劉曉波,《末日倖存者的獨白》(台北:時報文化公司,民國 81 年),頁 138～140。

26 學生制定了「不被利用」政策,不與中央的改革派、民主派合作。詳見江之楓,《王牌出盡的中南海橋局》(台北:中央日報出版部,民國 79 年),頁 257～258。

27 陳一諮,前引書,頁 169。

28 指取締民主牆、逮捕魏京生、鎮壓「八六學潮」及逼退胡耀邦等。

29 江之楓,前引書,頁 116。

30 阮銘,前引書,頁 237～238。

31 中共中央文獻研究室編,《十三大以來重要文獻選編(中)》(北京:人民出版社,1991 年),頁 543～546。

32　韓文甫，前引書，頁 834～835。

33　郭錫嘏，〈中共「反和平演變」的內外形勢〉，《共黨問題研究》，第 18 卷第 4 期（1992 年），頁 13。

34　吳安家，〈中共加強宣傳「鄧小平路線」之背景、內涵與阻力〉，《中國大陸研究》，第 35 卷第 4 期（1992 年），頁 8。

35　郭錫嘏，〈中共未來政經趨向探索〉，《共黨問題研究》，第 19 卷第 1 期（1993 年），頁 4。

36　江澤民，〈加快改革開放和現代化建設步伐奪取有中國特色的社會主義事業的更大勝利〉，刊於共黨問題研究叢書編輯委員會編輯，《中共十四大綜合研究》（台北：法務部調查局，民國 82 年），頁 97。

37　同前註，頁 105。

38　嚴家其，〈中共「十四大」後中國大陸政治變革動向〉，《中共「十四大」後之政經趨向與我國因應之道研討會》（台北：國策中心與陸委會合辦，民國 81 年 11 月），頁 3-1～3-2。

39　共黨問題研究叢書編輯委員會，《中共十四大綜合研究》（台北：法務部調查局，1993 年），頁 15。

40　陳德昇，〈中共的政經改革互動關係與影響〉，《中國大陸研究》，第 36 卷第 4 期（1993 年），頁 26～27。

41　鄭永年，《政治漸進主義》（台北：吉虹文化，民國 90 年），頁 64。

42　魯競，〈江澤民「講政治」的歷史與現實分析〉，《中共研究》，第 30 卷第 6 期（1996 年），頁 41。

43　馬立誠、凌志軍，《交鋒——當代中國三次思想解放實錄》（台北：天下文化公司，民國 87 年），頁 111～170。

44　馬立誠、凌志軍，前引書，頁 171～275。

45　鄭永年，前引書，頁 51～60。

46　陳力生，〈大陸民主運動邁進組黨階段〉，《中國大陸研究》，第 41 卷第 9 期（1998 年），頁 1～2。

47　陳會英、張麗卿，〈大陸當局鐵腕取締法輪功〉，《大陸工作簡報》，1999 年 8 月 12 日，頁 1～11。

[48] 江澤民,〈在新的歷史條件下,我們黨如何做到「三個代表」〉,刊於江澤民,《論「三個代表」》(北京:中央文獻出版社,2001 年),頁 2。

[49] 鄭必堅,〈時代發展與中國共產黨的「三個代表」〉,《求是雜誌》(北京),總第 320 期(2001 年 10 月),頁 3;李君如,〈正確理解和堅持黨的階級性〉,《論壇通訊》(北京),2001 年第 6 期(2001 年 8 月),頁 2。

[50] 劉曉波,〈三個代表與中共政權的資本化〉,2001 年 4 月 18 日,取自 http://www.future-china.org.tw/spcl_rpt/3r/r20010418.htm/

[51] 〈北京流傳左派批江澤民萬言書〉,《多維周刊》,總第 62 期(2001 年 7 月 20 日),取自 http://www.future-china.org.tw/ spcl_rpt/3r/r20010720.htm/

[52] 〈軍方與地方大員扮演擁江要角〉,《中國時報》,2002 年 8 月 29 日,版 11。

[53] 王嘉州,〈論兩岸民主差距之現況與成因:精英策略互動論之分析〉,《共黨問題研究》,第 24 卷第 4 期(1998 年 4 月),頁 28~39。

第六章 中國大陸的中央與地方關係

王嘉州 博士

不論中共領導人或學界，均視「中央與地方關係」為重大課題。毛澤東在「論十大關係」中，將其視為必須妥善解決的矛盾。[1]鄧小平隨著政經情勢的發展，時而主張「權力下放」，時而主張「加強中央權威」。[2]江澤民在「十二大關係論綱」[3]中視之為「帶有全局性的重大關係」，除沿襲毛鄧的思想外，其主張特別強調「合作」、「共贏」及「依法治國」。[4]在學術研究上，除何漢理（Harry Harding）仿照毛澤東的說法，將之歸結為中共政治進程「四大關係」之一外[5]，不同的研究課題亦會觸及中央與地方關係。[6]

針對此一重要問題，本章共分成四節進行分析，第一節旨在說明「單一制」與「聯邦制」之差別，並指出中央集權與地方分權的優缺點。第二節將依照第一節之標準，說明中國大陸何以屬於單一制國家，以及其中央與地方間究竟屬於中央集權或地方分權。第三節將說明中國大陸在政治集權經濟分權所將產生之影響。第四節將預測中國大陸未來中央與地方關係的變化，以及其影響。

第一節　中央與地方關係之理論分析

在討論中央與地方關係時，有兩個詞被提及，一是「單一制與聯邦制」，另一是「中央集權與地方分權」。通常單一制與中央集權劃等號，而聯邦制則被等同地方分權，此乃錯誤的類比[7]。事實上，上述兩個詞可組成五種類型的中央地方關係，其中包括「聯邦制及中央集權」與「單一制及地方分權」[8]，如表 6-1。因此，以分權程度作為區分單一制與聯邦制的標準，將難以令人信服[9]，必須將單一制與聯

邦制視爲中央與地方關係中的國家結構形式，而中央集權與地方分權
所代表的方爲中央與地方關係中的權力分配情形。[10]

　　單一制與聯邦制是現代國家結構的兩大基本形式，用以調整國
家整體及其組成部分之間的關係，並體現國家的本質[11]，表 6-2 呈現
出單一制與聯邦制的基本特點[12]。從中可發現，地方權力是否有憲法
保障可視爲區分單一制與聯邦制最基本準則[13]。換言之，若地方權力
有憲法保障，則爲聯邦制；若地方權力無憲法保障，則爲單一制。

表 6-1　1945～1996 年 36 個民主國家的中央與地方關係類型

	完全符合的國家	大部分符合的國家	部分符合的國家
聯邦制及地方分權	澳大利亞、加拿大、德國	瑞士、美國	1993 年後的比利時
聯邦制及中央集權	委內瑞拉		奧地利、印度
半聯邦制	以色列、荷蘭	巴布亞紐幾內亞、西班牙	1993 年前的比利時
單一制及地方分權	丹麥、芬蘭、日本	挪威、瑞典	
單一制及中央集權	巴哈馬、八貝多、波札那、哥倫比亞、希臘、冰島、愛爾蘭	牙買加、盧森堡、馬爾它、模里西斯、紐西蘭、葡萄牙、英國	法國、義大利、千里達

資料來源：Arend Lijphart, *Patterns of Democracy: Government Forms and
　　　　　Performance in Thirty-Six Countries*(New Haven:Yale University
　　　　　Press, 1999), p.189.

表 6-2　單一制與聯邦制的特點

	單一制	聯邦制
特點	1.全國只有一部憲法，一個中央機關體系。 2.各行政單位和自治單位都接受中央的統一領導，沒有脫離中央獨立的權力。 3.不論中央與地方的分權達到何種程度，地方的權力都由中央通過法律文件予以規定或改變，地方權力沒有憲法保障。	1.聯邦和成員國都有自己的憲法和中央權力體系。 2.聯邦公民同時也是成員國公民。 3.聯邦權力遍及全國，但聯邦和成員國之間的權限劃分由憲法規定，聯邦無權任意改變。

資料來源：整理自何華輝，《比較憲法學》（武漢：武漢大學出版社，1988 年），頁 148。

　　有關中央與地方的權限劃分，可歸納為「中央集權制」、「均權制」及「地方分權制」等三種，[14]其定義與特性可整理如表 6-3。簡言之，在中央集權下，國家治權集中於中央，地方則隸屬於中央，兩者間為代理關係。在地方分權下，國家治權部分賦予地方，地方為自治團體，並不隸屬於中央，兩者間為合夥關係。在均權制下，國家治權依性質劃歸中央或地方，地方既隸屬於中央亦屬於自治團體，兩者間兼有代理與合夥關係。

　　可簡化集權、均權與分權的主要優缺點如表 6-4，由於均權乃指一種理想狀態，未必能夠達到穩定與均衡的狀態，故其在政治與經濟上主要的缺點將偏向集權或分權之一方。本章將表 6-4 的優缺點賦予可運作的意義如下：「國家統一」意指中央所指派的省長與省委書記人選能獲得省人大及省黨代會同意任命。「地方自治」意指省長與省委書記人選為當地所提名且獲省人大及省黨代會同意任命。「政治參與」則指省長與省委書記人選為中央與地方共同商定且獲省人大及省

表 6-3 集權、均權及分權制下中央與地方關係之定義與特性

	中央集權制	均權制	地方分權制
定義	一國治權集中於中央政府掌握，地方政府為中央分設的派出機構，對於事物的處理必須聽命於中央。	凡事務有全國一致之性質者劃歸中央，有因地制宜之性質者，劃歸地方。	國家將治權的一部分賦予地方政府，而中央政府對於授權事務並不處理，僅立於監督地位。
特性	地方與中央為代理關係。地方政府為國家官署。地方與中央為隸屬關係。中央與地方為行政分治關係。地方為國家行政區。中央嚴格控制與監督。地方只承辦委任或委辦事務。地方很少裁量權。行政監督為主。地方自治權無保障。國家政策由中央統一規劃。	地方與中央兼代理與合夥關係。地方政府為國家官署及自治團體。中央與地方為隸屬兼合作關係。中央與地方兼為行政分治及政治分權關係。地方為國家行政區兼自治區。中央居監督與輔佐地位。地方承辦委辦及自治事項。地方有很多裁量權。兼行政及立法監督。地方自治權有保障。兼顧國家統一及因地制宜。以事務性質劃分中央地方權限。	中央與地方為合夥關係。地方政府為自治團體。中央與地方為合作關係。中央與地方為政治分權關係。地方為行政區兼自治區。中央居監督與輔佐地位。自治事項獨立自主。地方有很多裁量權。立法監督為主。地方自治權有保障。因地制宜適應地方需要。

資料來源：整理自薄慶玖，《地方政府與自治》，頁 98、100；趙永茂，《中央與地方權限劃分的理論與實際》，頁 49、56、72、94。

黨代會同意任命。「地區差距」是指各省人均國內生產總值的差距。「高壓統治」指以高壓手段對付異議人士。「地方主義」，表現為地方抗拒執行對其不利的中央政策。「經濟發展」等於國內生產總值（GDP）的年增長率為正，或雖為負，但較前一年增長。「經濟衰退」則指國內生產總值的年增長率為負。

表 6-4　集權、均權、分權在政治及經濟上的主要優缺點

	集權	均權	分權
政治上的主要優點	國家統一	政治參與	地方自治
政治上的主要缺點	高壓統治	高壓統治或地方主義	地方主義
經濟上的主要優點	地區差距縮小	地區差距縮小或經濟發展	經濟發展
經濟上的主要缺點	經濟衰退	經濟衰退或地區差距擴大	地區差距擴大

資料來源：作者自製。

第二節　中國大陸中央關係之類型

根據第一節的標準可知，中國大陸屬單一制國家，且具體規定於憲法第三條第四款中，即「中央和地方的國家機構職權的劃分，遵循在中央的統一領導下，充分發揮地方的主動性、積極性的原則」。由此可見地方權力來自中央授予而非憲法規定，確實符合單一制的基本特徵，但略不同於其他單一制國家，大陸學者稱之為「有中國特色的單一制」[15]。若與英、法、日、義等四個單一制國家相較，計有五個相異處[16]，且見於憲法中（見表 6-5）：第一，基本國情不同，中國大陸為社會主義國家，且處於初級階段（憲法序言及第一條）；第二，民族問題複雜，中國大陸是由五十六個民族組成的國家（憲法序言、第四條第三款）；第三，中國大陸強調其實行民主集中制原則而非僅

是中央集權制（第三條第一款）；第四，政黨制度不同，中國共產黨在中央與地方的協調中扮演主導者（憲法序言）；第五，中國大陸存在實行「一國兩制」的特別行政區（第三十一條）。

表6-5　《中華人民共和國憲法》中關於國家結構的規定

序言	中華人民共和國是全國各族人民共同締造的統一的多民族國家。我國正處於社會主義初級階段。國家的根本任務是，根據建設有中國特色社會主義的理論，集中力量進行社會主義現代化建設。中國各族人民將繼續在中國共產黨領導下，在馬克思列寧主義、毛澤東思想指引下，堅持人民民主專政，堅持社會主義道路，堅持改革開放，不斷完善社會主義的各項制度，發展社會主義民主，健全社會主義法制，自力更生，艱苦奮鬥，逐步實現工業、農業、國防和科學技術的現代化，把我國建設成為富強、民主、文明的社會主義國家。
第一條	中華人民共和國是工人階級領導的、以工農聯盟為基礎的人民民主專政的社會主義國家。社會主義制度是中華人民共和國的根本制度。禁止任何組織或者個人破壞社會主義制度。
第三條第一款	中華人民共和國的國家機構實行民主集中制的原則。
第四條第三款	各少數民族聚居的地方實行區域自治，設立自治機關，行使自治權。各民族自治地方都是中華人民共和國不可分離的部分。
第三十一條	國家在必要時得設立特別行政區。在特別行政區內實行的制度按照具體情況由全國人民代表大會以法律規定。

資料來源：作者自行整理，憲法全文參閱，劉清波，《中共憲法論》（台北：華泰文化公司，2001年1月），頁377～413。

中國大陸不僅為單一制國家，亦是中央集權國家。中央集權是中國大陸中央與地方關係的基本特徵，因為中共建政之初就是以「中央集權」為原則確立政府體系。[17]不過，隨著中共經濟上的「改革開放」，經濟上已出現地方分權之情形。換言之，中國大陸在改革開放前，中央透過「意識形態」、「組織紀律」、「經濟計畫」等三種手段控

制地方，[18]但毛澤東時代的多次分權運動，再加上 80 年代的「放權讓利」，[19]已削弱上述三種手段的強制作用，使中央與地方的關係從「強制」演變成「協商」，具體表現為中央與地方在各種經濟問題上的討價還價。[20]

在評量中央與地方政經權力之分配情況時，通常用全國財政的收支分配情形衡量經濟權力的分配，用中共中央委員會委員的人數衡量政治權力的分配。因為從計畫經濟往市場經濟轉軌的過程中，最重要者乃中央與地方在財政上的分權[21]。此外，「財政壓力決定改革的起因和路徑」[22]，理由可歸納為三點：第一，財政創造經濟形式，並導致國家政治制度的變化；第二，財政危機對新制度的形成具有重大影響；第三，財政制度乃將經濟基礎轉變成政治結構的轉換器。[23]因此，從中央財政與地方財政占國家財政的比例分析中央與地方經濟力量的消長，乃成學界普遍使用的分析指標[24]。此外，中國共產黨是政權體系的核心[25]，領導中國政府與政治。[26]中央委員會領導黨的全部工作，對外代表黨，並選舉總書記、政治局委員、政治局常委、中央軍委等領導人，是黨的最高領導機關。[27]因此，中共中央委員會是學界分析中共決策與政策執行的重要指標。[28]

根據上段所提之指標進行分析，發現自 1978 年中共進行改革開放以來，中國大陸在經濟上是屬於地方分權，在政治上屬於中央集權。從圖 6-1 可知，在財政收入上，二十四年中地方有十九年所占比例超過 50%，另五年之比例也都在 44%以上；在財政支出上，地方則有十八年所占比例超過 50%，另六年也都在 45%以上。若分時期而言，1978 到 84 年屬於收入地方分權而支出中央集權；1985 到 93 年

則屬於收入與支出均地方分權；1994 年後屬於收入中央集權而支出
地方分權。總體而言，在經濟上，中國大陸中央與地方之關係可稱之
為地方分權。此外，從圖 6-2 可知，在中央委員的人數上，中央始終
都高於地方，且都維持在比地方高出 60%以上，「十五大」時中央的
人數更是地方的 2.1 倍。如此更可證明，中國大陸中央與地方在政治
上屬於中央集權。

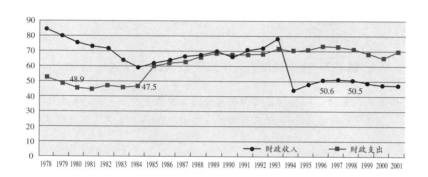

圖 6-1　地方占國家財政收支之比例（1978～2001）

資料來源：根據《中國財政年鑑 2001》，頁 371～374 之數據繪製。

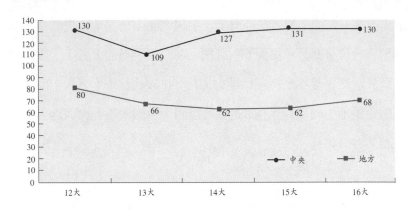

圖 6-2　中央與地方之中央委員人數（12 大～16 大）

資料來源：王嘉州，〈理性選擇與制度變遷：中國大陸中央與地方政經關係類型
分析〉，政治大學東亞所博士論文，2003 年 6 月，第三章第一節。

第三節　中國大陸中央地方關係之特點

　　第二節已證明中國大陸中央與地方在政治上屬於中央集權，經
濟上是屬於地方分權。根據第一節的歸納可知，此種中央與地方關
係，有利於國家政治上的統一與經濟上的發展，缺點為高壓統治與區
域差距的擴大。以下將針對此四項特點進行說明。[29]

　　有利於國家統一，乃因中央政府掌握絕對的權力，而這就表現
在中央掌控中委會上。如此一來，省長與省委書記僅是中央派往地方
的代表，地方既無力在中央決策過程中予以反對，在省代會或省人大
的同意選舉中，基於理性的利害評估，亦不會加以反對，以免傷及地
方利益。因此，國家統一就表現為中央規劃的省委書記與省長均能在

換屆選舉中順利當選，且中央可透過頻繁的調動來掌控省委書記與省
長。自1982年到2002年，每一年均有省委書記的更換，二十一年裡
共更換了142位省委書記，平均每年更換6.76位。在省長部分，從
1986年至2003年這18年中，中共總共更換了119位省長，平均每
年更換6.61位。為了確保在換屆選舉時能讓中央規劃人選順利當選，
中共中央已產生一些慣用之手段。在省委書記上，主要有兩種：第一
種是選前先以「中共中央決定」的方式，出任省委書記，然後再進行
換屆選舉。第二種則是在換屆選舉後，再以「中共中央決定」的方式，
更換省委書記。在省長上，掌控方式可歸納為五種情形：一是先由省
人大常委會通過任命為代省長，再於換屆選舉中當選為省長。二是由
原任副省長，在換屆選舉中當選省長。三是換屆選舉時由原任省長連
任，之後再經省人大常委會通過任命副省長代理省長。四是換屆選舉
時由原任省長連任，之後再由中央派人經省人大常委會通過任命為代
省長。五是換屆選舉時由原任省長連任，之後派人經省人大常委會通
過擔任副省長並代理省長。

　　有利於經濟發展，乃因在此種類型中地方占財政收支的比重大
於中央，這將提高地方的積極性，有利於制度創新，並可發揮地方的
訊息優勢。[30]如此便可形成良性循環：地方努力發展經濟，便可分得
較多經濟利益（財政）；然後地方又可利用此經濟利益，將訊息優勢
發揮到極致，甚至創出新制度，使經濟更加發展。中國大陸在1982
年至2001年GDP的成長率都維持正成長，且年均增長率為9.845%，
為世界平均3%的三倍以上。在各時期中，以1992～1996年的經濟發
展速度最快（見表6-6），年均高達12.08%，其中第二級產業的增長

率更高達 17.1%。居次爲 1982～1986 年，年均經濟增長率爲 11.5%，其中第三級產業增長率高達 15.6%，而第二級產業也有 11.86%，均高過 GDP 成長率。第三爲 1987～1991 年，年均經濟增長率爲 8%；居末爲 1997～2001 年，年均經濟增長率爲 7.8%。此外，從各時期的變化發現，第二產業的成長率均高過 GDP 成長率，而第三級產業也有三個時期的增長率高過 GDP，唯獨第一產業的增長率從未高過 GDP 增長率。

表 6-6　中國大陸 GDP 及三級產業成長情形（1982～2001）

	1982～1986 年	1987～1991 年	1992～1996 年	1997～2001 年
GDP	11.5%	8%	12.08%	7.8%
第一產業	7.56%	4%	4.7%	3%
第二產業	11.86%	9.82%	17.1%	9.12%
第三產業	15.6%	8.82%	9.8%	8.12%

資料來源：作者自行整理。

　　中央集權對中央政府而言，在政治上的不利之處爲必須以高壓方式進行統治。因爲，中央政府擁有絕對權力，導致中央政府不但成爲社會各種矛盾衝突的中心，且局部的地方性衝突也必須由中央插手解決。[31]在面對這些矛盾與衝突時，中央政府唯恐其危及中央集權與國家統一，故會以高壓手段爲解決方式，形成高壓統治。中國大陸的高壓統治，表現在處理「八六學潮」、「八九民運」、「中國民主黨」組黨運動及法輪功事件。在「八六學潮」的處理上，並未造成嚴重的流血事件，但仍發生以數千名警力鎮壓學潮及逮捕學生之情形。「八九民運」則造成民眾與學生 10,400 多人死亡，28,790 多人受傷。對「中

國民主黨」組黨運動的鎮壓，到了 2002 年 11 月，仍有 38 名中國民主黨的領導人在獄中未獲釋放，且其中至少 9 人的刑期在十年以上，平均每人的刑期高達八‧六一年。中共對法輪功事件的處理，採取了更爲高壓的手段。截至 2001 年 10 月，已有 1,600 位法輪功學員死亡人數、被判刑的法輪功學員至少有 6,000 人、被勞動教養的人數則超過 10 萬人。在此四次鎮壓中，以「八九民運」爲最嚴厲，因爲學生要求鄧小平下台，這已危及中共中央集權的固有偏好，而且也激怒了領導核心鄧小平。其次則爲對法輪功的鎮壓，因爲法輪功學員不但人數眾多、組織動員及滲透力強，並能突破中共意識形態藩籬，這不僅挑戰了中共的中央集權，甚至有取中共而代之的實力。

　　所謂「地區差距」擴大是指各省人均國內生產總值差距較前一年擴大。會導致地區差距擴大，乃因地方占經濟利益的比重大於中央，亦即中央所掌控的財政少於地方，無力進行各地區間的財政再分配。此外，富裕的省分較能善用財政下放的好處發展經濟，形成富者愈富，貧者愈貧的情形，地區差距當然會擴大。中國大陸的地區差距，有些時期僅是絕對差距的擴大，有些時期則伴隨相對差距的擴大（見表 6-7）。在 1982～1986 年，僅有絕對差距在擴大，相對差距是縮小的。1987～1991 年同樣是絕對差距在擴大，而相對差距在縮小，不過縮小幅度已變慢。1992～1996 年的絕對差距擴大速度爲前時期的 3 到 4 倍，而相對差距也已轉爲擴大。1997～2001 年的絕對差距仍繼續擴大，但速度僅前一時期的三分之一，而相對差距亦繼續呈現擴大之趨勢。

表 6-7　中國大陸各省市人均 GDP 差距在四項指標上的變化（1982～
2001）

	1982～1986 年	1987～1991 年	1992～1996 年	1997～2001 年
全距[32]	逐年遞增 年均擴大 7.25%	逐年遞增 年均擴大 11.48%	逐年遞增 年均擴大 33.17%	逐年遞增 年均擴大 9.31%
標準差[33]	逐年遞增 年均增加 9.27%	逐年遞增 年均增加 7.44%	逐年遞增 年均增加 30.44%	逐年遞增 年均增加 9.934%
差距倍數[34]	逐年下降（1985 年例外） 年均縮小 0.354 倍	逐年下降（1991 年 例外） 年均縮小 0.058 倍	逐年遞增 年均擴大 0.53 倍	逐年遞增（2001 年例外） 年均擴大 0.256 倍
相對差異係數[35]	逐年下降 年均下降 2.01%	逐年下降（1991 年 例外） 年均下降 0.8036%	逐年遞增 年均增加 0.658%	逐年遞增 年均增加 1.29%

資料來源：作者自行整理。

結論——中國大陸中央地方關係之預測

　　預測，乃從已知的因去推斷其果[36]，亦即提出一套前提，並由此前提推演出有關行為的結論[37]。針對中國大陸中央與地方關係的預測性分析，焦點集中於兩類：第一類研究關注中央與地方關係的類型；第二類研究則分析中央與地方的關係對中國前途的影響。第一類的預測可區分為「現狀延續」、「實存聯邦制」、「聯邦制」及「大區域」等四派主張：

　　第一，「現狀延續派」：此派認為，較可能的發展是地方繼續其「上有政策下有對策」的作法，而中央只要在某些關鍵議題上與個別省分達成協議，並維持高經濟成長率，就仍能保持全面的控制。延續現狀雖會大幅減少國家政策的統一性，但可確保改革不致逆轉，因各

省將會抵抗中央重建管制經濟的企圖。[38]

第二，「實存聯邦制派」：此派指出目前中國大陸中央與地方的關係已是實存聯邦制，未來即使中央與地方的關係在許多方面都予以制度化，仍不會演變成法律聯邦制，亦即真正的聯邦制度。因為，聯邦制與中國共產黨的意識形態相矛盾，它被等同於「渾沌」與「分裂」。其次，各省的差異，使聯邦主義所強調的權利平等不可能達成。再者，中央希望維持模糊的關係，好依情況調整與各省的關係。[39]

第三，「聯邦制派」：此派主張現今中國大陸中央與地方的關係乃「集權名義下的繼續分權化」，地方在發展一系列的制度以支撐其權力。未來若無大規模的制度化運動出現，則中央與地方的關係將往聯邦制或邦聯制發展。[40]

第四，「大區域派」：此派與「實存聯邦制派」及「聯邦制派」存在共同點，均認為中國大陸在政治上還是中央集權，但因經濟權限的下放，統治結構在實質上已成為聯邦制。不過，「大區域派」主張，經濟因素造就區域國家的誕生，而「東北三省」、「北京、天津迴廊」、「山東半島」、「長江三角洲」、「福建省」、「珠江三角洲」等沿岸六個地區，已可各自視為一個國家。[41]未來中國大陸朝「中華聯邦」的方向發展，乃歷史的必然結果。[42]

除了上述四種觀點，另有學者指出，中國大陸中央與地方關係的發展還有以下三種可能，第一，「地方割據」；第二，「諸侯政治」；第三，「體制變革」。不過，學者已指出其發生的可能性不大[43]，故本章不再詳述其內容。

關於中央與地方的關係對中國前途影響的預測，第一項是對「政

體轉型」的預測，認為省級精英將在威權體制轉型過程中扮演重要角色。因為，第一，從蘇聯解體經驗得知，地方層級的黨政精英擔任政體轉型的要角；第二，改革開放後已在體制上彰顯地方政府的戰略地位，並形成以地方利益為導向的新興集團。因此，省級精英成為中共政權向民主轉型的關鍵力量，這種由下而上的驅動，為中國的民主化帶來更大的希望。[44]

中央與地方關係另一項影響的預測，是針對兩岸關係的可能發展。隨著中央與地方關係的變化，對兩岸關係可能的影響有四：第一，各省發展經濟的模式與台灣類似，使各省與台灣間的聯繫將不斷增強；第二，隨著各省與台灣聯繫的增強，將可增進台灣與大陸中央政府談判的地位，也可增加台灣的安全屏障；第三，大陸地方與台灣地方層級的對等溝通，將成兩岸交流新模式；第四，大陸中央與地方關係的處理，將會提供兩岸未來關係的參考。[45]

【問題與討論】

一、何謂「單一制」與「聯邦制」？中央集權與地方分權在政治上與經濟上的主要優缺點為何？

二、中國大陸為何屬於單一制國家？與其他單一制國家比較，有何差異？

三、為何自 1978 年中共進行改革開放以來，中國大陸在經濟上是屬於地方分權，在政治上屬於中央集權？請舉例說明之。

四、中國大陸中央地方關係具有那四項之特點？請簡述其意涵。

五、針對中國大陸中央與地方關係的類型的預測，存在那四派主張？其意涵為何？

注釋

[1] 毛澤東，〈論十大關係〉，《毛澤東選集》，第五卷（北京：人民出版社，1977年），頁275～276。

[2] 辛向陽，《大國諸侯：中國中央與地方關係之結》（北京：中國社會出版社，1997年），頁496～509。

[3] 江澤民在中共十四屆五中全會發表題為「正確處理社會主義現代化建設中的若干重大關係」的講話，該講話簡稱「十二大關係論綱」。詳見：王東，《中華騰飛論——毛澤東、鄧小平、江澤民三代領導集體的理論創新》（北京：中國人民大學出版社，2001年11月），頁311。

[4] 辛向陽，《百年博弈——中國中央與地方關係100年》（濟南：山東人民出版社，2000年1月），頁347～360。

[5] Harry Harding, "On the Four Great Relationship': The Prospects for China," *Survival*, 36: 2(1994), pp. 22-42.

[6] 參閱：王嘉州，〈中國大陸中央與地方關係研究文獻之分析〉，《東亞季刊》，第32卷第4期（2002年1月），頁47～64。

[7] 對此種錯誤類比的批判，詳見：王麗萍，《聯邦制與世界秩序》（北京：北京大學出版社，2000年10月），頁1～13。另外，關於聯邦制下的中央集權與地方分權趨勢，可參閱：Daniel J. Elazar, *Exploring Federalism*(Tuscaloosa: The University of Alabama Press), Ch. 6.

[8] 採聯邦制而實行中央集權者稱為「向心的聯邦制」（centripetal federalism），採單一制而實行分權者稱為「地方分權的單一制」（decentralized unitarism）。詳見：趙永茂，《中央與地方權限劃分的理論與實際》（台北：翰蘆圖書出版公司，民國87年），頁3。

[9] 王麗萍，前引書，頁13。

[10] 林尚立，《國內政府間關係》（杭州：浙江人民出版社，1998年），頁41。

[11] 王麗萍，前引書，頁16、24。

[12] 楊宏山對單一制與聯邦制的特點有更詳細的說明，但不夠簡明，且無獨特觀點，故未採用。參見：楊宏山，《當代中國政治關係》（北京：經濟日報出版社，2002年），頁194～197。

[13] Elazar 亦指出，採用及維持一部聯邦憲法乃聯邦制存在的首要條件。詳見：Daniel J. Elazar, *op. cit*, p.42.

[14] 趙永茂，前引書，頁49～50。

[15] 童之偉，〈論有中國特色的單一制〉，刊於童之偉，《法權與憲政》（濟

南：山東人民出版社，2001 年），頁 375～392。

16　沈宗靈，《比較憲法——對八國憲法的比較研究》（北京：北京大學
出版社，2002 年），頁 157～159。

17　林尚立，《當代中國政治型態研究》（天津：天津人民出版社，2001
年），頁 333～334。

18　意識形態表達為「全國各族人民利益一致，中央政府和中國共產黨
代表全國人民的最高利益」；組織紀律亦即透過「黨組織和政府組
織相互重疊」及「人事控制制度」，以確保地方服從中央；經濟計
畫即通過中央計畫控制全國經濟資源。詳見：趙穗生，〈中共中央
與地方關係的演變——從強制到協商〉，《中國大陸研究》，第 35 卷
第 8 期（1992 年 8 月），頁 33～35。

19　參閱：趙建民，《當代中共政治分析》（台北：五南圖書，民國 89
年），頁 75～90；胡偉，《政府過程》（杭州：浙江人民初版社，1998
年），頁 63～73；辛向陽，《大國諸侯：中國中央與地方關係之結》，
第四章及第八章。

20　趙穗生，前引文，頁 39。

21　Richard M. Bird, Robert D. Ebel, and Christine I. Wallich 主編，《社會
主義國家的分權化：轉軌經濟的政府間財政轉移支付》（北京：中
央編譯出版社，2001 年），頁 4～13。另 Jean C Oi 也指出，中國大
陸的財政改革提供結構性動因，促使地方官員盡力發展經濟，詳見
Jean C Oi, "Fiscal Reform and the Economic Foundations of Local
State Corporatism in China," *World Politics*, 45: 1（1992），pp. 99-126;
Jean C Oi, *Rural China Takes Off: Institutional Foundations of
Economic Reform*(Berkeley: University of California Press, 1999), Ch.
3-4.

22　何帆稱此為「熊彼特—希克斯—諾斯命題」，詳見：何帆，《為市場
經濟立憲——當代中國的財政問題》（北京：今日中國出版社，1998
年），頁 34～39。

23　吳國光、鄭永年，《論中央——地方關係》（香港：牛津大學出版社，
1995 年），頁 69～70。

24　例如，王紹光、胡鞍鋼，《中國國家能力報告》（香港：牛津大學出
版社，1994 年），第二章；Zhang Le-yin, "Chinese central-provincial
fiscal relationships, budgetary decline and the impact of the 1994 fiscal
reform: An evaluation," *The China Quarterly*, no.157(1999), pp.
115-141; Hsu Szu-chien, "Central-Local Relations in the PRC under the
Tax Assignment System: An Empirical Evaluation, 1994-97," *Issues &
Studies*, 36: 2(2000), pp. 32-72.

25　胡偉，前引書，頁 31。

26　謝慶奎、楊鳳春、燕繼榮，《中國大陸政府與政治》（台北：五南圖

書，民國 88 年），頁 183～184。

27 參見〈中國共產黨章程〉，第二十及二十一條，載於景杉主編，《中國共產黨大辭典》（北京：中國國際廣播出版社，1991 年），頁 883。

28 趙建民，〈塊塊壓條條：中國大陸中央與地方新關係〉，《中國大陸研究》，第 38 卷第 6 期（1995 年 6 月），頁 70。

29 詳細的論證，參閱：王嘉州，〈理性選擇與制度變遷：中國大陸中央與地方政經關係類型分析〉，政治大學東亞所博士論文，2003 年 6 月，第四章第一節。

30 王紹光，《挑戰市場神話：國家在經濟轉型中的角色》（香港：牛津大學出版社，1997 年），頁 100～101。

31 周雪光，〈中央集權的代價〉，刊於吳國光編，《國家、市場與社會》（香港：牛津大學出版社，1994），頁 84～85。

32 全距＝最大值-最小值。此為最簡單的離散量。蘇國樑，《統計學》（台北：國立空中大學，民國 83 年），頁 62。

33 標準差乃各數值與其平均數之差的平方和除以全部樣本數後取其平方根。其公式詳見：李沛良，《社會研究的統計應用》（北京：社會科學文獻出版社，2002 年），頁 59。本章標準差之計算，乃透過 SPSS 軟體所進行。

34 差距倍數＝最大值／最小值。參見：趙曉斌、關榮佳，〈中國的區域發展模式和中央與地方關係分析〉，《中國社會科學季刊》（香港），1994 年秋季卷，頁 153～154。

35 相對差異係數＝標準差／平均值。詳見：胡鞍鋼、王紹光、康曉光，《中國地區差距報告》（瀋陽：遼寧人民出版社，1995 年），頁 23～24。

36 易君博，《政治理論與研究方法》（台北：三民書局，1984 年），頁 8。

37 David Marsh and Gerry Stoker ed., *Theory and Methods in Political Science*(N.Y. : Palgrave, 1995), p.17.

38 Harry Harding , *op. cit*., p.36.

39 鄭永年，〈實存的聯邦制的制度化〉，載於田弘茂、朱雲漢編，《江澤民的歷史考卷》（台北：新新聞文化公司，2000 年）。

40 鄭永年，《江澤民的政治遺產：在守成和改革之間》（新澤西：八方文化企業公司，2002 年），頁 150～152。

41 大前研一著，許曉平譯，《中國，出租中》（台北：天下雜誌，民國 91 年）。

42 大前研一著，趙佳誼等譯，《中華聯邦》（台北：商周出版社，民國 92 年）。

43 趙建民，前引書，頁 94～96。

[44] 袁易，〈中共威權政體轉型的政治動力〉，《中國大陸研究》，第 38 卷第 6 期（1995 年 6 月），頁 5～17。

[45] 吳國光，〈中央與地方分權的特點、趨勢與政治影響〉，刊於吳國光、鄭永年，前引書，頁 194～198。

第三篇
社會篇

中國共產黨於 1949 年徹底擊潰國民政府軍隊，結束了後中華帝國東亞地區分裂的混亂局面，在原大清帝國的疆域上建立了一個以漢民族為主體的多民族國家——「中華人民共和國」。這個新國家繼承了原帝國的絕大部分版圖和龐大的文化社會遺產，境內包含了 55 個少數民族，而整個社會仍然沉浸在濃厚的封建主義氛圍中。但是，在第二次世界大戰後的後殖民主義運動浪潮中，這個承襲著帝國形式的新民族國家被賦予了建構主權獨立的民族國家及建設現代化社會的雙重歷史使命。

因此，如何改造後中華帝國封建主義的社會結構？如何妥善處理原大清帝國轄下的各少數民族？以及如何整合國家與社會以建立一個現代民族國家？便成了這個新政權最主要的任務。也因此，中共建政五十多年來，中國大陸社會結構與制度的變遷，主要是受到來自於中共黨的意識形態、國家發展路線方針、政策導向，以及當權派領導人個人風格等各種自上而下的因素之直接影響，而呈現為「規劃性社會變遷」（planned social change）的特殊變遷模式，這種變遷途徑主要圍繞在國家與社會關係，以及城鄉關係兩個主軸的變化上。

經過五十多年曲曲折折的發展，「中華人民共和國」這個新的多民族國家的基本形構已經逐漸確立了。但在黨國強力整合社會的過程中，卻也出現了不完全整合的各種社會後遺症。當前中國大陸最主要的社會問題包括在農村地區的「農業、農村、農民」等「三農」問題，在城市方面的國營企業下崗職工失業問題，以及總體社會格局的「城鄉差距、貧富差距、東西地域差距」等「三差」問題。這些社會問題隨著改革開放路線的持續深化，以及中共加入世界貿易組織（WTO）之後，將更加突顯。

在少數民族方面，目前全中國大陸 55 個少數民族的總人口約一億零五百萬人，占全大陸總人數的 8.41%，分布地域相當廣泛，約占全大陸總面積的 64%。大陸少數民族人口增長迅速，但個別民族人口規模差異極大；在中共政策協助下，大多有屬於自己的語言，幾近一半有自己的民族文字；伊斯蘭教與藏傳佛教是兩大重要宗教；民族特色因受到三次大衝擊，已成變形文化；「少、邊、窮、弱、富」是少數民族的特徵。民族區域自治與經濟發展是中共解決民族問題的兩大法寶，目前，中共的「少數民族政策」仍糾結在國家認同、現代化與全球化之間，但主要側重在國家認同和民族團結等面向上，而所謂的現代化與全球化只不過是中共當局推動國家認同的工具或手段而已，這也使得大陸內部的民族問題更加複雜。

第七章

中國大陸的社會變遷與轉型

陳重成　博士

　　中共建政五十多年來，中國大陸社會結構與制度的變遷向度，主要是受到中共黨的意識形態、國家發展路線方針、政策導向，以及當權派領導人個人風格等因素的直接影響，而呈現為一種「規劃性社會變遷」（planned social change）的特殊變遷模式，這種變遷途徑主要圍繞在國家與社會關係，以及城鄉關係兩個主軸的變化上。

　　基本上，中國大陸共產政權的建立是屬於「逆向型」共產主義運動中的產物。也就是說，中共先透過暴力的武裝鬥爭方式來奪取「國家機器」（state apparatus），之後再藉由國家機器的強制性力量和文化霸權來從事動員式的共產主義運動，在這個「逆向型」共產主義運動過程中，國家機器的職能和角色被空前的絕對化，從而使得中國原本與官方相對疏離且具相對獨立自主性的傳統民間社會（folk society）遭到徹底性的破壞，並因此而解體。[1]

　　根據中共的「兩階段革命論」，現代中國的革命運動被劃分為由資產階級領導的「民主主義革命」和由無產階級領導的「社會主義革命」兩大階段。第一階段從 1840 年鴉片戰爭至 1949 年中共建立政權為止，這個階段又以 1919 年的「五四運動」作為分水嶺，之前為資產階級領導的「舊民主主義革命」，之後為無產階級領導的「新民主主義革命」；第二階段為 1949 年中共建政後的中國社會，這個階段又可分為「人民民主專政」下的「和平社會主義革命」時期，之後的「無產階級專政下繼續革命」時期，以及 1987 年後的「社會主義初級階段」等時期，最終目標則是要建立一個共產主義的社會。[2]

　　中共黨國的總體發展策略對中國大陸的社會變遷造成了深遠的影響，建政後中共黨國的行政力量即不斷地、全面性地向社會滲透，

並逐漸形成一種「國家／社會」一體化的體制結構，這個改變過程屬於「強制性制度變遷」（imposed institutional change），亦即社會的變遷是由政府的命令和法律所引起的。[3]同時，隨著國家行政力量不斷地向基層社會延伸滲透，城鄉基層社區乃成為「行政細胞化」的社會控制單位，整個中國大陸的社會結構分別形成了城市社會裡的「單位」制和農村社會裡的「公社」組織形式，加上黨國的公共政策是有計畫、系統性地犧牲農村地區來支持都市地區的發展，因而造成了中國大陸長期以來城鄉二元分離的社會格局。

在追求發展的過程中，中共的政策往往從一個極端擺盪到另一個極端去，試圖找尋出一條適合中國國情的發展道路，其所採行的政策包括了從激進的「動員式集體主義」（mobilizational collectivism）及自立更生的發展模式，到建立承包制、市場機制和引進外資的「漸進主義」（gradualism）式的改革嘗試。縱觀五十多年來中國大陸的社會變遷風貌，大致上可以將其分為兩大模式。一個是走循序漸進、受群眾普遍支持、市場導向及提高人民消費的階段，這個階段出現在50年代初、60年代初期，主要表現在80年代以後的改革開放時期；另一個模式是動員式的集體主義時期，即推動「三面紅旗」及文化大革命時期的毛主義（Maoism）模式。[4]

本文基本上將近五十多來中國大陸的社會變遷歷程劃分為新民主主義社會、改革開放前和改革開放後的社會主義社會等三部分來進行說明。

第一節　新民主主義社會（1949～1956 年）

　　中共建政後的前三十年間所推行的國家政策，大大地簡化了傳統中國社會的複雜性、加強了國家和集體力量對社會領域的滲透、限制市場和私人部門的活動範圍、深化城鄉之間以及國家與集體之間的分離關係。而「政治鬥爭」則是這個時期的社會發展動力，對毛主義而言，鬥爭是絕對的，因爲按照毛澤東的社會革命構想，社會化問題的解決同時也能解放生產力，推動經濟的發展。這也就是毛澤東所謂的「抓革命、促生產」，其「歷史任務」的目的是向公有制和消除階級差別的目標過渡。

　　1949 年 10 月中共成立了「中華人民共和國」，建立了所謂的「人民民主專政」國家，中國自此進入了一個由共產黨領導及由工人階級、農民階級、城市小資產階級和民族資產階級等「四個階級聯合專政」的新民主主義社會。政權成立後，中共即著手改造傳統的中國社會結構。首先，是消滅私有財產權，全面展開以消滅地主階級爲中心的「土地改革」運動；接著，在地主階級及富農被消滅之後，又進行了以消滅資本主義和個體經濟爲主體的「三大改造」運動，至 1956 年基本上完成了社會主義革命，將財產所有制由私有轉變爲集體所有和國家所有，並將全中國大陸的經濟活動都納入中央計畫經濟體制之中，這使得大陸的社會結構產生了根本性的變化。

一、國民經濟恢復時期

　　首先，為了替社會主義革命開路，中共乃將 1950～1952 年訂定為「國民經濟恢復時期」，在以實行「人民民主專政」的口號下，先後發動「土地改革運動」、「鎮壓反革命運動」、「三反、五反運動」、「思想改造運動」、「抗美援朝運動」等五大運動，最終目的在鞏固新成立的共產政權。

　　在土地改革運動方面，中共於 1950 年 6 月 30 日公布了《中華人民共和國土地改革法》，同年 8 月 4 日政務院又發布了《關於劃分農村階級成分的決定》，以「廢除地主階級封建剝削的土地所有制，實行農民的土地所有制」為藉口，在其新占領的地區全面展開「土地改革運動」，通過清匪反霸、減租退押、劃階級分田、複查發證等階段，以清算鬥爭、掃地出門的方式，沒收地主土地七億畝、處決地主 500 多萬人。到 1952 年年底，此一運動宣告完成，大陸的地主階級亦被完全消滅。

　　在鎮壓反革命運動方面，1950 年 7 月中共政務院和最高法院聯合公布《關於鎮壓反革命活動的指示》，對大陸所有的反共人士進行清洗工作，同年 10 月又發出《雙十肅反指示》，在大陸各大城市全面展開鎮壓反革命分子運動。到 1951 年 2 月 20 日，中共再公布《懲治反革命條例》，此一運動乃達到最高潮。當時中共要鎮壓的對象包括「反革命特務分子」、「反動黨團骨幹分子」、「反動道會門分子」、「堅持反動立場的地主分子」、「堅持反動立場的蔣偽軍政人員」和土匪惡霸等。

在三反、五反運動方面，1951 年秋天，中共以各級機關幹部為對象，在東北地區發起「反對貪污、反對浪費、反對官僚主義」的三反運動，翌年則在大陸各地全面展開。至於「五反」則是針對大陸私營工商業者而發動的，所謂「五反」是指「反行賄、反偷稅漏、反盜竊國家資財、反偷工減料、反盜竊國家經濟情報」，此一運動至 1952 年 10 月結束。

在思想改造運動方面，1950 年 5 月，中共宣布針對知識分子展開自我教育和自我改造運動。1951 年 10 月所謂的思想改造運動便在大陸全面推展開來，運動的內容包括學習馬列主義、毛澤東思想和蘇聯經驗；參加社會活動和政治鬥爭；開展自我批判；開展資產階級唯心主義思想的批判等。

在抗美援朝運動方面，1950 年 6 月 25 日韓戰爆發，同年 10 月 25 日中共在史達林的授意下，以「中國人民志願軍」的名義加入韓戰。翌日，中共宣告成立「中國人民保衛世界和平反對美國侵略委員會」（簡稱「中國人民抗美援朝總會」），先後發動了「捐獻武器運動」、「青年參軍和參加各種軍事學校運動」、「肅清美帝國主義文化侵略影響運動」和「反對美國細菌戰」等反美宣傳活動。[5]

二、過渡時期社會主義總路線

到了 1952 年底，當國民經濟恢復工作及「土地改革」和「三反、五反」等一系列「社會改革」運動基本完成後，中共隨即實施「第一個五年計畫」，提出「過渡時期總路線」，決定「逐步實現國家的社會

主義工業化，並逐步實現國家對農業、對手工業和對資本主義工商業的社會改造」。[6]中共領導當局著手以一種「雙元策略」來達成社會主義過渡的經濟目標：一、組成合作化以刺激農業生產力，以及控制市場使國家取得更多的農業剩餘來轉投資在工業發展上；二、以都市爲中心的工業化來製造農業的生產物資，以最終承擔集體化和農業現代化的任務。[7]

在社會主義工業化方面，中共採取蘇聯的發展模式，決定了「以農養工」的基本方針，將廣大農村分散的農民組起來，以便於國家抽取農業剩餘。蘇聯模式這種「不均衡成長」的發展策略，特別強調生產資料的生產要比消費生產優先成長，因而在經濟結構上，主張「重工輕農」、「重重輕輕」的發展路線。[8]1953 年中共施行第一個五年計畫，即開始改變社會的所有制結構、階級關係及投資環境，以爲國家的全面發展作準備。

中共在土改之後，繼之以價格管制、強制性的農產品銷售配額、私有市場的限制，以及集體化等措施，來加強政府部門對農業剩餘的全面控制，並將龐大的農村剩餘轉移到都市工業部門的投資上，藉以帶動工業的成長。基本上，與集體化相對應的配套措施是將農業人口適時地轉移到工業部門，但在中國大陸，由於工業的發展受到資金、資源和技術的多方面限制，而無法在短期內吸納農業剩餘的勞動力，在這種情況下，過於快速的集體化反而造成了嚴重的就業不足（underemployment）現象。

關於對手工業的社會主義改造方面。首先，是成立手工業供銷小組；其次，是成立「手工業供銷合作社」；最後，再成立「手工業

生產合作社」。1954年以後，中共的收購及行銷政策有系統地摧毀農村的手工業生產供銷體系，將其由農民的手中移轉到城市的工廠，同時爲了推動手工業生產合作社乃大量地消滅個體手工業從業人員，手工業工人從1954年的891萬人降到1956年的658萬人。[9]

關於對資本主義工商業的社會主義改造方面，中共首先提出「公私兼顧、勞資兩利」、「利用、限制、改造」等政策，繼之採取「公私合營」、「定股」、「定息」的「贖買」政策，企圖將私營工商業從資本主義經濟轉變爲國家資本主義經濟。國家資本主義經濟的各種形式包括：收購經銷、批購零售的初級形式；加工、訂貨、統購、包銷、公私聯營等中級形式；公私合營的高級形式。之後，再將國家資本主義經濟轉變爲社會主義經濟。

關於對農業的社會主義改造方面，在土地改革後，中國大陸很快又出現貧富兩極分化的現象，中共當局乃決定推動「農業合作化運動」，採取集體化、合作化的方式，進一步向社會主義大型農業經營的方向發展。1951年，初步採取「生產資料私有、共同勞動」的互助組形式；1953年12月，再推動「土地入股、共同勞動、按土地分紅和按勞計酬」的初級農業生產合作社形式；之後，再進行「生產資料歸集體所有、計工取酬」的高級農業生產合作社。[10]

集體化是影響日後中國大陸社會發展與變遷的決定性事件，在中國農村要提升生產力和創造社會主義的生產關係，勢必建立一套有效的合作勞動編制，這一方面既要進行個體勞動的資本主義改造，另一方面又要創造社會主義形式的所有制、管理和分配體制。1955年7月31日，毛澤東在《關於農業合作問題》的講話激發了中國大陸農

村發展戰略的「大轉折」，中共實際上僅花一年的時間就完成了全國範圍的集體化工作。1956 年底，88%的農戶已被納入一村或數村範圍內的大社中。

在集體化過程中，土地私有制被取消了，土地和其他生產資料的正式所有權由個人轉歸到村一級或小於村一級的集體組織。集體在其所有權範圍內行使土地的使用權、產品權和勞動權。但在實踐中，在集體擁有正式所有權的同時，黨國卻牢牢控制著土地的轉讓權，這包括土地的出售、出租或交換；至於土地的使用權，包括耕種、工業用、建房用或用於其他目的，則由集體和國家共同分享。然而，中國大陸的傳統農業形態還是以家庭為基礎的「自給農業」（subsistence agriculture）和小商品生產的混合模式為主。因此，要立即在中國建立一個新的社會主義制度，顯然無法馬上透過一個高度發展的合作勞動體制來完成。

全面集體化是國家統制經濟在處理資源引導、資本累積和市場管制等問題時所採取的必要手段，中共在 1950 年代初、中期採行一連串的策略，限制、消滅農產品的自由交易，建立強制性的銷售配額及控制農民的消費，並以行政手段管制農村剩餘及勞動力的流動，結果是黨國機器政經權力的不斷擴展，導致農村地位淪降為「從屬化」的角色。集體化之後，國家建立了一個龐大的行政體系和嚴密的戶口制度，這個制度是控制人民就業、配給、居住及升遷的中心機制。自此，中國農民再也離不開自己的土地，一輩子就住在自己出生或結婚的農村裡，永遠不可能到城市裡居住或謀生。

基本上，1953～1957 年的合作化運動，除了要控制和抽取農業

剩餘來增加生產之外，就是為了解決「階級分化」的問題，中共擴展合作化的目的在打破過去地主和富農對商業的支配，並進一步限制貿易、投機和運輸等私有經濟活動的範圍，從而縮小個人和家庭之間收入不平等的社會問題。如果就貧富差距而言，由於領導管理與耕種條件的差異，不僅社和社、生產隊和生產隊之間的收入有相當大的差別，而且連社內的農戶也因勞動力的多寡強弱而形成新的貧富差距。

農業全面集體化的方針，是達到「以農養工」的有效手段，但政策施行的結果卻使得農民普遍失去生產誘因，再加上農村人口自然增長率過高，致使農業勞動力一直過剩，而工業部門根本又無法吸收農村的剩餘勞動力，在這種情況下，集體化反而使農業與非農業部門的隱藏性失業現象變得更加嚴重。

第二節　改革開放前的社會主義社會 （1957～1978 年）

一、建設社會主義總路線

1958 年 5 月，中共當局認為已基本完成了經濟戰線、政治戰線和思想戰線上的社會主義革命後，即在黨的「八大二次會議」上提出了「社會主義建設總路線」，確定了「鼓足幹勁、力爭上游、多、快、好、省地建設社會主義的總路線」，強調建設的速度必須從常規的漸進發展改變為高速的跳躍前進，並發動生產大躍進和人民公社化運動，即推行所謂的「三面紅旗」，標榜著「工農業生產大躍進」的「地

方工業遍地開花」、「深翻土地」、「高度密植」、「大辦水利」、「大搞衛星田」等群眾運動乃次第展開，企圖以這個「總路線」作為「社會主義建設」的綱領，加速「向共產主義社會過渡」。特別是在「人民公社化」運動之後，中國大陸的社會結構再次產生了根本性的變化。此後，中共不再強調階級聯合，而是強調階級鬥爭和無產階級專政。

在「工農業生產大躍進」的驅策下，大陸農村各地掀起了「併社」、「併大社」等運動，這也是「人民公社化」運動的先聲。1958年8月29日，中共中央發布《關於在農村建立人民公社問題的決議》，全面推動「人民公社化」運動，企圖以「工農商學兵」五位一體、政社合一的人民公社作為貫徹「總路線」和推進「生產大躍進」的槓桿，以及向共產主義過渡的基本形式。

人民公社不是一個單純的農業生產組織，而是把經濟組織、政權組織和教育組織結合起來的一個綜合體制。也就是將「工（工業）、農（農業）、商（交換）、學（文化教育）、兵（民兵、全民武裝）」組成一個大公社來作為社會的基本單位，其主要特徵是「一大二公」。作為生產的核算單位，人民公社控制了全社的糧食，因此其不僅有權支配資金、調度勞動力，而且還有權決定收入分配的方式，是一種工資制和供給制相結合的制度。[11]

在毛澤東眼裡，人民公社是一種能夠打破工農商學兵界限的組織形式，並可消除行業專門性的分工原則，以及縮小因為個別行業所造成的收入差距。而人民公社中那種亦工、亦農、亦商、亦學、亦兵的「全人」更是「社會主義新人」的最佳典範，其最終目的則在消滅社會中的分工體制。然而，人民公社在勞動管理和收入分配方面的特

點，卻不利於實際的生產活動，特別是「一平二調」的作風（平是指平均主義，調是指向上抽調資金和勞動），嚴重地影響了農民勞動的積極性。

1955～56 年集體化競賽的動員邏輯把全中國大陸農村的高級社推向快速完成的高潮中，1958 年毛澤東把這種動員策略伸展到大躍進和公社化之中。不過，這次全民動員的超趕運動卻使中國大陸農村走到瀕臨崩潰的地步。集體化和大躍進的策略，儘管很大膽，但卻阻斷了社會主義發展的前途，其不但破壞了農村各處合作化與追求均富發展之間的聯繫，也損害了農業社區裡合作化的基礎，並侵蝕了經濟發展和積累的基礎。基本上，集體化管控了農村人口的流動，限制農民離開他們的土地，使得集體化下的農民被牢牢地綁在自己的土地上。

在工業化過程中，中共為了追求快速的「原始積累」（original accumulation），乃全面徹底地改造了有礙資本積累和發展的傳統社會結構，特別是消除地主和佃農階級、重建農村的社會關係，以利於資本的積累及為黨國主導的工業化奠定基礎。從原始積累的角度來看，集體化的本質就是黨國對農村剩餘的動員與控制，在原始積累的過程中，首當其衝的是集體公社中的農民，在犧牲農村的消費和投資下，資源不斷地被轉移到城市和工業部門，而工業部門與農業部門之間的「不等價交換」就一直持續著。

實際上，集體化的改造結果並未觸及農村和地區之間的空間不平等問題。收入差距的縮減僅侷限在個別農村內，至於空間上的差距仍繼續存在著。大多數富裕縣的人均收入水準是窮縣的 5 倍，這種空

間的差異性，普遍存在於生產隊、大隊、公社、縣和省之間，以及山區、平原和城市周圍地區之間，沿海和內地之間，工業化和未工業化之間，漢族和少數民族地區之間，城市和鄉村之間，以及工人和農民之間。

1955 年在推展集體化運動的同時，中共實施了全國性的「人口登記制度」。戶口和控制系統是界定部門差別及限制部門之間和部門之內移動的中心制度機制。戶口制度連同限制城市人口食品購買量的複雜配給制度和對工作及住房的嚴格限制，把工作位置凍結並且定了形，使得大多數人因而被限制在出生地居住和工作。基本上，戶口制建立起一個以北京、上海和天津為頂峰，省級中等城市為中間層，以及以最貧困的農村為基底的全國金字塔型的地方等級制度。這種區域的等級結構與國營單位二十四個等級制職位相對應並聯繫在一起，而集體成員卻不分級，他們是處於社會等級系統中最底層的一群。戶口制度和國家對工作、住房、糧油供應和旅遊的控制措施，進一步擴大了城鄉間、農村不同地區間的不平等和收入差距。

在社會主義過渡時期的初始階段，黨國機器消滅了地主與佃農之間、資本家與工人之間，那種以財產作為階級劃分的標準。在工商業國有化和農業集體化的過程，私有財產集中的現象又進一步縮減了，這些變化消除了存在於財產私有制中的不平等形式，以及財產擁有者占有勞動階級的勞動力等現象。然而，經過這些變化之後，中共所建立的多重所有制及與其相應的生產關係、城鄉之間和其他部門之間或地區方面的差別、收入和權力的等級制度，以及勞動的分工，仍繼續存在著。而且還出現了部門間和地區間的不平等、等級制、地位

和支配的新形式,這些都是社會主義特有制度和發展優先次序所造成的直接結果。

二、無產階級文化大革命

1958 年中共發動「三面紅旗」,翌年即發生連續三年的大饑荒,毛澤東因而被迫讓出國家主席並退居第二線。1960 年 9 月底,中共中央批准由周恩來所提出的「調整、鞏固、充實、提高」的「八字方針」,在農村則從 1962 年起改採「自留地、自由市場、自負盈虧」和「包產到戶」的「三自一包」辦法,以恢復農業的生產。

惟毛澤東認為「三面紅旗」的失敗,問題在於執行上的偏差,而非政策本身的錯誤。因此,在 1962 年 8 月中共中央召開的「八屆十中全會」上,毛特別強調社會主義社會仍存在著階級和階級矛盾,號召「千萬不要忘記階級鬥爭」,並在這次全會上決定開展社會主義教育運動和文藝整風運動,藉以消滅「資本主義傾向」和消除「資產階級的影響和舊習慣勢力,批判存在於意識形態領域的資產階級思想、修正主義思想和封建主義思想」。毛澤東這種「以階級鬥爭為綱」的路線,終於導致 1966 年「文化大革命」的爆發。

毛澤東提出「無產階級專政下繼續革命」,而「文化大革命」這場劇烈的階級鬥爭,也就是在社會主義革命已經基本完成之後還要不斷地革命,要在無產階級專政下「繼續革命」、「不斷革命」,決定對中國社會進行一場全面性的改造。

在毛澤東的眼中,「文化大革命」的主要任務,就是要鬥倒走資本主義道路的當權派,鞏固無產階級專政,堅持社會主義方向,防止

修正主義思潮產生和反對修正主義復辟的一場政治大革命，結果卻導致整個中國大陸社會陷入十年空前的動盪與不安，給中國帶來了一場史無前例的浩劫與災難。

第三節　改革開放後的社會主義社會
（1979 年至今）

　　1978 年 12 月 18～22 日，中共召開十一屆三中全會，鄧小平復出掌權後，開啓了「改革開放」的歷史新發展階段。這個新的改革模式，基本上是通過對毛式「一國社會主義」的批判繼承來確立的。它一方面將國家機器的既有力量從社會領域逐步撤回，允許各部門擁有較大的自主經營權，另一方面同時強調國家機器在整個社會總體發展過程中所占有的主導性地位，其仍未能脫離「逆向型」共產政權的屬性。[12]

　　在改革開放的過程中，中共國家機器的職能和角色，已從毛澤東時代的絕對化地位，退卻到一個僅具相對主導性的地位。因此，社會領域乃相對地擁有較大的自主權，因而產生了一種社會分化和社會流動的現象，隨著這種社會分化和社會流動的加劇以及改革開放政策的深化，一股屬於社會層面的、具有相對自主性的發展機制已逐漸積累形成，至於這個發展過程並非是傳統民間社會的回復，而是另一個以「第二經濟」（second economy）爲基礎、較具相對自主性的「市民社會」（civil society）之形構。[13]

　　改革的第一階段是以農村爲主，在獲得相當成效之後，再過渡

到以城市為重心的第二階段。1978 年年底中共十一屆三中全會關於農業改革的文件，以及 1984 年 10 月中共十二屆三中全會關於經濟體制改革的文件，分別代表了兩個不同階段的綱領性文件。

1980 年代中，改革開放政策在鄉村地區推展的結果是打破了集體秩序的中心前提，解散了一個效率低又具壓倒性的集體農業結構，改採以家庭為基礎的農業生產模式，把大量的農業剩餘勞動力轉移到副業、商業和工業活動，結果是人民的收入和消費大幅增長了，這種增益效果不僅是經濟上的，同時也表現在社會上，而有助於縮減社會的不平等。不過，中國大陸的核心工業和一般國營部門的工資、津貼、中央計畫體制和資源控制的結構仍保持不變。儘管中共當局於 1986 年 9 月 30 日正式停止了國營企業的終身僱用制度，對新進工人改採合同制，但國營部門的絕大多數工人仍然繼續享有終身僱用制。

然而，改革開放的漸進發展策略，基本上還是走以城市為中心的工業化策略，從而忽略了農村的福利，再加上過度依賴外國的資金和技術，以及堅持出口導向的工業化路線，這又再度加深了城鄉和階級之間的矛盾。

80 年代開始在整個農村推行的家庭承包責任制，使得原有的生產關係和土地所有制形態出現了重大的變化，其中最明顯的是對農業、副業、工業生產，以及銷售的控制權，基本上已由集體轉移到承包戶手中，承包農戶不但得到耕種土地的權利，並且可以自由地安排家庭勞動力。在整個農村裡，農戶變成活躍的契約合夥人，成為半自主的生產者。雖然，集體的框架體系還留存著，但集體對生產、銷售、投資，以及消費過程的監督和控制已大幅削弱了，這些變化導致了土

地所有權在農戶、集體和國家之間的重新調整，改變了集體化時代「人爲土地所有」的情況。

　　基本上，以契約和市場爲導向的改革開放政策，使得中國大陸在 80 年代後的農業、副業、小工業生產，以及商業活動更加地活絡了，新的社會分化也隨後出現。不過，國家與集體不但仍然持有對土地剩餘所有權，以及決定承包契約的內容，而且還控制了農村工業和副業生產的大部分資產，同時有權組織農民從事強迫性的勞動，並決定家庭對村落及國家的財政負擔。特別是在中國大陸這個尚未建立民主體制的社會結構下，國家和集體對現行制度是否仍應繼續存在或進行調整還擁有最終的決定權。

　　但從 1982 年開始，主要的農業生產和銷售過程與決策，以及對勞動過程的控制都已從集體轉移到家庭。到 1984 年，原生產隊已把95%的土地承包給家庭，並且實施了獨立自主的家庭管理。隨著「家庭聯產承包責任制」的普遍推行，過去「政社合一」的人民公社也逐漸瓦解了。1984 年底，農村普遍恢復鄉政府以作爲基層政權機構，僅保留人民公社作爲經濟實體，正式宣告「人民公社」時代的結束。

　　80 年代經濟的快速成長使許多貧困的農村家庭和地區的收入超過 70 年代末中共國家制定的每人 50 元人民幣的貧困線。根據中共官方的調查顯示，1984 年主要的沿海省市（包括北京市和天津市）人均收入爲 620 元，而全國人均收入爲 399 元，西南和西北的八個省分則僅爲 314 元。沿海地區和內陸地區在生產力、消費和收入方面的差距迅速擴大。另外，上海《世界經濟報導》指出，1981 年東部省分人均工農產值比西部省分高 699 元，這個差距到 1985 年擴大到 1,018

元。[14]而鄉村內部收入差距的基尼系數（Gini Coeffient）也從 1978 年的 0.22 上升到 1985 年的 0.27。

關於農村貧困形式的變化，從中共國家統計局的官方資料顯示，1978～1984 年之間，農村人均年收入不足 200 元的家庭占農村家庭總數的比重從 62%降到 14%。[15]1979 年有 27%的全國農村生產隊和比重稍高一點的農村家庭，其人均集體分配收入比官方規定的年收入 50 元的貧困線還低，而改革已使許多最貧困的家庭和社區的地位獲得實質改善。

改革的結果並不僅侷限在收入方面的改變，而是整個社會和生產關係領域的結構性改變，同時在社會階層化方面也出現了重大的變化。一方面是國家與集體單位之間的直接關係，另一方面是集體單位成員之間的直接關係，都發生了根本性的變革，這些變化在農村非常地深刻。家庭承包制、市場和創業機會的範圍擴大了，對僱用外村人員的限制減少了，以及幹部控制生產環節的制度結束了，這些改變大大地恢復了農村家庭對土地、勞力和資源分配的決定權。

改革政策所出現的變化，最明顯地表現在城市與農村的階級分化上。成千上萬的中國人民開始在私人或者承包的商業、服務業和工商企業中謀生。他們之中有從事當地或長途貿易的商人、僱工的企業家；租地的農場主，這包括在承包土地份額之外又租地從事專業農業生產的農民。這也是從集體化以來，社會階級同一化模式首次出現的逆轉現象，以財產為基礎的社會差別又重新在中國大陸出現了。

私營部門的再興起更清楚地反映出這些深刻的變化，其主要特徵是家庭在農業生產中占主導的地位，儘管是在集體土地所有制和集

體承包制的範圍內來運作，而且國家與集體的持續性行政干預仍不容
忽視，但朝氣蓬勃的農村家庭活動已成了擴展商業、副業、服務業和
小型工業經濟的核心動力。

　　自 1979 年開始實施改革後，中國大陸獲得了舉世矚目的豐碩成
果。改革促進了農村的快速發展，在 1978～1985 年之間，農業產值
的年增長率為 6.7%，比 1955～1977 年二十多年間的 3.3%高出 1 倍
多，而副業和農村工業的發展更為快速，農村人均淨收入更從 1978
年的 134 元增長到 1985 年的 398 元，增加了近 3 倍之多。此外，根
據《中國統計年鑑》的資料顯示，在 1979～1999 年的二十年間，中
國大陸的 GDP 成長了 20 倍，每年平均實質成長率超過 9%。在同期
間，工業與農業產值分別成長了 8 倍和 17 倍，而居民消費水準也大
幅提高了 18 倍，進出口貿易總值則成長了 17 倍。

　　總之，改革開放後二十多年來，中國大陸的社會結構發生了巨
大的變化。改革開放前，中國大陸的社會結構是一個僵化的城鄉二元
結構形態，城鄉居民間不僅難於相互流動、自由遷徙，享有的權利也
有天壤之別。改革開放後，農村實施「家庭聯產承包責任制」，使得
農村長期來所隱藏的大量剩餘勞動力完全浮現，為緩和農村剩餘勞動
力的壓力，中共當局於 1984 年放寬戶口管理規定，讓農民在自備糧
食、自籌資金的情況下，可以進入城市謀求發展。1993 年更進一步
廢除糧食統購統銷政策，長期來城鄉二元壁壘的格局亦逐漸鬆動。[16]

　　關於社會階層的分化，在計畫經濟時代，中國大陸社會階層因
身分的區別而劃分為農民、工人和幹部等三個基本階層或社會群體，
80 年代改革以後，在公有制為主導的前提下，允許多種經濟成分、

多種經營方式同時存在，允許一部分人先富起來的不平衡發展策略下，大陸的社會階級結構，除原有的工、農、幹部三大階級外，由於私營經濟和個體工商業的快速發展，逐漸形成了一個橫跨城鄉，以個體工商業者為骨幹的小資產階級，而原有三大階層內部及其彼此之間也開始流動了，整個社會的社會階層分化正全面、快速地進行著。[17]

　　總之，自改革開放以來，為提升生產力的發展，中共已大幅放寬對私有財產的限制。同時，隨著改革開放路線的持續深化及各項改革具體政策的推行，中國大陸社會已恢復了民間的活力，逐漸朝向多元化的方向發展，而一個「小政府大社會」的社會格局正在形成中。

【問題與討論】

一、何謂「規劃性社會變遷」、「強制性制度變遷」？

二、近五十多年來中國大陸的社會變遷歷程可劃分為那幾個階段？

三、試說明「人民公社化」對中國大陸社會發展的影響。

四、請詳細說明改革開放以來中國大陸總體社會情勢的發展走向。

五、你覺得「集體主義」的社會和你當前的生活環境最主要的差別在那裡？

注釋

[1] 陳重成，「論文摘要」，〈鄧小平時代中國大陸東南沿海省分社會發展之研究（1978～1990）〉（台北：政治大學東亞研究所碩士論文，民國81年）。

[2] 陳雨蒼，〈共匪的政治理論〉，載於張敬文編，《共匪政治問題論集》。

[3] 陳重成，〈一個新封建主義的歷史範疇——中國宗族社會與村落社會的持續與變遷（1900～1999）〉（台北：政治大學東亞研究所博士論文，民國89年），頁82～83。

[4] 馬克·薛爾頓著，《中國社會主義的政治經濟學》（台北：台灣社會研究叢書，民國80年），頁15～41。

[5] 張敬文，〈共匪的五大運動〉，載於張敬文編，《共匪政治問題論集》。

[6] 趙育申，〈共匪的三大改造〉，載於張敬文編，《共匪政治問題論集》。

[7] 馬克·薛爾頓著，前引書，頁82。

[8] 楊君實，《現代化與中國共產主義》（香港：中文大學出版社，1987年）。

[9] 馬克·薛爾頓著，前引書，頁83。

[10] 方向新，《農村變遷論——當代中國農村變革與發展研究》（長沙：湖南人民出版社，1998年），頁16～24。

[11] 陳元吉等主編，《中國農村社會經濟變遷》（太原：山西經濟出版社，1993年），頁308～318

[12] 陳重成，〈論文摘要〉，前引書。

[13] 同前註。

[14] 《中國日報》，1987年7月31日。

[15] 《中國日報》，1985年9月28日。

[16] 施哲雄，〈中國大陸社會五十年來的發展與變遷〉，載於中國大陸問題研究所主編，《中共建政五十年》（台北：正中書局，民國90年），頁195。

[17] 劉祖雲，〈社會轉型與社會流動：從理論到現實的探討〉，載於劉應

杰編,《社會學家的眼光:中國社會結構轉型》(北京;中國社會科學出版社,1998 年),頁 155~156。

第八章 當前中國大陸所面臨的社會問題

陳重成 博士

當前中國大陸最主要的社會問題包括：在農村地區有「農業、農村、農民」等「三農」問題；在城市方面有國營企業下崗職工的失業問題；就總體社會結構而言，則有「城鄉差距、貧富差距、東西地域差距」的「三差」問題。這些社會問題隨著改革開放政策的持續深化，以及中共加入世界貿易組織（WTO）之後，將更加突出。

中共「入世」後可望加速其從 80 年代以來所推行的市場經濟化進程，一般預估在 2010 年以前，中國大陸的市場經濟與先進國家及開發中國家的市場經濟之間的差距將大幅縮小，這個變化對中國大陸民眾的生活方式及社會價值觀將產生前所未有的重大影響，從而進一步全面加速社會階層的分化，並擴大社會貧富間的差距。

實際上，中共「入世」後最值得關切的議題是社會變遷問題。在中共過去統治的五十多年間，中國大陸社會已經形成了一種城鄉兩種截然不同身分壁壘的社會階層體制，而這種差別就具體地反映在當前巨大的城鄉差距、地區差距和社會差距上。[1]由於處在經濟和社會大轉型的時代，國有企業龐大的下崗工人未來如何尋找出路？在全力推動工業化和市場化的過程中又該如何避免農村經濟的瓦解？伴隨著農村流動人口大量湧入城市後所帶來的各種社會問題又該如何處理？[2]

「入世」後初期，中國大陸的社會形勢已逐漸出現一些明顯的變化，首先是農村的失業人口向城市流動有增加的趨勢，預計這次農村人口流動將是繼改革開放之後，中國大陸城鄉間第二次的人口流動高峰；其次是因下崗工人鬧事所引發的治安事件有日益增多的趨勢。這些變化將進一步加深未來中國大陸社會內部的不安。[3]

去年（2002）三月間中共全國人大和全國政協在「兩會」上，已

將農民、農村和農業等「三農問題」，以及城市社會保障、弱勢群體處境等一系列的社會問題列入大會討論的議程。事實上，「入世」後更大潛在的社會危機已經將中國大陸推到了另一個改革的十字路口，而解決社會問題、明確社會轉型方向，以及進行深層社會體制改革等，都是當前中共新領導當局所無法迴避的艱鉅挑戰。

第一節　社會貧富差距的擴大

經過改革開放歷程，私有經濟已經成為中國大陸的經濟主體，從數據中可以發現，中國大陸近二十年快速的經濟成長，使國家社會整體的財富增加了，但同時包括地區、城鄉、城市內或鄉村內的貧富差距卻都大幅擴大了。加入 WTO 之後，中國大陸的開放程度勢將逐年擴大，這將加速中國大陸經濟全球化的進程及帶動內部經濟的大幅成長。但相對地，不同地區之間、不同所有制之間、不同行業之間，以及城鄉之間的收入差距也將相應地進一步擴大，而社會階層分化的程度也將更加明顯。

首先，從中國大陸居民收入的基尼系數（Gini Coeffient）[4]之變化情況來看。基尼系數是用來描述收入分配差距的具體指標，依國際標準基尼系數在 0.3 以下是最佳平均狀態，在 0.3-0.4 之間為正常狀態，超過 0.4 為警戒狀態，達到 0.6 則屬於隨時可能發生社會動亂的危險狀態。中國大陸居民收入的基尼系數自 1994 年就已經超過 0.4 這個臨界點，然後一路攀升，到了 1998 年為 0.456，1999 年為 0.457，2000 年又增加到 0.458，每年平均增長 0.1 個百分點。[5]基尼系數不斷

地攀升，意味著收入差距正在不斷地擴大中。

另外，根據中共國家統計局的統計，將大陸居民收入按五等分組進行分析發現，前 20% 的高收入戶與後 20% 的低收入戶的人均年收入比，1990 年為 4.2 倍，1993 年為 6.9 倍，1999 年擴大到 9.6 倍，2001 年為 11.76 倍。據估計，在「入世」後，這種貧富差距將再大幅拉大。[6] 大陸學者同時推測，目前大陸的億萬富翁有 1,000 多人，百萬富翁有 300 多萬人，最富有的 20% 家庭占了全部收入的 50.24%，而最貧窮的 20% 家庭只占 4.27%。[7] 此外，當前中國大陸銀行體系總計有 8,940 億美元存款，其中的 80% 集中在 20% 的存戶手中，這也顯示了中國大陸的有錢人愈來愈多，但貧富不均的情況卻愈來愈嚴重。[8]

其次，在地區收入的差距方面也有擴大的趨勢。在城市方面，上海與北京平均年收入增加 1.57%，山西與河南的城市只增加 0.25%。1997 年全中國大陸城鎮居民人均收入最高的是上海市的 8,483.9 元，這個數字是最低的山西省的 4,989.9 元之 1.69 倍，這項差距到 2000 年已增加為 2.48 倍，「入世」後據不完整的統計資料顯示已超過 2.6 倍。在城鎮方面，城鎮居民的收入差距也在不斷的擴大中。1996 年到 1998 年，城鎮居民中前 20% 的高收入戶與後 20% 的低收入戶的差距已由 2 倍擴大到 9.6 倍，而前 10% 的高收入戶所得占總收入的比重更高達 38.4%。

在農村方面，1978 年農村人均收入最高的華南地區與最低的西北地區相比，絕對差距為 221 元，相對差距為 1.68：1。到了 2000 年，絕對差距為 492.8 元，相對差距為 2.15：1。收入最高的上海郊區農民人均純收入達 5,596.37 元，是收入最少的貴州人均收入 1,374.16 元的

4.07 倍。[9]此外，1995 年農村居民收入的基尼系數爲 0.3536，2000 年則爲 0.3415，僅提高 1.21%，差距仍屬合理。但在消費支出方面，1995 年高收入組爲低收入組的 2.93 倍，至 2000 年則已擴大爲 3.16 倍。從農村消費水平來看是提高了，但收入水平卻下降了，這顯示隨著中國大陸整體經濟的發展，生活成本增加，使得生活水平相對下降了。[10]

總而言之，中國大陸地區之間、所有制之間、行業之間，以及城鄉之間的收入差距一直在擴大中，「入世」後這些問題將更加突顯。首先，從地區的差異來看，東部和中西部地區的居民收入差距已接近或超過 4 倍，其中東南沿海省分與貴州、甘肅等省分的差距更高達 7 倍以上。其次，就不同體制而言，如果以城鎮集體職工人均工資收入爲基礎 100 計，1984 年國有企業爲 128，其他經濟爲 129；1997 年國有企業爲 150，其他經濟爲 195。再次，就不同行業而言，工資最高與最低行業比，1978 年爲 2.17：1，1995 年爲 1.81：1，1996 年爲 2.18：1，1999 年爲 2.49：1，至於最低行業與最高行業職工工資的絕對差距則由 1978 年的 485 元人民幣擴大爲 1999 年的 7,214 元，擴大了 14.8 倍；在民營企業中，雇主一般收入爲雇工的十倍，部分企業甚至高達百倍之多。[11]

第二節　下崗工人的失業問題

中國大陸「入世」後，相關的法律和法規將逐步與國際規範及國際慣例接軌，開放的層面也將從經濟領域擴及到社會各領域，各種社會問題也將相繼衍生而出，而失業問題將是其中最嚴峻的一項挑戰。

「入世」後，當大型追求效率的跨國企業在中國大陸紛紛設廠生產，或從國外進口高質量物美價廉的商品來競爭時，更多不具競爭力的大陸本土企業將因此倒閉關門，估計現有國營企業八千五百多萬的職工，將有 2,500 萬人因此而失業。同時，由於國際外部競爭力的加劇，原來大量的隱性失業也會逐步浮現為顯性失業。[12]

為因應這一波巨大全球化浪潮的衝擊，中國大陸必須對外建立起一種新的自由貿易體系，而其內部的產業結構也勢必進行相應的調整和升級。然而，無論是面對跨國企業的挑戰或優質廉價進口商品的衝擊，還是對外自由貿易體系的建立或內部產業結構的調整與升級，大陸無數的國有企業將面臨一場前所未有、全面性轉型的巨大挑戰，更多的工人將被迫下崗，一批批下崗而又無法再就業的企業職工，不但是中共財政上的一大負擔，更是社會治安上的一大隱憂，近幾年來全大陸各地不斷爆發的下崗職工抗議活動，已對中共政權統治的合法性構成了嚴重的挑戰。

此外，「入世」對大陸傳統產業和原有的就業格局將造成重大的衝擊，結構性失業人口和國有企業下崗職工的相互排擠效應，將形成更大的就業壓力，預估每年的城鎮失業人口將高達三、四百萬之多，而失業率也將因此攀升兩個百分點。[13]「入世」後，資本密集型和技術密集型產業在國民經濟中所占的比重將愈來愈大，原來勞力密集型的傳統產業所占的比例相對地將大幅下降，結構性失業的情況勢不可免，而非技術性的勞工亦勢必面臨下崗失業的難題。據大陸中國社會科學院估算，在未來五年內，全中國大陸新增加的勞動力將高達 5,000 萬人，而新增加的就業機會卻相對嚴重不足，無法完全吸納這些勞動

力。[14]

　　北京大學蕭灼基教授指出，當前中國大陸的失業率是全世界最嚴重的，一是失業率過高，一是失業人口的絕對數太大。在中國大陸，失業問題將是一個非常困難的、長期存在的問題，因為中國大陸的人口還在增長，新生的勞動力也在不斷地增加。目前，城鎮的實際失業率在 15-20% 之間，這還不包括農村地區近一億的潛在失業人口。

　　此外，中共國家計畫委員會主任曾培炎也表示，截至 2001 年底，中國大陸國有企業下崗職工仍有 500 多萬人未能再就業，全國城鎮登記失業人員還有 681 萬，城鎮登記失業率為 3.6%。但實際上，中共的官方數據與事實並不相符，中國大陸的下崗工人應該在 4,500 萬到 6,000 萬之間，而在中共加入 WTO 之後，這個數字已繼續在爬升中。[15]蕭灼基進一步指出，2002 年大陸城鎮登記失業率將超過 4%，而下崗沒有再就業的工人也有 4%，兩者相加就是 8%。而且很多企業和事業單位中還有相當數量的剩餘勞動力，他們雖然也能領到一些工資，但實際上卻處於隱藏性失業狀態，這部分保守估計大約占 7-8%。[16]

　　在國企改革中，下崗工人的安置和補償問題一直是最令北京當局頭痛的棘手問題，特別是下崗工人的退休金和生活津貼形同無底洞。從 1998 年到 2001 年，全大陸共有 2,400 多萬下崗工人進入再就業服務中心，而領取基本生活費的下崗職工月均在 600 萬人左右，累計發放生活保障資金 800 多億元。預計未來五年內，大陸失業保險基金支付總缺口將達 500 億元左右，這對中共的財政而言，無疑是一項沈重的負擔。[17]

　　雖然，中共方面宣稱對下崗和退休工人基本上均已履行應盡的義

務，但事實上國企將許多遣散工人的就職資料予以保留，以維持低失業率的假數據，許多失業工人因此賦閒在家，還以為可以領到基本工資。由於當前中共尚未建立一套完善健全的福利保障制度，職工的工資、生活費、離休金、福利待遇等都無法按時給付，導致下崗職工普遍不滿，因而在大陸各地釀成了各種大小規模不等的抗爭事件，甚至不少的下崗工人已自發性地組成了各種形式的非法組織，從事各種犯罪活動，對大陸社會治安構成了嚴重的威脅。[18]

據中共黨內刊物指出，2000 年大規模的示威抗議達三萬起，平均每天超過八十起，這還不包括許多地方政府隱而不報的數字，如1999 年未經中共官方批准的遊行示威活動即高達十一萬餘件。[19]中共官方另一份報告也顯示，大陸工人示威正邁入高峰期，目前參與示威的工人數是 1990 年代中期的 2 倍。雖然，這些不斷上演的工人抗議事件，短期內尚無法危及共產黨的統治，但從長期來看卻是社會的一大隱憂。預期「入世」後初期，下崗工人的抗議示威活動將達到顛峰期。

目前，中國大陸亟需建立一套合理的社會福利及賠償機制，因為至今仍有 80%的工人尚未被列入社福政策的保障範圍之內。[20]「入世」後，城市下崗工人或失業人數已在持續擴增中，其生活困難、缺乏保障，已構成了城市新的貧困化主體。根據中共民政部《2001 年社會保障綠皮書》顯示，1999 年大陸城市貧困人口規模在 1,500-3,100 萬之間，城鎮實際失業率由 1993 年的 5%左右，上升到 1998 年的 8-9%，2000 年已接近 10%，即 1,200-1,500 萬。然而，這只是保守的估計，真正失業的人數可能高達 2,650-3,000 萬，而且這還不包括大約 4,500萬，經常處於半失業狀態的城市農民工。[21]

第三節　農民的失業問題

「入世」後，中國大陸的農業政策將被迫朝市場導向來發展，大量進口的農產品將讓原已愁雲慘霧的農村地區和岌岌可危的鄉鎮企業更是雪上加霜。號稱超過 8 億農業人口的中國大陸，「入世」後已面臨了來自美國、歐盟、加拿大、澳洲等先進農業大國優質廉價農產品叩關的巨大壓力，此勢必對其農業造成重大衝擊，成為影響中國大陸社會、經濟持續穩定發展的最大變數之一。

中共在與 WTO 各會員國達成的《農產品協議》中，主要就大陸農業的市場開放、國內補貼和出口競爭等三大領域，做了相當的規範與開放的承諾，「入世」後中共必須履行這些協議規則。在市場開放部分，中共必須放棄現行所有對農產品的非關稅保護措施，國內市場保護僅剩關稅這道屏障；在國內補貼部分，由於過去中共產業政策是以農業支持工業發展，並以工業和消費者為重，農民向來處於弱勢地位，仰賴政府補貼極深，「入世」後中共必須縮小農業補貼額度，這將對農民生計造成極大影響；在出口競爭方面，首當其衝是國外農產品對大陸農產品市場的衝擊，尤其是缺乏競爭優勢的糧食作物等產品，這個衝擊將非常巨大，可能造成農業失業人口大增的問題，甚至撼動大陸社會的穩定。[22]

中國大陸是全球最大的農業生產國之一，每年平均農產值約 2,500 億美元。主要的農產品，包括稻米、小麥和棉花的產能都很低，「入世」後中共必須擺脫長期以來農業必須自給自足的傳統觀念，依據配額體系開始進口少量的稻米。雖然，短期內農業貿易自由化尚不

致於危害到中國大陸的「糧食安全」，即使廢除農產品的輸入配額，2005 年的大陸糧食自給率仍可維持在 92%以上。[23]而「入世」最初兩年的糧食輸入配額也僅達 700-1,200 萬噸，但就當前大陸農產品市場處於供過於求的狀態而言，糧食輸入增加將對農產品價格和農民收入造成一定程度的衝擊。[24]

「入世」後，中國大陸的農業市場必須對外開放，而農產品的平均關稅也須從過去的 22%調降到 17.5%，外國農產品的進口量將因此大幅增加，大陸的農產品價格勢必下跌，而農民的收入也將因此下降。基本上，中國大陸的糧食價格從 1994 年之後已超過國際市場水準，1999 年的小麥、玉米和棉花價格已高出國際價格七成，「入世」後國際低價位的糧價將直接衝擊到大陸的種植業。

身為 WTO 的一分子，中共在農業上不會再採取保護主義措施，來保護沒有效率的農民，因為從長期經濟發展的角度來看，保護農民必須付出高昂的代價。然而，農村的經濟短缺已引發農民的不滿情緒，使得各地的示威抗議活動更加一發不可收拾，普遍性的農村騷動將使社會更加動盪不安。[25] 當前，農民占大陸總人口數的 64%，而過剩的農村勞動力就高達 4 到 5 億人，在「入世」後國外農產品將逐步叩關，這種情況還會進一步惡化。面對這個問題，中共農業主管部門雖然有意輔導農民升級或轉業，並希望藉由放寬城市戶口的管制措施來分流一部分農村人口，但事實上仍緩不濟急。[26]

據中共有關部門的估算，到 2005 年，大陸農民的實際收入與 1995 年相比將下降 2.1%。如果再加上鄉鎮企業的破產關併，農業部門將減少九百六十六萬二千個工作機會，農村問題將會更加突顯。而收入減

少、謀生不易，勢必引發大批農民向外流動，預料這次農村人口的流動將是繼改革開放之後，中國大陸第二次歷史性人口大流動的高峰，從長期的角度來看，農村勞動力的移動問題將成爲比國有企業職工的再安置問題更爲嚴重的棘手問題，這種大規模的農民流動，將直接衝擊到農村社會的長期安定，同時也將給城市帶來新的社會問題。[27]

「入世」初期，隨著貿易壁壘的下降，技術進步對勞動力的替代作用將明顯增強。由於外國農產品對大陸農業衝擊的加劇，勢將會有更多的農村剩餘勞動力流向城市。北京大學蕭灼基教授表示，中國大陸農村存在著一支龐大的潛在失業大軍，他粗估這支龐大的失業大軍總數在 2 億左右，其中 1 億人到城鎮打工了，還有一億是潛在的失業人口，他們不在統計之內，因爲他們的時間雖然不能充分利用，但畢竟還有一塊土地可以維持生存。但「入世」後，這些問題已逐漸浮上檯面。

按照中共國家統計局統計資料，當前中國大陸的農民失業問題相當嚴重，可耕地面積九千四百九十七萬公頃，只需 1 億農民耕作，但全大陸農業就業人口卻多達 3 億 5,000 萬，在地少人多的情況下，2 億 5,000 萬農民就業嚴重不足，[28]而在加入 WTO 後，農村的就業問題就更爲嚴峻了，農村剩餘勞動力將大幅增加，預計就業人口將因此減少 1,000 萬人。[29]基本上，「入世」後產業結構調整須付出相應的調整成本，而勞動力在產業間移動是最重要的調整成本，其中大量的農業勞動力必須向工業部門和第三產業部門移動。根據中共「國務院發展研究中心」的分析，從 1998 年至 2010 年間，保守估計將有 960 萬的農村勞動力轉移到其他產業部門。[30]

　　至於如何解決「入世」後農村剩餘勞動力的出路問題？除了發展產業以吸收從農業釋放出來的人口外，普及教育才能根本解決農業人口過多的問題。目前大陸各地雖然成立了許多的高新技術科學園區，但對吸收大量的就業人口並沒有太大的助益。短期的作法是發展服務業，因為服務業仍有有相當大的發展空間，如果能加強發展服務業，對於吸收農業人口應會有相當大的幫助。至於長期的作法則是普及農村的基本教育，提升農村居民的素質。基本上，要將農業人口轉成非農人口是一個長期的目標，因此必須要配合教育才能順利地將這些人轉向製造業或是服務業。

　　「入世」後，農民依舊缺乏「國民待遇」的法律保護，而自我組織的農民所面對的市場風險和政策風險卻愈來愈高，這使得整個農村更加動盪不安。因為危機的加劇，農民的選擇空間愈來愈小，農村出現的悲劇個案也愈來愈多。根據中共衛生部 2001 年的報告指出，近幾年來中國大陸平均每年自殺人數約為 25 萬，自殺未遂人數估計超過 100 萬人，其中 90% 在農村，農民所承受的生存壓力可見一斑。

第四節　城鄉差距擴大的問題

　　在強調非均衡發展戰略的中國大陸政經社會體系中，「入世」後的失衡現象將更加突顯，其中城市與農村的壁壘將因此而更加分明，城鄉間的貧富差距亦將持續擴大。基本上，改革開放後造成城鄉貧富差距不斷擴大的現象，在「入世」後將更形惡化。相較於富庶的沿海城鎮，廣大內陸的農村地區仍有 7,000 萬農村人口生活在貧困線以

下。未來如何縮小城鄉差距，將是全中國大陸各界必須面對的嚴肅課題。

　　長期以來，無論是毛澤東時期走的「重工輕農」、「重重輕輕」之「蘇聯發展模式」，亦或是鄧小平時期推動的「國際大循環戰略」、「梯度發展模式」或「圈層開放模式」等非均衡發展戰略模式，基本上都是以犧牲農村資源來挹注城市的發展。最後，甚至形成了一種「回吸效應」（backwash effect）的慣性作用，從而導致了城鄉差距的結構性失衡格局，前有改革開放，繼之以「入世」，城鄉間的差距問題勢將全面擴大。

　　受非均衡發展戰略的影響，自改革開放以來，外商的投資主要集中在大陸沿海地區、各大都市及其臨近郊區。從改革開放二十多年的經驗來看，沿海地區的投資額約占九成，而外商對服務業的投資則青一色集中在城市地區，至於製造業則集中在沿海地區的城市及其臨近郊區。如果再加上「入世」後開放主要農產品的進口，可以預見的，沿海地區和內陸地區、城市和農村之間的地區差距將隨著「入世」的時間而日益擴大。一般預測，城市和農村之間的所得差距在 2005 年時將全面擴大。[31]

　　中共自 1980 年代起所推動的經濟與稅制改革，賦予了地方政府更多的自主權，也因此導致了地方主義的全面興起。特別是鄧小平的「讓一部分地區先富起來」的構想，讓中共當局希望透過非均衡發展戰略的「外溢效應」（spill over）來帶動其他區域的發展，結果卻造成了東部、中部及西部地區之間，以及內陸和沿海間的不平衡發展格局，並進一步擴大了城鄉的差距。[32]

　　自 1992 年中國大陸確定轉向市場經濟以來，城鎮化建設規模迅速擴大，截至 1999 年，城市總數已發展到六百六十七個，其中人口在 200 萬以上有十三個，100 萬到 200 萬的有二十四個，城市數在三實個以上的省分有廣東、山東、江蘇、河南、湖北、浙江、河北、遼寧、黑龍江、四川。相較於城鎮化建設，廣大的農村地區卻長期處於被忽視的次要地位，這也是導致城鄉差距不斷擴大的主因之一。

　　根據 2001 年 3 月中國大陸第五次全國人口普查的資料顯示，全中國大陸的人口為 12 億 9,533 萬人，約占全世界總人口的 21.23%；其中 63.91% 為鄉村人口。[33] 就現況而言，中國大陸的城鄉差距是世界上最高的。依照 1995 年國際勞工組織發布的三十六個國家的資料顯示，絕大多數國家的城鄉人均收入比都小於 1.6，只有三個國家超過 2，中國大陸就是其中一個。[34]

　　如果從城鄉差距來看，城鎮居民人均可支配收入和農村人均純收入之比，1985 年為 1.72：1，1992 年上升為 2.33：1，1998 年再上升為 2.54：1，到 1999 年為 2.65：1。如果將各級政府及企業所提供的公共服務、社會保障等轉化成個人的福利來計算，城鄉居民的收入差距恐怕要遠遠超過這個數字了。總體而言，農民的消費水準大約比城鎮居民落後十年左右。[35]「入世」後的全球化發展趨勢，將使中國大陸原有的城鄉差距進一步擴大。

　　在工業化的過程中，農業的保護成本勢必相對增加。「入世」後農業部門受到的衝擊，據中共官方的預測，到 2005 年，農村居民的實際收入將比 1995 年下降 2.1%，而城鎮居民的人均收入則將增加 4.6%，從而加劇城鄉差距，並導致貧富愈來愈懸殊，失衡心理亦將隨

之不斷擴大，社會犯罪也將相應增加。[36]

　　農村的貧困化在「入世」後勢將更加惡化，以 1999 年全大陸人均收入計算的基尼系數已高達 0.456，迫近了 0.5 的官方警戒線。此外，農村的相對貧困化之加劇還體現在相對於城市的貧富差距拉大。以城鄉居民的儲蓄爲例，在八兆左右的儲蓄餘額中，占總人口數 70%的農村居民只占約一兆。如果再加上農村生活條件的惡化，以及土地制度難以繼續支撐農業增長和農民收入的提高等因素，農民的經營風險一直在上升。

　　如按照中共所定的國家貧困線標準，中國大陸農村目前至少還有 3,000 萬的絕對貧困人口，但如果按國際貧困線標準來計，則至少還有 1 億 2,000 萬的貧困人口。過去五年來，大陸共有 8 億 7,000 萬的農民因爲農產品價格連年下跌，而導致銷售收入減少 3,000-4,000 億元人民幣。[37]

　　此外，金融資產在中國大陸城鄉居民之間的分布也很不平衡。1997 年城鄉共有家庭戶數 33,963.2 萬戶，大體可劃分爲四個階層：第一階層占戶數的 1.3%，卻擁有 31.5%的金融資產；第二階層占戶數的 7.4%，擁有 28.5%的金融資產；第三階層占戶數的 47.6%，擁有 37.0%的金融資產；第四階層占戶數的 43.7%，只擁有 3%的金融資產。第一階層戶均金融資產是第三階層的 31.2 倍，是第四階層的 360.2 倍，顯示城鄉居民的貧富差距確實很大，而這種差距在「入世」後將逐步再擴大。[38]

【問題與討論】

一、中共加入世界貿易組織（WTO）後，對中國大陸社會將產生那些
　　影響和衝擊？

二、何謂「基尼系數」（Gini Coeffient）？試說明目前中國大陸社會貧
　　富差距的現況。

三、試說明當前中國大陸工人和農民的失業狀況？

四、請說明中國大陸城鄉差距的成因及未來可能的發展趨勢？

五、你認為中共有無能力解決當前中國大陸的社會問題？

注釋

[1] 胡鞍鋼主編,《中國戰略構想》(杭州:浙江人民出版社,2002 年),頁 2～4。

[2] 中國時報論壇,〈不必要的悲觀與太天真的樂觀〉,《中國時報》,2002 年 3 月 10 日。

[3] 易軍、任順國,〈加入 WTO 後社會治安走勢〉,《山東公安專科學校學報》,總第 55 期,2001 年 2 月,頁 60。

[4] 通常人們用基尼系數(Gini Coeffient)來說明社會收入分配的差距程度。所謂基尼系數是指社會成員的總收入分配狀況與絕對平均分配狀況的相對差距。此系數介於 0 到 1 之間,數值越大,表明社會成員之間相對收入差距越大,反之越小。一般而言,系數在 0.2 以下為絕對平均,0.2-0.3 之間為比較平均,0.3-0.4 之間為比較合理,0.4-0.5 之間為差距較大,0.5 以上為差距懸殊。中國大陸的基尼系數已從 1988 年的 0.382 迅速上升到 1995 年的 0.445,且目前仍在不斷刷新,據中共國家統計局最新調查顯示,1999 年的最新記錄為 0.456,20%的高收入者擁有著 42.4%的財富。

[5] 楊宜勇,〈中國當前收入分配格局及發展趨勢〉,詳見汝信、陳學藝、李培林主編,《社會藍皮書:2002 年:中國社會形勢分析與預測》,頁 144(144～152)。

[6] 何平,〈加入 WTO 對中國社會保障的影響與對策〉,《宏觀經濟研究》,總第 40 期,2002 年 3 月,頁 19。

[7] 楊雲善,〈加入 WTO 對中國居民收入分配的影響〉,《社會主義研究》,總第 142 期,2002 年 2 月,頁 86～87。

[8] 連雋偉,〈中國貧富不均愈來愈嚴重〉,《工商時報》,2002 年 3 月 18 日。

[9] 楊宜勇,前引文,頁 146。

[10] 同前註,頁 149～150。

[11] 楊雲善,前引文,頁 87;蕭玉明,〈共同富裕應成為「大政策」〉,《長

江日報》，取自 http://www.cjdaily.com.cn/big5/content/2000-11/27/ content
-28537.htm/

12 蘇帕猜、祈福德著，江美滿譯，《中國入世──你不知道的風險與
危機》（台北：天下，2002 年），頁 16。

13 〈中共入世短期內每年三四百萬城鎮人口失業〉，《大紀元新聞網》，
取自 http://news.djy.com.tw/newspage.asp?catid=16&newsid=8212/

14 〈大陸入世後社會將進一步開放，但下崗問題依舊〉，《大紀元新聞
網》，取自 http//:www.dajiyuan.com/

15 康彰榮，〈補償下崗工人形同無底洞〉，《工商時報》，2002 年 3 月
13 日。

16 周野、徐尚禮，〈政協委員：大陸失業率全球居冠〉，《中國時報》，
2002 年 3 月 9 日。

17 何平，〈加入 WTO 對中國社會保障的影響與對策〉，《宏觀經濟研
究》，總第 40 期，2002 年 3 月，頁 21。

18 易軍、任順國，〈加入 WTO 後社會治安走勢〉，《山東公安專科學校
學報》，總第 55 期，2001 年 2 月，頁 60～61。

19 行政院大陸委員會，《大陸工作簡報》，行政院第 2777 次院會，2002
年 3 月 13 日，頁 18。

20 〈第五議題：強化政府機構為經濟服務〉，《工商時報》，2002 年 3
月 19 日。

21 吳強，〈中國的社會危機與社會控制〉，《工農天地》，2002 年 7 月
10 日。

22 康彰榮，〈農村失業人口將大幅增加〉，《中國時報》，2001 年 9 月
18 日。

23 〈中共加入世貿組織的問題〉，取自 http://www.moeaboft.gov.tw/prc&hk
/tra_08.htm/

24 同前註。

25 蘇帕猜、祈福德著，江美滿譯，前引書，頁 16。

26 李道成，〈人大、政協兩會召開，經濟、內政問題為重心〉，《工商
時報》，2002 年 3 月 3 日。

27　易軍、任順國，前引文，頁 60～-61。

28　周野、徐尚禮，前引文。

29　〈中共入世短期內每年三四百萬城鎮人口失業〉，前引文。

30　〈中共加入世貿組織的問題〉，前引文。

31　同前註。

32　趙建民，〈塊塊壓條條：中國大陸中央與地方新關係〉，《中國大陸研究》，第 38 卷第 6 期，1995 年 6 月，頁 66～80；張雅君，〈論中共的地方主義〉，《中國大陸研究》，第 36 卷第 10 期，1993 年 10 月，頁 5～18。

33　陳曉菁、李書良，〈產業帶動城鎮化發展，吸收過多農業人口〉，《投資中國》，取自 http://www.chinabiz.org.tw/maz/InvCina/200106-088/200106-075.htm/

34　楊宜勇，前引文，頁 145。

35　楊雲善，前引文，頁 86～87；蕭玉明，〈共同富裕應成為「大政策」〉，《長江日報》，取自 http://www.cjdaily.com.cn/big5/content/2000-11/27/content-28537.htm/

36　易軍、任順國，前引文，頁 62。

37　夏飛，〈北京流傳左派批江澤民萬言書〉，《多維周刊》，取自 http://www.chinesenewsweek.com/62/ChinaAffairs/4707.html/

38　何平，〈加入 WTO 對中國社會保障的影響與對策〉，《宏觀經濟研究》，總第 40 期，2002 年 3 月，頁 19。

第九章

中國大陸少數民族分析

何秀珍　博士

　　民族的產生與發展是經過一個漫長的歷史，中國大陸是一個多民族的地區，除占全大陸人口主要部分的漢族外，尚有五十五個經中共認定的少數民族以及少數族別有待識別的民族所共同組成。[1]各少數民族因發展歷程不同，彼此在經濟、文化、宗教……等方面，都有很大的差異。一般以少數民族作為研究方法有三個角度：第一，透過現代化研究來理解少數民族是處於歷史發展的那個階段；第二，從國家的角度來觀察少數民族對國家的認同度；第三，從全球化的角度觀察少數民族所保存的民族特色。[2]這三個研究角度，各有其重點偏向，主張現代化者，反對過度強調一統與團結會斲傷少數民族的積極性；主張國家認同者，反對過度鼓吹少數民族的差異性或宣傳宗教特色，會將少數民族趨往和國家意識相反的方向；主張全球化者，反對過度關心少數民族的趨同，容易抹煞少數民族的特色。多民族國家如何在這三者間取得平衡，就靠統治者的智慧了。

第一節　少數民族基本概況

一、民族人口

　　根據中共於 2000 年所作的人口普查，[3]大陸人口總計 1,242,612,226 人，其中少數民族 104,490,735 人[4]，占大陸人口比重的 8.41%。自 1949 年中共建政迄今（2003），大陸少數民族人口呈現下列特徵：

（一）人口增長速度極為快速

　　從 1953 年中共進行第一次人口普查到 2000 年的第五次人口普查，大陸少數民族人口增長約 2.2 倍，高於漢族 1.1 倍的增長速度。不過少數民族人口高速增長的原因，並非單純的人口自然增長所能解釋，尚受到民族成分變更的影響。推究漢族變更爲少數民族的原因，與計畫生育在執行上較漢族地區爲寬鬆有關，因此，過去未登記爲少數民族的人口「還本歸原」更正爲少數民族或者夫妻一方爲少數民族所生子女將民族別填報爲少數民族。根據大陸學者研究，在 1982 年到 1990 兩次人口普查的八年間，少數民族的實際人口增長中至少有 34.4%是靠非生育增長，人數約在 1,000 萬人之譜。[5]

（二）個別民族人口發展速度不平衡

　　從 1953 到 2000 年，大陸少數民族平均人口增長率爲 220%，可是個別民族人口增長率卻呈現不平衡現象，有呈兩位數成長的，如土家族、仡佬族；也有呈負數成長的，如烏孜別克族、俄羅斯族[6]、塔塔爾族。

（三）人口年齡結構傾向年輕化

　　大陸少數民族年齡結構，不僅由於死亡率不斷下降，以及生育率相對提高的人口自然增長的情形下而傾向年輕化；尚有部分係因漢族變更民族成分的因素，漢族變更民族成分的主要目的是爲了較寬鬆的生育政策。可以多生子女，所以變更民族別的群體大都以育齡人口與其已生子女爲主，據估算 1982～1990 年少數民族非生增加人口中近 90%爲少兒和育齡人口[7]；另外，變更民族成分的人口，又以勞動人口居多，老年人較少，因此少數民族年齡結構傾向年輕化。

（四）個別民族人口規模差異大

大陸少數民族人口達千萬以上的有壯族和滿族；500萬以上的依序為回族、苗族、維吾爾族、土家族、彝族、蒙古族和藏族；人口不足一萬的有門巴族、鄂倫春族、獨龍族、塔塔爾族、赫哲族、巴族，致使大陸少數民族的人口規模相差懸殊。

二、民族分布

大陸少數民族人口雖僅占大陸人口的 8.41%，但分布地域卻很廣，約占全大陸面積的 64%，大多數在邊疆地區。目前主要分布在內蒙古、新疆、寧夏、廣西、西藏、雲南、貴州、青海、四川、甘肅、遼寧、吉林、湖南、湖北、海南等省。就各省市少數民族人口絕對數而言，以廣西省的 16,827,705 人居首，次為雲南的 14,151,343 人為次，以山西的 103,018 人居末；就占該省市總人口比重而言，以西藏的93.79%居首，其他占該地人口比重 50%以上的尚有新疆省（59.42%），以江西省少數民族所占比重最低（0.31%）；就占全大陸少數民族人口比重較高的三個省市，則依序為廣西（16.10%）、雲南（13.54%）、新疆（10.50%）。[8]以上數字顯示，各少數民族分布的特點是：大雜居、小聚居、相互交錯居住，即漢族地區有少數民族聚居，少數民族地區也有漢族居住。

三、民族宗教信仰

大陸少數民族大多有宗教信仰，有的民族與宗教關係十分緊密，例如，藏傳佛教（俗稱喇嘛教）與藏族社會就密不可分。整體而

言，大陸少數民族宗教信仰可分爲本土型宗教與外來宗教兩大類[9]，本土型宗教指的是多神信仰、祖先崇拜、道教和薩滿教（即巫教）四種；外來宗教指的是佛教（藏傳佛教、大乘佛教、小乘佛教）、伊斯蘭教、天主教、基督教。從表 9-1 可以看出，信仰喇嘛教的有藏、蒙古、土、裕固、門巴等民族，大都集中在青藏高原與蒙古族地區；信仰小乘佛教的大都在雲南西南一帶。信仰伊斯蘭教的則有回、維吾爾、哈薩克、東鄉、保安、阿爾克孜、塔吉克、烏孜別克、塔塔爾、撒拉等民族，大都集中於新疆、甘肅、青海等西北地區。

四、民族語言與文字

大陸五十五個少數民族中，除回族和滿族通用漢語文外，其餘五十三個民族都有屬於自己的民族語言，不過部分民族由於長期與漢族相處，或雜居，已改用漢語；也有部分民族基本上已喪失民族語言，而僅保留部分語彙於日常用語。至於在文字方面，有文字的民族有二十一個，共使用二十七種文字；其中壯、苗、納西、傈僳、哈尼、佤、侗、黎、拉祜、土、布農等十一個民族文字，是在 1950 年代基於政策傳達上的需要，由中共政策性的協助創制。

五、民族特色

大陸少數民族大多居住在高原、高山、沙漠綠洲地帶，過著自給自足、封閉式的自然生活，也因而發展出其獨特的生活型態與特色，但自中共統治大陸後，少數民族原有的生活型態受到三次衝擊與

影響，第一次在中共建政初期，爲鞏固其政權及建立社會主義制度，進行土地改革與社會主義改革，取消了封建地主制、封建農奴制、奴隸制及原始公社制，甚至取消了原本與少數民族社會經濟形態相對的政治制度，如政教合一制、土司制……等，表面上齊一了少數民族的政經社制度。第二次在文革時期的強迫同化，爲消滅民族的差別性，強行消滅民族特點，如少數民族文化、文物、宗教就這樣被摧毀。第三次是在大陸經濟改革開放下，在「樹立開放、改革的觀念，尊重知識、尊重人才的觀念，講效益、講競爭、發展社會主義商品經濟和勤勞致富的觀念」影響下[10]，重新恢復民族的傳統特色，但受到資本主義的滲透以及外來文化的影響，目前少數民族的傳統特色基本上是配合其經濟發展或地理環境的需要，有些傳統手工藝或飲食走向商業化，如回族發展出風味小吃、壯族的壯錦；有些發展出精緻農產生產能力，如維吾爾族除了有名的葡萄外，還擅園藝以及擅植棉花；居住在雲南的布朗族和德昂族則成爲種茶好手，成爲該族的特色；有些則在輸入新的文化之後，在該族被推廣開來，成爲該族的特色，如居住在內蒙、黑龍江的達斡爾族就擅打曲棍球，成爲該族的特色。

第二節　少數民族政策

中共自承其少數民族理論是沿襲馬克思主義的民族理論和中國的民族實際相結合，雖然其少數民族政策有其階段性變遷的過程，但是其少數民族理論，基本上仍圍繞在下列六個範疇：[11]

1.中華人民共和國是全國各族人民共同締造的統一的多民族國家。

2.中華人民共和國公民有維護國家統一和全國各民族團結的義務。

3.反對大漢民族主義，也反對地方民族主義。

4.民族的產生、發展和消亡是一個漫長的歷史過程，民族問題將長期存在。

5.各民族間的共同因素正在不斷增多，但民族特點、民族差異也將繼續存在。

6.民族問題是社會總問題的一部分。

　　爲了落實上述理論，在釐定少數民族政策方面，按照中共的說法係堅持民族平等、民族團結、民族互助和共同繁榮的原則。在作法上的具體重點爲：實行民族區域自治、培養民族幹部、保持與改革民族風俗習慣、嚴格限制下的民族宗教信仰自由、尊重民族語言文字、以及協助發展經濟。茲分別說明如下。

一、民族區域自治

（一）民族區域自治的類型

　　民族區域自治是中共解決民族問題的基本制度，依據「中華人民共和國民族區域自治法」第二條規定，在實行民族區域自治的地區分爲自治區、自治州、自治縣（旗）三級。[12]就民族的角度而言，大陸少數民族自治地方，可以分爲下列五種類型：第一種是以一個占絕

對多數的少數民族聚居區域基礎建立的，如新疆維吾爾自治區、四川省甘孜藏族自治州；第二種是以一個大的少數民族聚居區域基礎並包括一些人口較少的其他少數民族聚居區建立的，如內蒙古自治區；第三種是由兩個或多個少數民族聚居區聯合建立的，如青海省海西蒙古族藏族自治州；第四種是一個民族在多處有聚居區的，建立多個自治地方，如回族，既有寧夏回族自治區，又有昌吉回族自治州，還有大廠回族自治縣等；第五種是在一個大的民族自治地方內，人口較少的少數民族聚居區，建立自治地方。如廣西壯族自治區的恭城瑤族自治縣。從以上五種類型可以得知，中共建立少數民族自治的地方，並非單純以民族人口作為區劃的條件，還得遷就少數民族的分布情形以及歷史傳統納入考慮，例如，中共並未將所有藏族集合成立一個的藏族自治區，而是分別建立一個西藏自治區和九個自治州，又如內蒙自治區的形成乃是歷史長期發展所致。目前中共總計建立一百五十六個民族自治地方，其中自治區五個、自治州三十個、自治縣（旗）一百二十一個，此外還有一千二百七十二個民族鄉，作為自治形式的一種補充。

（二）民族區域自治的構想

中共建立少數民族自治區域的構想，除了方便集中統一領導，將民族因素、區域因素、經濟因素與政治因素相結合起來，以及增強少數民族國家的認同感外，實際上還深富戰略思考，分述如下：

1.以單一制的民族區域自治制度，排除聯邦制在中國實施的國家結構思考。

2.基於統戰思維。位居大陸邊陲地帶的少數民族，自古即有不安情緒存在，中共希望藉少數民族自治的建立，一方面紓解大漢民族主義，達到尊重少數民族和民族平等的目的，同時又有化解少數民族地方民族主義的功能。

3.少數民族居住地區，大抵皆是經濟落後、社會發展條件較差，加上各民族間有其特有的風土人文，希望透過民族自治區的設立，達到發展並團結少數民族的政策目標。

4.民族自治地方地處邊疆，戰略地位十分重要，為鞏固邊防安全，必須採取民族區域自治政策，以維護國家統一。

（三）民族區域自治的內涵

民族自治地方的自治機關，除了可以行使和它同級機關的職權之外，還可以行使自治權。其主要內容如下：[13]

1.行使立法權利：民族自治地方的人民代表大會有權依照當地民族的政治、經濟和文化的特點，制定自治條例和單行條例。

2.擁有對有關法律執行變通的權利：對於一些不適合民族自治地方實際情況的的決議、決定、命令和指示等，民族自治地方的自治機關可以結合當地的實際，經批准可以變通執行或者停止執行。

3.使用本民族語言文字的權利：民族自治地方的自治機關因執行職務所需，可以使用當地一種或者幾種語言文字。

4.培養幹部的權利：民族自治地方的自治機關可以根據需要，採取各種措施從當地民族中大量培養各級幹部、各種科學技術、

經營管理等專業人才和技術工人。

5.組建公安部隊的權利：民族自治地方的自治機關可以依照國家軍事制度和當地的實際需要，經國務院批准，組織本地方維護社会治安的公安部隊。

6.自主發展經濟及進行貿易活動的權利：民族自治地方的自治機關可以自主性地安排和管理地方性的經濟建設，制定經濟建設方案、政策和計畫；同時可以開展對外經濟貿易活動，經國務院批准，可以開闢對外貿易口岸、邊境貿易。

7.自主管理財政的權利：凡屬於民族自治地方的財政收入，都應由民族自治地方的自治機關自主地安排使用。

8.自主發展文化教育的權利：民族自治地方的自治機關可以自主地發展民族教育，掃除文盲，舉辦各類學校，以及決定當地的教育計畫、學校的設置、學制、辦學形式、教學內容、教學用語和招生辦法。

二、培養民族幹部

培養民族幹部是民族區域自治的主要內涵，而且所謂幹部已從1950 年代強調政治幹部擴及到專業技術幹部。目前有關民族幹部的確切數字，缺乏有效度的統計資料，但根據中共相關法規的規定，少數民族的任用應包括：一、各級人民代表大會，少數民族應有適當代表；二、自治機關應有實行自治的民族擔任正副首長；三、自治機關及其所屬工作部門，要儘量配合實行自治的民族和其他少數民族的成

員；四、自治地方的法院、檢察院的領導成員和工作人員，應當有實行區域自治的民族的人員。[14]不過上述所指的乃是從事公務活動的政治幹部。

　　至於民族幹部的來源，主要透過下列管道來招收：一、舊社會培養經統戰靠攏，並經思想洗腦工作的現成領導者；二、經中共教育培養起來的幹部；[15]三、中共專項指標吸收的少數民族工農牧民。其中有關中共教育培育的民族幹部，主要透過各級地方政府的黨校、幹部學校、民族學院[16]、中等及高等學校及技術訓練班來負責。各學校的基本分工是：地方訓練班負責大量普遍的初級訓練；民族學院負責培養較高級政治幹部和翻譯人才；中等及高等學校負責培養知識分子、師資和專門人才；技術訓練班訓練初級技術人員。[17]

三、　風俗習慣的保持和改革

　　中共對於少數民族的風俗習慣，一直保持尊重與謹慎的立場，其基本態度為：第一，少數民族本身有保持或改革該民族風俗習慣的權利；第二，中共對少數民族風俗習慣並非全盤接受，凡不利於民族發展及民族社會主義化的，均予以促退；第三，對於有利於民族發展及民族社會主義化的風俗習慣，中共會予以尊重與保護。

四、嚴格限制下的宗教信仰自由

　　大陸的宗教與民族有著密切的關係，有些民族甚至是全民信教，因此民族問題往往與宗教問題交織在一起，因此對於少數民族的

宗教是否處理得當，對中共解決少數民族問題有著重要的意義。按照中共憲法所規定的宗教信仰自由，實際的內涵認為宗教信仰是個人的事，每個人都有信教或不信教的自由。中共雖奢言尊重和保護宗教自由，實則仍有下列的限制：一、不允許宗教干涉國家政權；二、不允許 18 歲以下的少年入教、出家[18]；三、堅持獨立自主、自辦教會的原則；四、注意爭取、團結宗教界人士；五、不允許宗教壓迫剝削制度的存在；六、不允許利用宗教破壞統一和國內各民族團結。

五、尊重民族語言文字

使用本民族語言文字的權利是少數民族自治權的內涵之一，中共歷部憲法也均承認各民族都有使用和發展自己的語言文字的自由。在實際的民族語言文字保護措施方面有：

1. 以法律形式加以保護：例如，在中共憲法和民族區域自治法皆明確規定：一、各民族自治機關在執行職務時，有權使用當地民族通用的語言文字；二、在自治地方人大選舉中必須使用當地民族的語言文字；三、各民族有使用民族語言進行訴訟的權利；四、法院須用當地通用的語言文字審訊及發布判決書。
2. 民族地區的小學、中學和高中都可以使用民族語言文字教學及使用少數民族文字印刷的教材。
3. 各民族學院和其他高等院校必須開設民族語文科系，培養少數民族語文工作人才。
4. 建立使用民族語言文字的新聞、廣播和翻譯出版事業及研究機

　　構，同時准予出版和翻譯各種少數民族文字的圖書、雜誌和報
　　紙。

5.民族區域內各機關、單位、企業、公共場所、商標、招牌、地
　　名皆使用漢文和當地少數民族文字。

六、協助發展經濟

　　衡量少數民族經濟基本上有兩種衡量標準，一是根據中共對民
族自治地方的經濟統計數據；二是依據經濟地理概念，以少數民族主
要聚居的西部地方作為評估的標準。不論採用何種方式因少數民族雜
居特性，均無法正確瞭解少數民族的經濟統計數據。但是為了能較精
確瞭解少數民族經濟狀況，分別就民族自治地方及少數民族主要分布
地區來說明。

（一）民族自治地方經濟狀況

　　大陸少數民族自治地方地域廣大，資源豐富，耕地面積占全大
陸的 16.04%、草原面積占 75.07%、森林面積占 21.81%、森林蓄積量
占 46.57%、水利資源蘊藏量占 65.93%；又有豐富的礦產，如煤
（37.06%）、鐵（24.39%）、磷（40.65%）、甲鹽（95.87%），潛在市
場廣闊，可惜未能有效開發，導致長期以來「邊（西部邊疆地區）、
少（少數民族區）、貧（欠發達地區）、弱（生態環境脆弱）、富（自
然資源豐富）」成為少數民族地方的標籤；依據中共國務院在 1993 年
制定的「國家八七扶貧攻堅計畫」中確定重點扶助的貧困縣有五百九
十二個，其中民族自治地方就有二百五十七個，幾占一半。

根據中共對民族自治地方經濟狀況所作的統計資料顯示，截至2001年底，民族自治地方國內生產總值占全大陸比重的8.53%，其中第一產業占14.3%，第二產業占6.29%，第三產業占9.32%，除第二產業外，基本上與少數民族人口比重相當。就人均國內生產總值達萬元人民幣的依序為：青海海西蒙古族藏族自治區（18,635）、河北大廠回族自治區（16,806）、新疆巴音郭楞蒙古自治州（13,304）、吉林長白朝鮮族自治縣（10,665），這些萬元自治地方少數民族人口均不及該地方的半數；人均國內生產總值最低的前三名依序為：遼寧的阜新蒙古族自治縣（1,474），青海玉樹藏族自治州（1,518）、甘肅臨夏回族自治州（1,607），這三個民族自治地方除阜新蒙古族自治縣少數民族人口僅占該縣的21.78%外，其餘各地方少數民族人口數均占該地方的半數以上，甚至高達97.48%，這些數據顯示民族因素已影響該地的經濟發展。

（二）少數民族與西部大開發

1999年，中共提出「實施西部大開發戰略」，2000年開始全面部署西部大開發的工作，不過中共在這所提出的「西部」概念並非單指地理位置，同時考量經濟發展狀況、民族分布、以及政治因素，因此將四川、雲南、貴州、西藏、陝西、甘肅、青海、寧夏、新疆、內蒙、廣西、重慶均納入西部大開發的範圍，在這範圍內共包含了五個民族自治區、二十七個自治州、八十三個自治縣，在五十五個少數民族中，就有五十二個少數民族分布在這裡（朝鮮、畬族、黎族除外）。江澤民也明白指出「實施西部大開發是我國下個世紀發展的一項重大戰略任務，也是民族地區發展的重要歷史機遇」。因此，從實質意義

上而言，西部大開發實質上就是民族地區的大開發。

其實早在「一五計畫」和 1960 年代的「三線建設」，中共就曾動員了規模較大的投資集中投入西部地區，初步建立了近代工業的基本框架和生產體系的基礎，不過大多偏重重工業。改革開放後，因中共的經濟政策以發展東部沿海地區為主，少數民族聚居的西部地區反被忽略，形成東西經濟發展的不平衡。

所以中共希望藉西部大開發解決民族問題，主要目標設定在，第一，鞏固和發展民族平等、團結、互助的社會主義民族關係；第二，將地區發展繁榮與少數民族的具體利益相結合。主要發展重點在於：

1.建立民族地區的市場經濟機制。

2.開發和利用民族地區的資源：如西電東送。

3.完備基礎工程：如加強水利、交通、能源、通信等基礎設施。

4.生態環境的保護和建設：如退草還林、防沙治沙、荒山造林、平原綠化、天然林保護。

5.發展觀光產業。

6.建立產業基地。

第三節　少數民族問題

江澤民在中共中央統戰會議曾指出，「國內外的歷史和現實都充分證明，沒有民族問題、宗教問題的正確解決，就沒有國家的團結、

穩定和統一」，可見中共明確承認大陸民族問題的存在，也承認民族問題尚未完全解決，甚至認為民族問題係關係到國家命運的重大問題。

一、國家認同問題

大陸少數民族的國家認問題極其複雜，受到地理分布、民族差異等因素影響，長期以來更糾纏在宗教以及國際因素的雙重巢穴，但中共卻將新疆與西藏的獨立運動簡單認定是少數分裂主義分子與西方反華勢力相互勾結的分裂行為，不願正視是民族政策所產生的問題。探究少數民族分離意識產生的深層原因為：

1. 地理分布因素：大陸少數民族絕大部分是跨邊境而居[19]，同一個民族因為疆界被硬生生地分屬兩個不同的國家[20]，因而在政治訴求上，傾向要求爭取自己的民族獨立建國。

2. 國外勢力的介入因素：從中國近代史觀察，列強為了瓜分中國，總是先從邊疆少數民族地區入手，挑撥或協助其獨立，這種情形在跨境而居的民族上特別明顯。

3. 宗教因素：中共一向認為宗教與共產主義是不相容的，且嚴禁宗教介入政治、教育或影響社會秩序，不過對於有特殊信仰的少數民族，例如，信奉藏傳佛教的藏族和信奉伊斯蘭教的回族，卻被反宗教信仰的中共所統治，宗教因素就常常在分裂運動、獨立運動中扮演激進化、情緒化的角色，而使得獨立運動的性質更趨於複雜。

4.民族矛盾因素：中共建政後，為方便治理少數民族地區，曾進行大規模的漢族遷移，不但徹底改變了少數民族地區的人口結構，也因經濟利益，漢族與少數民族之間的衝突迭起，最後演變成民族矛盾，而產生分離傾向。

二、經濟發展問題

大陸不論官方或學者皆眾口一致地表示，當代中國的民族問題實實上就是經濟發展問題。少數民族也一直出現「保護本地方資源」、「維護本民族本地方的經濟利益」的聲音，實質上就是反對漢人的經濟剝削。這種現象在中共實施西部大開發後更為明顯，如：

1.中共在部署西部大開發時，往往從中央的角度出發，忽略少數民族主體的感受，少數民族開始質疑以資源開發為導向型的西部大開發戰略是在剝奪西部的資源。
2.少數民族長久以來已與該地生態環境達成協和的關係，若強制進行「退草還林」，則牧民定居後能做什麼？因此質疑在西部大開發的過程中，少數民族能否受益而且是否有參與的機會。

結論

中共少數民族政策仍糾結在國家認同、現代化與全球化之間，不過更偏重國家認同、民族團結問題。所謂現代化與全球化只是面向國家認同的工具或手段，因此使民族矛盾更加凸顯。尤其新疆維吾爾

問題更行惡化，主要關鍵在於中共加入 WTO 後，新疆維吾爾人賴以維生的棉花作物，受到美國棉花的攻勢，幾呈潰敗；其次，受到美國「911 恐怖事件」影響，中共為藉「反恐」合作來穩定與美的關係，將新疆維吾爾的獨立運動與「恐怖組織」掛鉤，美國還將「東土耳其斯坦伊斯蘭運動（ETIM）」列為恐怖組織。此舉讓中共鎮壓維吾爾人，更找到合理的藉口。

另外，西部大開發最核心的工作應該是「保證民族生存與持續繁榮發展」[21]，因此西部大開發在部署方面應該從由以「物」為中心、以追求 GDP 增長為核心的「增長優先戰略」轉變為以「人」為中心的發展策略[22]；在保護自然生態的同時，也應重視保護民族文化生活生態環境。西部大開發是一種長期的複合式工程，中共若能妥善處理好西部大開發與民族問題，則可以藉西部大開發找尋到少數民族在國家認同、現代化與全球化的平衡點。

表 9-1 大陸少數民族一覽表

民族	人口數	分布範圍	語言文字	宗教信仰	民族特色
壯族	16,178,811	廣西、雲南，少數分布在廣東、湖南、貴州、四川	壯語、*壯文（1955）但大都使用漢文	過去多崇拜自然和多神的原始宗教，唐宋後，佛教、道教先後傳入	被譽為「歌的海洋」；壯錦為傳統手工藝品
滿族	10,682,263	分布全國各地，以遼寧省居多	滿語、滿文但大都使用漢文		好歌舞、跳馬、跳駱駝及滑冰。忌食狗肉及使用狗製品
回族	9,816,802	主要聚居寧夏回族自治區；分散各地	漢語、漢文	伊斯蘭教	圍寺而居；風味小吃
苗族	8,940,116	貴州、雲南、四川、廣西、湖南、湖北、廣東	苗語、*拉丁拼音文字（1956）	萬物有靈的原始宗教	能歌擅舞，飛歌、情歌、酒歌負盛名，蘆笙是代表性樂器
維吾爾族	8,399,393	新疆維吾爾自治區	維吾爾語、拼音文字	伊斯蘭教	擅種植棉花、葡萄和園藝生產
土家族	8,028,133	湖南、湖北、四川三省毗連地區	土語、漢文	多神	生活地區自然風光秀麗，愛唱山歌；土家織錦為中國三大名錦之一
彝族	7,762,286	雲南、四川、貴州、廣西	彝語	過去流行多神崇拜，清初盛行道教	轉轉酒；男女外出喜披斗蓬；吃飯座位有特殊排序
蒙古族	5,813,947	內蒙古、新疆、青海、甘肅、黑龍江、吉林、遼寧	蒙語、蒙文	喇嘛教	擅歌舞，畜牧業為主
藏族	5,416,021	西藏、青海、甘肅、四川、雲南	藏語、藏文	喇嘛教	藏戲獨具特色雕刻藝術高超
布儂族	2,971,460	貴州黔南、黔西、貴州、雲南	布儂語、*拉丁字母拼音文字（1956）	少數信仰天主、基督	蠟染；文化藝術多姿多彩，布儂土布負盛名
侗族	2,960,293	貴州、湖南和廣西壯族自治區毗鄰地區	侗語、*侗文（1958）	信仰多神，崇拜自然物	有自己的民間戲曲─侗戲，以建築藝術見長
瑤族	2,637,421	廣西壯族自治區、湖南、雲南、廣東	瑤語、漢文	自然崇拜、圖騰崇拜、道教	從事農業，兼營林副業，精織染、刺繡；耍堂歌
朝鮮族	1,923,842	吉林、黑龍江、遼寧	朝鮮語、朝鮮文		能歌擅舞，男子喜摔跤、踢足球，女子喜壓跳板、盪鞦韆

（續）表 9-1　大陸少數民族一覽表

民族	人口數	分布範圍	語言文字	宗教信仰	民族特色
白族	1,858,063	雲南、貴州、湖南	白語、漢文	佛教	農業生產，「三道茶」待客
哈尼族	1,439,673	雲南	哈尼語、*拼音文字（1957）	多神	父子連名制
哈薩克族	1,250,458	新疆	哈薩克語、哈薩克文	伊斯蘭教	「馬上」的民族
黎族	1,247,814	海南省	黎語、*黎文（1957）	基督教	婦女精於紡織
傣族	1,158,989	雲南	傣語、拼音文字	小乘佛教	豐富多彩的音樂舞蹈
畬族	709,592	福建、浙江	畬語、漢字	崇拜祖先	與漢族人交錯相處，茶葉享有盛名
傈僳族	634,912	雲南、四川	傈僳語、*音節文字（1957）	原始宗教	民間文學豐富多彩，雙關語隱喻巧妙；喜唱對歌
仡佬族	579,357	貴州西北、西南和北部	仡佬語、漢文	多神、崇拜祖先	生活習慣與漢人相似
東鄉族	513,805	甘肅寧夏回族自治州	東鄉語	伊斯蘭教	生活習慣、宗教與回族相同；語言與蒙古族相似；農產以馬鈴薯、桃杏聞名
拉祜族	453,705	雲南瀾滄縣、孟連縣	拉祜語、*拉祜文（1957）	大乘佛教	獵虎的民族
水族	406,902	貴州、廣西	水語、水書	原始宗教	自稱「海水」
佤族	396,610	雲南西盟、滄源、孟連三縣	佤語、*佤文（1957）	自然宗教	山居人
納西族	308,839	雲南納西族自治縣	納西語、東巴文（象形文字）、哥巴文（音節文字）、*納西拼音文字	東巴教	農業生產為主，禁忌多
羌族	306,072	四川	羌語、漢字	原始宗教	水利水電發展突出
土族	241,198	青海東部	土族語、*土族文字		精於養羊
么佬族	207,352	廣西壯族自治區	么佬語	道教	居住地盛產煤礦
錫伯族	188,824	遼寧、新疆	錫伯語、錫伯文		狩獵、捕魚
阿爾克孜	160,823	新疆	阿爾克孜語	伊斯蘭教	畜牧業為主
達幹爾族	132,394	內蒙、黑龍江	達幹爾語、漢文	薩滿教	擅打曲棍球
景頗族	132,143	雲南	景頗語、景頗文	多神教	婦女擅編織

（續）表 9-1　大陸少數民族一覽表

民族	人口數	分布範圍	語言文字	宗教信仰	民族特色
撒拉族	104,503	青海、甘肅	撒拉語、漢文	伊斯蘭教	農業生產間畜牧、園藝
布朗族	918,821	雲南	布朗語	小乘佛教	母子連名制、擅植普洱茶
毛南族	107,166	廣西	毛南語、漢字	道教	擅飼養菜牛、擅竹編、石雕、木雕
塔吉克族	41,028	新疆	塔吉克語、維吾爾文	伊斯蘭教	畜牧兼農業
阿昌族	33,936	雲南	阿昌語	小乘佛教	有豐富的口頭文學，鐵器負盛名
普米族	33,600	雲南	普米語、漢文	原始宗教	農業生產
怒族	28,759	雲南	怒語、漢文	原始宗教	近年該區發現世界罕見的多金屬成礦帶
鄂溫克族	26,315	內蒙古、黑龍江	鄂溫克語	薩滿教	定居放牧
京族	22,517	廣西	京語、漢文	信奉與海洋有關的神	具豐富海洋知識和捕魚經驗
基諾族	20,899	雲南	基諾語	信仰萬物有靈、崇拜祖先	尊奉諸葛亮
德昂族	17,935	雲南	德昂語	小乘佛教、原始宗教	擅種茶、飲茶
保安族	16,505	甘肅	保安語、漢文	伊斯蘭教	從事農業，講究飲茶，保安腰刀為藏民所喜愛，大河家市集盛況空前
俄羅斯族	15,609	新疆、黑龍江	俄羅斯語、俄文	東正教	在生產技術及經濟文化生活方面有較高水準
裕固族	13,719	甘肅	裕固語、漢字	喇嘛教	定居放牧
烏孜別克	12,370	新疆	烏孜別克語	伊斯蘭教	大都居住城市
門巴族	8,923	西藏	門巴語	喇嘛教	好客，集體狩獵制
鄂倫春族	8,196	內蒙古、黑龍江	鄂倫春語、漢文	薩滿教	野生動物的保護者、擅用樺樹皮製作手工藝品
獨龍族	7,426	雲南	獨龍語	崇拜自然物、信鬼	環境封閉，處於原始公社解階段
塔塔爾族	4,890	新疆	塔塔爾語	伊斯蘭教	日`食三餐，中午為正餐，早晚為茶點，婦女擅烹調
赫哲族	4,640	黑龍江	赫哲語		漁業生產
珞巴族	2,965	西藏	珞巴語	原始宗教	好獵手，擅射劍；以口頭傳說延續文化傳統

註：＊表中共建政後始發展出來的文字。

資料來源：2002 年中國民族工作年鑑、中共中央統一戰線工作部網站（www.zytzb.org.cn）、新華網（www.news.xinhuanet.com）。

【問題與討論】

一、就你所知,談談當前中國大陸有那些少數民族?並簡單敘述其背景與特徵。

二、請簡單敘述中共的少數民族政策,同時思考民族區域自治、「一國兩制」及聯邦制三者有何異同?

三、中共如何對待藏族與維吾爾族的獨立問題?

四、你認為國家統一與少數民族政策能否取得平衡?還是應該尊重少數民族自主的意願?

五、「西部大開發」對大陸少數民族有何影響?

注釋

[1] 中共於建政初期，為了實施民族政策，進行民族識別工作。在具體
處理方法上，對於單一的少數民族單位，採取隨時確認、隨時公布
的方式；對於分而未化及融合而成者，在釐清所屬關係後，經徵求
群眾意見，報請中共國務院批准；對於爭議較大者，則暫不作結論。
中共通過民族識別工作，經國務院批准的族群，共有五十五個少數
民族。最後一個經識別認定的是基諾族，因具獨特的語言文字特徵，
於 1979 年經國務院確認。徐杰舜，《民族理論與政策教程》（廣西：
教育出版社，1988 年），頁 311～313。

[2] 石之瑜，〈少數民族作為研究方法〉，《中國大陸研究教學通訊》，第
56 期（民國 92 年），頁 1～5。

[3] 中共自建政以來共進行五次人口普查，分別在 1953、1964、1982、
1990、2000 年，少數民族各次人口普查數各為 34,013,782 人、
39,883,909 人、66,434,341 人、90,567,245 人、104,490,735 人。

[4] 該人數尚包括其他未識別民族 734,438 人及外國人加入中國籍 941
人。

[5] 金陽蓀、蘇俐、梅長華，〈1982～1990 年中國少數民族非出生增長
人口的定量分析〉，《人口研究》，第 18 卷第 1 期（1994 年 1 月），
頁 43。

[6] 俄羅斯族遷居到中國大陸的時間不長，一般在俄羅斯都有親戚，因
此有部分人返回俄羅斯與親人團聚。

[7] 方山，〈大陸少數民族的人口結構〉，《中國大陸研究》，第 37 卷第 7
期（民國 83 年 7 月），頁 54。

[8] 以上數字引自中國民族工作年鑑編輯委員會，《中國民族工作年鑑－
－2002 年》（北京：2002 年），頁 702。

[9] 國立政治大學，《中國大陸少數民族政策之研究》，（台北：內政部委
託專案研究，民國 83 年），頁 10。

[10] 中共中央、國務院批轉，〈關於民族工作幾個重要問題的報告〉，《中

華人民共和國法律法規全書》，卷 10（1987 年），頁 1028。

[11] 中共中央統一戰線工作部網站（www.zytzb.org.cn），〈中國共產黨在民族問題上的基本觀點和基本政策〉、〈我國憲法和法律對維護祖國統一和民族團結的規定〉。

[12] 國家民族事務委員、中共中央文獻研究室，《新時期民族工作文獻選編》（北京：中央文獻出版社，1990 年），頁 235～250。

[13] 中共中央統一戰線工作部網站（www.zytzb.org.cn），〈民族區域自治法對自治機關的自治權利的規定〉。

[14] 李信成，《中共少數民族政策與國家整合》（台北：政治大學東亞研究所博士論文，民國 90 年），頁 196。

[15] 林恩顯，〈大陸少數民族幹部培育政策〉，《兩岸文教交流簡訊》，第 12 期（民國 87 年 7 月），頁 4。

[16] 大陸現有中央民族大學及大連、中南、湖北、廣西、西南、貴州、雲南、西藏、西北、青海、西北第二等十一所民族學院，截至 2001 年底共有畢業學生 9,146 人，在校生 71,096 人。《中國民族年鑑 2002 年》，頁 722。

[17] 李信成，前引書，頁 194。

[18] 對於寺院不得招收十八歲以下的青少年出家，中共並未嚴格取締，藏區、傣區寺院仍出現人數眾多的小和尚。

[19] 大陸共有維吾爾、烏孜別克、塔吉爾、塔塔爾、柯爾克孜、哈薩克、蒙古、佤、京、景頗、傣、苗、哈尼、傈僳、獨龍等二十個民族跨邊境而居。周星，《民族政治學》（北京：中國社會科學出版社，1993 年）。

[20] 這種因疆界而被分屬不同國家，一般又有三種情況，第一種情況是不在中國境內的該民族已經獨立為一個國家；第二種情況是不在中國境內的該民族沒有獨立成為一個國家；第三種情況是不在中國境內的該民族雖已組成一個獨立國家，但卻處於分裂的情形。

[21] 胡鞍鋼、王毅，《生存與發展》（北京：科學出版社，1989）。

[22] 胡鞍鋼主編，《西部開發新戰略》（北京：中國計畫出版社，2001 年），頁 296。

第四篇
經濟篇

　　改革與發展是當代中國經濟的兩大主題。改革是指中國從計畫／經濟體制向市場經濟體制的轉軌，目標在建立社會主義市場經濟體制；發展是指中國從經濟不發達走向經濟現代化，目標在實現社會主義現代化。從 1978 年以來，中國經濟改革與發展分別沿著市場化與現代化的取向往目標推進。在此過程中，改革被視為是動力，發展則被當成是目標；改革為發展提供動力，發展為改革提供保障，兩者共同構成了當代中國經濟的兩大主題。正由於改革與發展這兩個主題結合在一起，中國經濟所遇到的問題尤其錯綜複雜，這裡既有改革的問題，又有發展的問題，更存在兩者共同的問題。因此，要認識當代中國經濟的現況與未來走向，唯有緊緊抓住改革與發展兩大主題，以及市場化與現代化兩大取向才有可能。本篇分成兩章，第十章為「經濟改革」，沿著改革的主題與市場化的取向，說明中國經濟改革的目標、過程、現況與前景；第十一章為「經濟發展」，沿著發展的主題與現代化的取向，說明中國經濟發展的目標、過程、現況與前景。希望透過這兩章的說明，能夠對當代中國經濟有一簡明清晰的認識。

第十章 經濟改革

曾喜炤

第一節　前言

　　改革是當代中國經濟的第一個主題和任務，也是吾人認識中國經濟的第一道門。所謂改革，是指中國從 1978 年年底開始的經濟體制改革，也就是從傳統的計畫經濟體制（1949～1978 年）向市場經濟體制（1978 年至今）的轉軌過程。所謂經濟體制或制度，就是指一套解決經濟問題的規則，用以規範各個經濟個體之間經濟行為的互動關係，其分類決定於兩層標準：財產權與經濟決策權的歸屬。[1] 因此，所謂經濟體制改革或轉型，即指一個國家用以解決經濟問題，以及規範各經濟個體間行為的規則轉換。

　　過去二十五年的經濟改革，是當代中國經濟崛起的關鍵。因此，要正確認識當代中國經濟，或是對中國經濟現況與未來走向有所掌握，就必須緊緊抓住中國經濟改革的動向。本章分成以下四個主題：第一，改革目標：說明改革前的中央計畫經濟體制與改革後的社會主義市場經濟體制。第二，改革過程：說明中國經濟改革從 1978 年來歷經的三個主要階段。第三，改革現況：說明中國最近五年的經濟改革進展與中國經濟市場化程度現況。第四，改革前景：說明中國未來經濟改革的挑戰與經濟改革走向。

第二節　改革目標

一、中央計畫經濟體制

　　中國爲什麼要在 1978 年開始進行經濟改革？原因在於傳統的中央計畫經濟體制嚴重制約著經濟發展，使中國的經濟發展在 1970 年代遠遠落後於世界其他國家，尤其是這段期間亞洲四小龍的經濟已經起飛，對中國造成很大的壓力。中國認爲，唯有透過經濟體制的改革，鬆綁制約經濟發展的體制架構，才有可能使經濟起飛。中國傳統的經濟體制是高度集中的中央計畫經濟體制，其主要特徵包括：一、以單一的生產資料公有制爲基礎；二、完全運用行政手段配置資源；三、國家通過指令性計畫，直接指揮和管理整個國民經濟和企業的活動；四、實行「計畫統包統攬，物資統配統價，職工統進統出，工資統級統調，財政統收統支」的大一統政策。[2]

　　中國的計畫經濟體制是如何形成的？中國經濟學家林毅夫[3]認爲，中國在 1949 年建國以後，爲了迅速實現富國強民的目標，採取了重工業優先發展的趕超戰略，但是中國當時的資源稟賦是資本相對稀缺的農業經濟，爲了實行這種趕超戰略，必須由國家透過指令來統一配置資源，因此相繼形成了以扭曲各種生產要素和商品價格爲目的的宏觀政策環境、高度集中的資源計畫配置制度和沒有經營自主權的微觀經營機制爲特徵的三位一體的計畫經濟體制。

　　中國原有的計畫經濟體制在資源迅速集中與奠定工業化初步基礎上發揮一定的作用，但其長期忽視價值規律的作用與物質利益的原則，造成供需脫節、效率低下與結構失衡等弊病，充分暴露了計畫經濟體制的弊端。同時，人民的生活水準也嚴重落後，消費物資的供應相當缺乏。爲了挽救計畫經濟體制所造成的經濟嚴重落後等弊端，中國在 1978 年決定實行經濟改革開放的政策，號召其全國全黨以經濟

建設爲中心任務，並在 1992 年正式將建立社會主義市場經濟體制確
定爲經濟改革的目標。2002 年中國共產黨的十六大進一步宣布，中
國的社會主義市場經濟體制已初步建立，預計到 2010 年將建立起比
較完善的社會主義市場經濟體制，到 2020 年建立起比較成熟的社會
主義市場經濟體制。

二、社會主義市場經濟體制

中國經濟改革的總目標已確定爲建立社會主義市場經濟體制。
所謂社會主義市場經濟體制，是指中國實行的市場經濟體制是社會主
義條件下的市場經濟體制，或者說是與社會主義基本制度結合在一起
的市場經濟體制。[4]因此，社會主義市場經濟體制具有以下三個特徵：

首先，就市場經濟的一般特徵而言，社會主義市場經濟首先是
市場經濟，而不是傳統的計畫經濟。社會主義市場經濟具有市場經濟
的一般特徵，在運行規則上同資本主義條件下的市場經濟或與資本主
義制度結合在一起的市場經濟是相通和相似的。這首先表現爲，它們
都是社會化大生產條件下充分發達的商品經濟，價值規律要充分發揮
作用，市場是配置資源的主要方式；個人和企業等市場主體具有獨立
自主性，企業作爲商品生產者和經營者，要自主經營、自負盈虧；具
有完善的市場體系，不僅各種商品和勞務要進入市場，其他生產要素
如資本、勞動、技術、資訊、土地，甚至某種預期都會作爲交易的對
象進入市場；爲了彌補市場缺陷，政府要對經濟進行必要的干預；在
對外經濟交往中要遵守國際通行的規則和慣例。此外，市場經濟還具

有效益、競爭、開放與法制經濟的特性。

其次，就社會主義市場經濟的基本特徵而言，社會主義的基本制度在經濟上就是堅持以公有制為主體；在政治上則是堅持以共產黨為領導。因此，社會主義市場經濟就必然是建立在以生產資料公有制為主體，多種所有制經濟共同發展的所有制結構基礎上的。這一點又決定在分配制度上，它必須體現效率優先、兼顧公平的原則，實行以按勞分配為主體，多種分配形式並存。概括來說，社會主義市場經濟就是建立在以生產資料公有制為主體，多種所有制經濟共同發展的所有制結構基礎上的，在國家的宏觀調控之下使市場在資源配置中發揮基礎性作用的經濟。

最後，就社會主義市場經濟體制的基本框架而言，實行社會主義市場經濟，必須建立與之相適應的社會主義市場經濟體制。根據中國從 1978 年以來經濟改革的實踐經驗，社會主義市場經濟體制的基本框架可概括為：一、現代企業制度：在以公有制為主體、多種所有制經濟共同發展的基礎上，建立適應市場經濟要求，產權清晰、權責明確、政企分開、管理科學的現代企業制度；二、市場體系：實現城鄉市場緊密結合，國內市場與國際市場相互銜接，促進資源優化配置的全國統一開放的市場體系；三、宏觀調控體系：實現政府管理經濟職能轉變，並保證國民經濟健康運行的以間接手段為主的宏觀調控體系；四、社會保障體系：以按勞分配為主體，效率優先、兼顧公平的收入分配制度和能夠為城鄉居民提供同中國國情相適應的社會保障，促進經濟發展與社會穩定的多層次的社會保障體系。

第三節　改革過程

自 1978 年 12 月始以迄於今（2003 年），中國經濟改革的過程可分成以下三個階段：[5]

一、第一階段（1978 年 12 月至 1984 年 10 月）

從 1978 年 12 月中國共產黨十一屆三中全會提出要改革經濟體制，到 1984 年 10 月中國共產黨十二屆三中全會通過「中共中央關於經濟體制改革的決定」，是中國經濟改革的第一個階段。這一階段的改革重點在農村，改革的主要內容是完成由農村人民公社體制向家庭聯產承包責任制的過渡。在農村改革不斷深入的同時，城市改革也以擴大企業經營自主權（財權）為主要內容開始起步。為了使企業有一定的自有資金，並逐步規範政府與企業的關係，中國對企業先後實行了利潤留成、盈虧包乾和第一步利改稅等辦法。

所謂利潤留成，就是把企業實現的利潤按一定比例在國家與企業之間進行分配，打破了計畫經濟體制下企業實現利潤全部上繳國家的統收統支的分配制度。所謂盈虧包乾，就是根據企業的盈利或虧損情況實行利潤或虧損包乾。盈利企業實行利潤包乾，如果企業無法完成包乾任務，必須用自有資金補足。虧損企業實行虧損包乾，包乾基數以內的虧損額由國家財政補貼。所謂第一步利改稅，就是凡有盈利的國有大中型企業（包括金融保險組織），均根據實現的利潤，按 55% 的稅率繳納所得稅。企業繳納所得稅後的利潤，一部分上繳國家，一部分按核定的留利水平留給企業。

二、第二階段（1984 年 10 月至 1992 年 10 月）

　　從 1984 年 10 月中共十二屆三中全會通過「中共中央關於經濟體制改革的決定」到 1992 年 10 月中共十四大正式提出建立社會主義市場經濟體制，是中國經濟改革的第二個階段。這一階段改革的重點由農村轉向城市，改革的主要內容包括：轉換國有企業經營機制，增強企業特別是國有大中型企業的活力，使其逐步成為自主經營、自負盈虧的商品生產者和經營者；大幅度減少指令性計畫和直接定價的商品數量，以促進市場體系的形成和完善，並逐步改變國家對企業的管理方式，即由直接管理為主轉向間接管理為主。在國家與企業的分配關係上，先後實行第二步利改稅和承包經營制度。

　　所謂第二步利改稅，就是國家設置不同稅種，不同的企業向國家繳納其中的幾種稅，稅後利潤原則上全部留給企業使用，後來又從稅後利潤中增加能源交通基金和教育附加費等。所謂承包經營，就是企業所有者和經營者以契約形式，對企業經營成果進行核定、包乾和分配的經營。如果只從分配形式看，承包經營與前一階段實行的盈虧包乾並無本質區別，但承包經營企業除了承包稅利上繳的任務外，還要承包其他一些經濟技術指標。承包的指標越多，對企業的限制就會越死。從這個角度看，承包經營制只能是一種過渡形式。

三、第三階段（1992 年 10 月以來）

　　以 1992 年 10 月中國共產黨十四大為標誌，中國的經濟改革進

入了以建立和完善社會主義市場經濟體制的階段。1993 年 11 月中國共產黨十四屆三中全會通過「中共中央關於建立社會主義市場經濟體制若干問題的決定」，明確指出建立社會主義市場經濟體制的基本方向。主要內容包括：一、轉換國有企業經營機制、建立現代企業制度；二、培育和發展市場體系；三、轉變政府職能、建立健全宏觀經濟調控體系；四、建立合理的個人收入分配和社會保障制度；五、深化農村經濟體制改革；六、深化對外經濟體制改革、進一步擴大開放；七、加強法律制度建設等。

爲加快建立社會主義市場經濟體制的步伐，1994 年 1 月以來，中國在宏觀經濟體制改革方面推出一系列重大措施，如統一稅率，實行中央與地方分稅制；中央銀行、政策性銀行和商業銀行職能分開；進一步放開主要工業品的價格；實行匯率併軌等。在企業改革方面，則圍繞著建立現代企業制度，採取抓大放小，資本優化組合，企業改革、改組、改造與加強管理相結合等措施。1997 年 10 月中國共產黨十五大又進一步提出推進企業技術進步，鼓勵兼併，規範破產、下崗分流、簡員增效和實施再就業工程等措施，國有小企業則提出要採取改組、聯合、兼併、租賃、承包經營和股分合作制、出售等形式。

第四節　改革現況

一、最近五年的改革進展

從 1998 年至 2002 年的五年期間，在朱鎔基的鐵腕作風下，中

國經濟改革取得重要進展。主要包括以下五個方面：[6]

（一）市場體系建設

市場價格機制已基本覆蓋商品市場領域，2002 年進一步規範政府定價行為，採取價格聽證制度。在要素市場領域，中國近年大力推進資本市場對外開放，鼓勵外資進入證券市場與產權交易市場，勞動力市場、房地產市場、技術市場、資訊市場等逐步完善，市場化程度明顯提高。

（二）宏觀調控體系

目前已形成以間接調控為主的宏觀調控體系，計畫手段、財政政策、金融政策三者之間相互配合、相互協調。尤其自 1998 年以來，中國採取了較具市場意義的積極財政政策，配合穩健的貨幣政策，成為最近幾年中國宏觀經濟調控的政策主軸，公開市場操作已成為貨幣政策日常操作的主要工具。

（三）國有企業改革

過去五年當中，許多國有企業進行了公司制改造，實現了投資主體的多元化，五百二十戶國有重點企業改制面達到 84%，國有小型企業改制面達到 86%。對關係國計民生的國有大中型虧損企業實施「債轉股」，以及利用國債資金貼息支持國有企業技術改造等措施。

（四）金融體制改革

目前已初步建立起以各類商業銀行、證券公司、保險公司為主體的金融組織體系，初步形成貨幣、證券、保險、黃金等金融市場體系。在利率市場化方面，目前外幣存貸款利率已按國際市場及時調整，對中小企業和農業的人民幣貸款實施浮動利率。

（五）對外經濟改革

過去五年，中國利用外資領域向服務業大力推進，銀行、保險、電信、貿易、旅遊等服務業領域開放，對外資的管理以規範、引導與監督爲主。按照多元化貿易主體的改革方向，對各類企業進出口貿易逐步放開經營，生產企業自營出口和民營企業出口已成爲中國外貿出口的重要力量。

二、市場化程度的現況

以上是對中國經濟市場化改革現狀的定性描述，如何從定量分析的角度來觀察中國的經濟市場化發展程度，必須從眾多的可測度指標著手。中國的北京師範大學經濟與資源管理研究所，編製了「中國市場經濟程度測度指標歸類表」，確定三十三個變量指標、十一個子因素與五大因素，作爲測度中國經濟市場化程度的指標。[7]（詳見表10-1）參照美國傳統基金會的評分方法（指標分值採五等分制，分值越低市場化程度越高，其中，1分爲最高，5分爲最低），得出了2001年中國經濟市場化各變量指標、因素與總體的測度結果。（詳見表10-2）

從表10-2可以看到三十三個變量指標及分值表。在三十三個變量指標分值的基礎上，可以得到十一個子因素的分值，排分值從低到高，亦即自由度和市場化程度由高到低的排序爲：「貿易產品定價自由度」1.33分；「資本與土地」1.67分；「企業營運」2.00分；「非國有經濟的貢獻」2.40分；「政府的財政負擔」2.50分；「法律對公平貿

易的保護」2.50 分;「勞動與工資」2.67 分;「政府對經濟的干預」3.00 分;「銀行與貨幣」3.00 分;「利率與匯率」3.00 分;「對外貿易自由度」3.50 分。

在十一個子因素分值基礎上,又可以得出五大因素的分值,從低到高即自由度和市場化程度由高到低的排序為:「生產要素市場化」2.17 分;「經濟主體自由化」2.20 分;「貿易環境公平化」2.44 分;「政府管理規範化」2.75 分;「金融參數合理化」3.00 分。在五大因素分值基礎上,透過算數平均數計算,得到中國市場經濟程度的總評分為2.51 分,如果折算成百分比,近似於 69%,反映出中國市場經濟程度超過市場經濟臨界水準(60%),但是與歐美發達市場經濟國家相比,還有一段差距存在。

根據以上中國北京師範大學經濟與資源管理研究所的估算,中國經濟市場化程度到 2001 年底已達到 69%,假設存在 100% 的市場經濟標準,並且以 60% 為市場經濟臨界水準、80% 到 100% 為成熟的市場經濟,則可以判斷中國是一個初級的、發展中的市場經濟。事實上,吾人可以看出中國做出上述判斷是有目的的,因為中國在參與國際貿易中,在外國對中國反傾銷中被視為「非市場經濟國家」(non-market economy country,簡稱 NMC),因而使中國受到不公平的待遇。儘管如此,吾人還是可以應用這個研究,觀察中國經濟市場化改革的現狀。

第五節　改革前景

一、未來經濟改革的挑戰

如果說 1980 年代的經濟改革是「體制外改革」，1990 年代的改革是「體制內改革」，則進入二十一世紀的經濟改革才真正要進入「深層次改革」。「深層次改革」之所以難以突破，一方面是因為深層次改革如果無法突破，則中國經濟進一步的發展將受到嚴重制約；一方面是因為要突破深層次改革，勢必對中國的社會主義公有制造成極大的挑戰，就像在政治上對中國共產黨一黨專政的挑戰一樣。

因此，中國經濟改革的未來挑戰即在於，如何在不違背社會主義公有制的前提下取得深層次改革的突破。這些深層次的改革主要有以下三項：[8]

（一）產權制度改革滯後

國有經濟分布過寬、整體素質不高、資源配置不盡合理的問題仍未根本解決。一般競爭性行業仍然有大量國有經濟配置期間，至於鐵路、民航、電力、電訊等行政壟斷性行業，更是國有經濟一統天下，非國有資本基本上未能進入。國有企業的「政企不分」以及更深層次的「政資不分」問題依然存在，雖然按照現代企業制度的要求，不少國有企業實行了公司制改革，但一定程度上存在形式重於內容的問題。集體經濟特別是鄉鎮集體企業存在產權模糊問題，不適應市場經濟發展的需要。城鄉私有產權和勞動者所有的勞動權，未能得到充分的重視和保護。

（二）要素市場化程度過低

這是中國經濟市場化的薄弱環節。在要素市場中，資本市場化程度明顯偏低。從存量資本來看，深滬股市流通市值只占總市值的33.23%（2001年底），大部分處於非流通狀態。從增量資本來看，在全社會固定資產投資中比重過半的國有經濟投資，大量還是行政審批式的計畫配置。反映資本要素價格的利率尚未真正市場化，儘管貨幣市場的同業拆借、票據買賣和公開市場業務開始按市場化操作，但金融信貸仍然是實行管制利率。在土地要素方面，除少數國有土地使用權實行招投標外，絕大部分還未按市場化運作。在勞動力要素方面，由於受戶籍制度的制約，還未形成城鄉一體化的勞動力市場。資金、土地（使用權）、勞動力、技術、人才等要素市場的雙軌制，影響要素資源的合理流動和優化配置，並由此帶來生產要素領域的尋租問題。

（三）改革主體的利益關係尚待調整

由於中國經濟改革走的是一條「先沿海後內地」、「先非國有後國有」、「先商品市場後要素市場」、「先改淺層外圍部位後改深層核心部位」的漸進式道路，加上中國在不同範圍實行過優惠政策或特殊措施，因而在這一過程中的不同地區、不同行業、不同群體獲益狀況是不同的。當改革深化到一個新階段時，前一階段改革形成的利益格局就必須進行新的調整。因此，深層次改革不僅要排除來自傳統計畫經濟體制慣性的阻力，還要觸動市場化改革初期所形成的某些既得利益。

二、未來經濟改革的走向

雖然中國已初步建立了市場經濟體制，但是中國經濟仍存在許多矛盾和問題，包括產業結構不合理，地區經濟發展不平衡，科技比較落後，企業整體素質和競爭力不高，體制性障礙仍阻礙經濟發展，以及貪污腐敗嚴重等。這些問題必須依賴深化體制改革，建立市場化經濟體制才能徹底加以解決，畢竟唯有建立市場經濟體制，在市場機制運作下，才能解脫國有經濟的包袱，透過創新和技術改造，提升經濟效益。同時也唯有透過市場機制，才能優化產業結構，面對全球經濟一體化下激烈的國際競爭壓力，提供中國經濟發展的契機與原動力。[9]

面對未來經濟的挑戰，中國國務院新任總理溫家寶將今後的經濟工作概括為「一個目標、兩個環節、三個問題、四項改革」四句話。此即：一、實現一個目標：保持經濟持續較快增長；二、抓住兩個關鍵環節：經濟結構的戰略性調整、繼續擴大對外開放；三、解決好三個重大的經濟問題：就業和社會保障、財政的增收節支、繼續整頓和規範市場經濟秩序；四、推進四項改革：農村改革、企業改革、金融改革、政府機構改革。[10]

其中與今後經濟改革有關的政策包括：一、農村改革：農村改革包括農村稅費改革，糧食購銷體制改革，對農民補貼方式的改革，農村金融體制改革和農村醫療制度改革；二、企業改革：繼續把國有企業改革作為整個經濟體制改革的中心環節，致力於實現建立現代企業制度的目標，同時，推進國有資產管理體制改革；三、金融改革：

一方面要建立和完善金融監管體制，另一方面要加快國有金融企業的改革，建立起真正的現代金融企業制度；四、市場秩序：繼續整頓和規範市場經濟秩序。

　　從胡錦濤和溫家寶上台以來的表現來看，維持經濟穩定的考量占了較大的比重，這可以從他們積極走向農村巡視，以及「農村費改稅」問題不斷被提出等方面看出來。一旦胡錦濤與溫家寶的政策走向轉以經濟穩定爲主，則類似朱鎔基大刀闊斧式的經濟改革可能難以出現。不過，從今年（2003 年）5 月底胡錦濤與溫家寶在 SARS 疫情緩和後，一連串大動作的整頓市場秩序，這點似乎又超乎一般人對於胡錦濤與溫家寶溫和作風的預期，顯示胡錦濤與溫家寶對於經濟改革具有某種程度的自主性。

結論

　　中國經濟改革的目標是建立社會主義市場經濟體制，目前只能說初步建立了社會主義市場經濟體制，距離比較完善的和比較成熟的市場經濟體制，還有一大段差距。雖然中國經濟改革至今取得了一定的成果，經濟市場化程度也初步達到市場經濟的門檻，但中國經濟改革目前已進入深層次的核心部分，這部分的改革將比過去二十五年遭遇更多的困難，尤其是當前中國經濟仍存在許多的問題與矛盾，其中大部分都與市場經濟體制的不健全有關。因此，未來中國經濟必須持續深化體制改革，才可能移除經濟成長與發展的體制性障礙，也唯有如此才可能繼續保持過去二十五年的經濟成長速度。

表 10-1 中國市場經濟程度測度指標歸類

序號	指標名稱	序號	指標名稱
	一、政府行為規範化		6. 資本與土地
	1. 政府的財政負擔	17	資本形成總額中外資、自籌和其他資金所占比重
1	政府消費占 GDP 的比重	18	外方註冊資金占外商投資企業總註冊資金的比重
2	企業所得稅（含費）平均稅率	19	城鎮土地使用權的拍賣面積占土地使用權出讓面積的比例
	2. 政府對經濟的干預		四、貿易環境公平化
3	政府投資占 GDP 的比重		7. 貿易產品定價自由度
4	政府轉移支付和政府補貼占 GDP 的比重	20	社會消費品零售總額中市場定價的比重
5	政府人員占城鎮從業人員的比重	21	農副產品收購總額中市場定價的比重
	二、經濟主體自由化	22	生產資料銷售總額中市場定價的比重
	3. 非國有經濟的貢獻		8. 對外貿易自由度
6	非國有經濟固定資產投資占全社會固定資產投資比重	23	平均關稅稅率
7	城鎮非國有單位從業人員占城鎮從業人員比重	24	從國際貿易中獲得的稅額占進出口額的比重
8	非國有經濟創造的增加值占 GDP 的比重		9. 法律對公平貿易的保護
9	非國有經濟稅收占全社會稅收的比重	25	違反不正當競爭法規的案件立案查處率
10	非國有經濟進出口總額占全部進出口總額比重	26	知識產權案件中立案查處率
	4. 企業營運		五、金融參數合理化
11	財政對國有企業的虧損補貼占 GDP 比重		10. 銀行與貨幣
12	經營者由市場選聘的企業比例	27	非國有銀行資產占全部銀行資產的比重
13	擁有決策自主權的企業比例	28	非國有金融機構存款占全部金融機構存款的比重
	三、生產要素市場化	29	三資、鄉鎮、個體、私營企業短期貸款占金融機構全部短期貸款的比重
	5. 勞動與工資	30	最近五年通貨膨脹率的平均值
14	分地區常住人口與戶籍人口數之差占戶籍人口比重		11. 利率和匯率
15	行業間職工人數變動率	31	各種金融機構一年期貸款利率全距係數
16	工資由雇主和雇員自願談判的企業比例	32	資本項下非管制的項目占項目總數的比例
		33	人民幣兌美元匯率與新加坡本金無交割遠期匯率月平均差偏離度

資料來源：北京師範大學經濟與資源管理所，〈中國市場經濟發展報告 2003（簡
　　　　　本）〉，人民網，2003 年 4 月 14 日。

表 10-2 中國市場經濟程度測度指標及分值

項目	指標名稱	1992 年	2000 年	2001 年	2001 年得分
1	政府消費占 GDP 的比重	13.11	13.09	13.58	2
2	企業所得稅（含費）平均稅率	37.35	29.36	30.92	3
3	政府投資占 GDP 的比重	2.24	3.54	3.90	3
4	政府轉移支付和政府補貼占 GDP 的比重	5.12	6.70	7.36	3
5	政府人員占城鎮從業人員的比重	17.86	14.39	13.90	3
6	非國有經濟固定資產投資占全社會固定資產投資比重	31.95	49.86	52.69	3
7	城鎮非國有單位從業人員占城鎮從業人員比重	39.03	65.00	68.09	2
8	非國有經濟創造的增加值占 GDP 的比重	53.57	60.62	63.37	2
9	非國有經濟稅收占全社會稅收的比重	33.00	57.72	64.42	2
10	非國有經濟進出口總額占全部進出口總額比重	27.45	54.59	55.04	3
11	財政對國有企業的虧損補貼占 GDP 比重	1.67	0.31	0.31	2
12	經營者由市場選聘的企業比例	7.9	79.98*	89.22	2
13	擁有決策自主權的企業比例	54.9	90.46*	93.14	2
14	分地區常住人口與戶籍人口數之差占戶籍人口比重	1.39	2.35	2.57	3
15	行業間職工人數變動率	2.14	5.20	4.96	3
16	工資由雇主和雇員自願談判的企業比例	70.20		81.35	2
17	資本形成總額中外資、自籌和其他資金所占比重	57.27	74.69	75.28	1
18	外方註冊資金占外商投資企業總註冊資金的比重	59.75	69.68	71.11	1
19	城鎮土地使用權的拍賣面積占土地使用權出讓面積的比例	5.70	13.34	12.00	3
20	社會消費品零售總額中市場定價的比重	94.10	96.80	97.30	1
21	農副產品收購總額中市場定價的比重	87.50	95.30	97.30	1
22	生產資料銷售總額中市場定價的比重	81.30	91.60	90.50	2
23	平均關稅稅率	43.20	16.40	15.30	4

（續）表 10-2 中國市場經濟程度測度指標及分值

項目	指標名稱	1992 年	2000 年	2001 年	2001 年得分
24	從國際貿易中獲得的稅額占進出口額的比重	2.33	1.91	1.99	3
25	違反不正當競爭法規的案件立案查處率	—	87.82	80.90	3
26	知識產權案件中立案查處率	—	79.57	86.29	2
27	非國有銀行資產占全部銀行資產的比重	—	24.59	26.74	4
28	非國有金融機構存款占全部金融機構存款的比重	19.50	26.58	32.22	3
29	三資、鄉鎮、個體、私營企業短期貸款占金融機構全部短期貸款的比重	7.08	14.85	15.74	4
30	最近五年通貨膨脹率的平均值	9.94	1.86	0.34	1
31	各種金融機構一年期貸款利率全距係數	—	60.00	60.00	3
32	資本項下非管制的項目占項目總數的比例	—	—	28.00	4
33	人民幣兌美元匯率與新加坡本金無交割遠期匯率月平均差偏離度	—	1.68	0.55	2

註：1.*指本數據是根據 1997 年至 2001 年年均值估測出來的。

　　2.各項指標的單位均為%。

資料來源：北京師範大學經濟與資源管理所，〈2001 年：中國市場經濟測度結論及其國內外比較〉，中國網，2003 年 4 月 3 日。

【問題與討論】

一、中國經濟改革的目標是建立社會主義市場經濟體制。何謂社會主義市場經濟體制？社會主義市場經濟體制與資本主義市場經濟體制有何異同？中國的社會主義市場經濟體制基本架構為何？

二、中國經濟改革採取的是所謂「摸著石頭過河」的「漸進式改革」，這種方式有何特點？與前蘇聯、東歐的「激進式改革」結果有何不同？

三、市場化是衡量中國經濟改革的重要指標。何謂市場化？市場化的指標有那些？請運用市場化的指標，說明當前中國經濟改革的市場化程度。

四、當前中國經濟改革最大的難點是國有企業（包括國有銀行）的改革，試說明中國國有企業改革的難點何在？您認為中國第四代領導人有可能解決這項改革難題嗎？

五、如果您有意赴中國投資經商，您會如何評價「中國經濟改革」這項因素？也就是說，您會將其列入投資中國的重要考量嗎？重要性有多大？

注釋

[1] 張清溪、許嘉棟、劉鶯釧、吳聰敏，《經濟學——理論與實際》（台北：著者，民國 89 年），頁 350～351。

[2] 周紹朋、王健主編，《中國政府經濟學導論》（北京：經濟科學出版社，1998 年），頁 2。

[3] 林毅夫、蔡昉、李周，《中國經濟改革與發展》（台北：聯經出版社，民國 89 年），頁 27～65。

[4] 周紹朋、王健主編，前引書，頁 6～8。

[5] 高長，《大陸經改與兩岸經貿關係》（台北：五南圖書，民國 88 年），頁 1～3。周紹朋、王健主編，前引書，頁 9～13。

[6] 荊棘，〈改革攻堅：有序趟雷區〉，《瞭望新聞周刊》，2003 年 3 月 3 日，第 9 期，頁 17～18。

[7] 北京師範大學經濟與資源管理所，〈中國市場經濟發展報告 2003（簡本）〉，人民網，2003 年 4 月 14 日。

[8] 常修澤，〈改革也要與時俱進〉，《瞭望新聞周刊》，2003 年 3 月 3 日，第 9 期，頁 19～21。

[9] 魏艾，〈中國大陸當前經濟形勢及未來的展望〉，收錄於中國大陸問題研究所主編，《中共建政五十年》（台北：正中書局，民國 90 年），頁 164～165。

[10] 溫家寶，〈溫家寶總理等會見中外記者並回答提問〉，新華社，2003 年 3 月 18 日。

第十一章 經濟發展

曾喜炤

第一節　前言

　　發展是當代中國經濟的另一個主題和任務，也是吾人認識中國經濟的另一道門。所謂發展，是指中國從落後的經濟狀態走向經濟現代化的過程。按照經濟發展的定義，經濟發展是指伴隨著經濟社會結構變遷的經濟成長。[1]因此，經濟發展不僅包括經濟持續成長，還包括隨經濟持續成長的經濟結構優化升級。

　　過去二十五年的經濟發展，是當代中國經濟崛起的關鍵。因此，要正確認識當代中國經濟，或是對中國經濟現況與未來走向有所掌握，就必須緊緊抓住中國經濟發展的動向。本章分成以下四個主題：第一，發展目標：說明中國經濟現代化建設三步走戰略，以及中國各地區實現經濟現代化的時間表；第二，發展過程：說明改革前的重工業優先發展策略，以及改革後的比較優勢發展策略與外向型經濟發展策略下的經濟發展；第三，發展現況：說明改革迄今中國經濟發展的績效，以及中國經濟發展現況與問題；第四，發展前景：說明未來中國經濟發展的機遇與挑戰。

第二節　發展目標

一、現代化建設三步走戰略

　　中國經濟發展的最終目標是在本世紀中葉實現社會主義現代

化。中國也訂出了實現社會主義現代化的步驟，此即 1987 年提出的現代化建設「三步走」戰略部署。所謂「三步走」是指：第一步，從 1981 年到 1990 年，實現國民生產總值比 1980 年翻一番，解決人民的溫飽問題；第二步，到二十世紀末，實現國民生產總值再翻一番，人民生活達到小康水平；第三步，到二十一世紀中葉，人均國民生產總值達到中等發達國家水平，人民生活比較富裕，基本實現現代化。

按照中國的現代化戰略部署，中國在 1987 年提前三年實現第一步翻一番的戰略目標，1995 年提前五年實現了翻兩番的戰略目標。到 2002 年底，中國的國內生產毛額達到 102,398 億人民幣，按 2002 年底匯率計算達 12,371 億美元，平均每人 GDP 為 966 美元，實現了人均 GDP 翻兩番的目標，中國人民生活水準基本上實現了由溫飽向小康的跨越。

中國進入小康社會後，按照現代化建設「三步走」戰略已經走完了兩步，但是最具關鍵、長達五十年的第三步戰略要如何走呢？事實上，中國在 1995 年通過「九五計畫與 2010 年遠景目標」，具體規劃了到 2010 年國民經濟和社會發展的主要目標。1997 年中共十五大明確提出第三步戰略部署：第一步，從 2001 年到 2010 年，實現國民生產總值比 2000 年翻一番，使人民的小康生活更加寬裕；第二步，從 2011 年到 2020 年，使國民生產總值再翻一番，建成寬裕小康社會；第三步，從 2021 年到 2050 年，基本實現現代化，建成具有中等發達水平的富強、民主、文明的社會主義現代化國家。這就是所謂的「新三步走」戰略部署。

中國的「國民經濟和社會發展第十個五年計畫」（簡稱「十五」

計畫），提出了 2001 年至 2005 年經濟發展目標。按照中國現代化建設三步走戰略部署，「十五」計畫是實行第三步戰略部署的第一個五年計畫，對中國未來經濟發展具有深遠的意義與影響。根據「十五」計畫，「十五」期間的經濟成長速度將保持每年平均 7% 至 8% 左右，以確保在 2010 年實現 GDP 翻一番的目標。去年（2002 年）10 月召開的中共十六大，則是完整地提出了全面建設小康社會的戰略目標。

二、中國各地實現現代化時間表

中國經濟發展的目標是到本世紀中葉實現現代化，但是中國各地區發展差異大，必定會產生各地區實現現代化的時間差。為此，中國科學院可持續發展戰略研究組應用模型比對分析，建構了中國各地區實現現代化的時間表（詳見表 11-1）。根據表 11-1，上海市將成為中國第一個跨入現代化的地區，大約再用十二年的時間（2015 年）可望全面趕上當時世界中等發達國家的水準。北京市為中國第二個可以跨入現代化門檻的地區（時間是 2018 年），廣東省、天津市、江蘇省分別於 2021、2026 與 2033 年進入實現現代化的行列。到 2050 年以前，中國將有十三個省、市提前實現現代化。到 2060 年以前，中國將有二十七個省、市、自治區實現現代化目標。最後實現現代化目標的地區為甘肅省（2062 年）、青海省（2065 年）、貴州省（2070 年）與西藏自治區（2075 年）。

第三節　發展過程

一、改革前的經濟發展

中國改革前所採取的經濟發展策略是「重工業優先發展策略」，這種強調趕超發展的策略初步形成於「一五」計畫時期（1953～1957年），到「二五」計畫時期（1958～1962年）基本定型。[2]

重工業優先發展策略具有以下基本特徵：一、它是一種以高速增長為主要目標的趕超型發展模式；二、它是一種借助於政府的行政力量實施的發展模式；三、它是一種經濟結構傾斜的發展模式；四、它是一種粗放外延型的發展模式；五、它是一種封閉式的經濟發展模式。[3]重工業優先發展策略在計畫經濟體制的保障，以及高度集中的宏觀調控體系支持下維持近三十年。然而，到了1970年代末，重工業優先發展策略的弊端已嚴重暴露出來，主要表現為產業結構的失衡與資源配置效率的低下，其中產業結構的扭曲與失衡，更是使中國人民生活水準在將近三十年的時期內得不到改善。

事實上，在1952年至1978年期間，中國的經濟成長率算是相當高的，甚至高於當時的亞洲四小龍的水準。例如，這段期間的社會總產值、工農業總產值的平均成長率，分別達到7.9%和8.2%。但是，何以在這種高速度成長率下，中國沒有實現經濟現代化，中國人民生活水準依然沒有擺脫貧窮的境況？原因在於：一、中國的經濟成長是在一個非常小的基數上起步的，基數越小越容易表現出較高的成長率；二、中國片面依賴重工業部門的發展，並不能產生各產業成長比

較協調條件下的效果，因而這種較快速度並不能代表實質的經濟成
長；三、所得分配和使用結構遭到扭曲，造成人民生活水準長期得不
到提高，又由於產業結構向資本財傾斜，消費品短缺造成人民生活水
準得不到提升。[4]

改革前中國的經濟發展片面追求高速度成長，這種成長是以犧
牲人民生活水準為代價的。而這也就是中國在 1978 年實行改革開放
政策，強調實事求是，以及經濟建設為中心的重要因素。

二、改革後的經濟發展

中國改革以來的經濟發展過程與改革本身緊密結合，經濟改革
所激發出來的激勵機制與效率改進，以及產業結構的矯正與比較優勢
的發揮，是過去二十五年中國經濟發展中實現快速經濟成長與生活水
準提升的重要基礎。[5]

在激勵機制與改革效率的改進方面。農村家庭聯產承包責任制
取代人民公社集體生產制後，極大地激發了中國農民的生產積極性，
使農業生產效率大大地提高。1978 年至 1984 年間的農業成長中，有
一半可歸功於推行家庭聯產承包責任制所激發出來的農民生產積極
性。而放權讓利式的城市企業改革，也同樣改進了國有企業的激勵機
制，進而提高企業生產經營效率。另一方面，管理體制的鬆綁與激勵
機制的改進，為非國有經濟（包括：城鎮集體經濟、農村鄉鎮企業和
城鄉私營或個體企業等）的發展創造了條件。改革以來中國經濟快速
成長，具有主要依靠新生出來的非國有經濟為動力的特徵。

　　在產業結構矯正與比較優勢發揮方面。首先，改革以來資源配置逐漸向勞力密集型產業傾斜，較好地發揮了中國勞動力資源相對豐富的比較優勢。隨著資源向效率更高的部門流動，建築業、運輸業和商業占國民所得的比重逐年上升，背離比較優勢的產業結構已得到初步矯正。其次，嚴重滯後於產值結構轉換的就業結構得到矯正，改革以來農民的職業管制取消，億萬農民在比較利益的誘導下進入非農產業。第三，內向型的經濟結構得到了矯正，改革以來最為顯著的變化之一，就是中國正從封閉、半封閉經濟走向開放型經濟。在一系列開放措施的推動下，中國經濟出現了兩個重大變化，一是對外貿易迅速發展，一是外國資金流入大幅成長。

　　改革以前，中國的區域經濟發展策略是以內陸地區的三線建設為重點。改革以來，中國改採行「沿海地區經濟發展策略」，這個策略充分發揮沿海地區的比較優勢，使其經濟成長率保持在全國的領先水準。特別是東南沿海、珠江三角洲與長江三角洲經濟的崛起，成為中國新的經濟重心地帶，整體經濟實力從 1980 年代以來獲得大幅度的提升。由於各種優惠政策向沿海地區傾斜，造成中西部人才與資金的流失，加大了中國東部沿海地區與中西部內陸地區的發展差距。

　　有鑒於此，中國於 1999 年 9 月提出「西部大開發戰略」，以此加快中西部地區的經濟發展，縮短與東部沿海地區的發展差距。中國西部地區包括十二個省、自治區和直轄市，土地面積占全國面積的71%，人口占全國總人口的 27.4%，2000 年的 GDP 約占全國 GDP 的17%。[6]中國西部地區自然資源豐富，人力資本低廉，市場潛能巨大，至今仍未能有效開發利用。「西部大開發戰略」提出加快西部地區開

發，對於中國經濟的持續發展與縮小地區差距具有重要的意義。

　　改革以前，中國的對外經濟發展策略是一種封閉式的進口替代策略，在這種策略下的對外貿易與吸引外資幾乎是微乎其微。改革以來，中國改採「外向型經濟發展策略」，這個策略充分發揮了中國資源稟賦的比較優勢，使得進出口貿易獲得迅速成長，外資更是源源不斷湧入中國，爲中國經濟發展帶來巨大的資金、技術與管理經驗。2001年 12 月 11 日，中國正式成爲世界貿易組織（WTO）的第一百四十三個成員，隨著中國承諾的關稅逐年減讓與市場逐年開放，[7]中國經濟發展的國際化程度將進一步提高。

第四節　發展現況

一、改革以來的經濟發展績效

　　自 1978 年改革開放以來，中國經濟發展隨著改革的擴大與深入獲得了生機，帶來了經濟快速成長、對外貿易擴張與人民生活水準提升等效果。以經濟成長來看，國內生產毛額從 1978 年的 3,624 億人民幣，擴增至 2002 年的 102,398 億人民幣。在這二十五年期間，經濟規模成長超過 28 倍，經濟成長率每年平均達到 9.5%。（詳見表 11-2）

　　以最近五年（1998～2002 年）的經濟表現來看，國內生產毛額從 1998 年的 78,345 億人民幣，成長至 2002 年的 102,398 億人民幣，經濟成長率每年平均達 7.6%；財政收入由 9,876 億元人民幣增加至 18,914 億人民幣；外匯存底由 1,450 億美元增加至 2,864 億美元，2002

年底僅次於日本居世界第二位；進出口貿易總額由 3,239 億美元增加至 6,208 億美元，2002 年首度突破 6,000 億美元，居世界第六位；五年內累計引進外商直接投資達 2,261 億美元，2002 年首度超越美國，成為世界第一。（詳見表 11-3）

到 2002 年年底，中國的國內生產毛額已躍居世界第六位，達到 1 兆 2,371 億美元，成為世界第六大經濟體。[8]平均每人 GDP 為 966 美元，城鎮居民和農村居民的恩格爾係數均低於 50%，基本上實現了中國所設定現代化建設三步走戰略的第二步目標，初步達到小康社會的生活水準。亞洲開發銀行 2003 年 4 月 28 日公布「2003 年亞洲發展展望」表示，中國加入 WTO 後對外貿易表現突出，外商直接投資以前所未有的規模注入中國，中國國內固定資產投資大量增加，這些因素促使中國 2002 年經濟繼續保持快速擴張態勢，經濟成長率創下近五年來的新高。[9]

二、經濟發展現況與問題

中國經濟發展迄今（2003 年）取得長足的進步，經濟現代化進程也大幅度往前邁進，人民生活水準正式邁入小康社會。儘管如此，中國經濟現況所反映出來的短期經濟問題還是值得注意。

首先，中國自 1993 年以來總體經濟運行出現經濟過熱現象，通貨膨脹居高不下，1994 年的居民消費價格上漲率高達 24.1%，隨後在中國一連串的宏觀經濟調控政策下，中國總體經濟運行實現「軟著陸」的目標。但是，自 1997 年下半年以來，中國出現了前所未有的通貨

緊縮的現象，居民消費價格上漲率首次出現負成長，加上 1997 年亞洲金融危機爆發，中國經濟發展也出現成長率逐年下滑的新問題。（詳見表 11-2）很顯然的，經過二十年的改革與發展，中國的市場供需格局已產生了根本性的變化（從賣方市場轉向買方市場，從短缺經濟轉向過剩經濟），形成中國前所未有的通貨緊縮與有效需求不足問題。

其次，中國近年來經濟成長所依靠的擴大內需政策，目前已出現若干負面影響。中國近幾年經濟成長主要依靠 1998 年以來實施的擴大內需政策，尤其是強烈地依賴政府舉債擴大公共建設投資。不過，目前擴大內需政策尤其是積極財政政策已出現若干制約因素。以增發長期國債、加快基礎設施建設為內涵的積極財政政策已連續實施第六年（1998～2003 年），這種原本屬於短期的總體經濟穩定政策，長期實施下來已造成對財政赤字的過度依賴，中國的財政風險已經逐年攀升。[10]中國原本預期擴大內需的積極財政政策能夠帶動自主性消費與投資成長，但實施幾年下來的效果不理想，反而有傳統計畫經濟體制復歸的憂慮。

最後，中國近幾年經濟成長屢遭突發性因素干擾，使得年度經濟成長的不確定性增高。1997 年 7 月爆發亞洲金融危機，隨著東南亞各國貨幣的貶值與市場萎縮，對中國出口成長造成極大的威脅。1998 年夏天發生歷史上罕見的特大洪災，對中國經濟造成嚴重損失。2000 年以來的網路科技泡沫造成全球經濟的持續衰退，對中國出口造成嚴重衝擊。2001 年美國發生「911 恐怖攻擊」事件，國際政治經濟情勢陷入不確定狀態。今年（2003 年）3 月以來，接連爆發美伊戰爭與嚴重的 SARS 疫情。這些突發性的非經濟因素，都在某種程度上

對當年經濟成長造成威脅。以 SARS 疫情的影響來看，雖然至 6 月底中國已從旅遊警告與疫區雙雙除名，但是連續將近一季的疫情已造成今年（2003 年）中國經濟的創傷。亞洲開發銀行首席經濟學家 Ifzal Ali 即表示，SARS 可能會帶給中國的損失將達到 510 億元人民幣，而國際重要金融機構也紛紛調降今年（2003 年）中國經濟成長率。[11]

　　今年（2003 年）3 月新上任的中國國務院總理溫家寶指出，當前中國經濟發展的主要問題有：一、農業發展滯後，農民收入增長困難，這已經成為制約擴大內需的一個重要因素；二、下崗和失業人口不斷增加，社會保障的壓力非常大；三、城鄉發展不平衡，東西發展不平衡，還有許多地區、人口處於貧困狀態。[12]

　　面對當前經濟發展的挑戰，中國國務院新任總理溫家寶將今後的經濟工作概括為「一個目標、兩個環節、三個問題、四項改革」四句話。[13]其中與經濟發展有關的政策主要包括：一、保持經濟持續較快增長；二、堅持擴大內需的方針，實施積極的財政政策和穩健的貨幣政策；三、經濟結構的戰略性調整；四、繼續擴大對外開放；五、解決好就業和社會保障問題。

　　中國新上任的第四代領導班子來自不同專業技術領域，一般認為在對內和對外政務的推動上將會採取較為務實的態度。以胡錦濤和溫家寶上台後積極走向農村，以及對於 SARS 疫情的處理作為來看，確實展現了中國新一代領導人較為務實處理經濟事務的態度。不過，胡錦濤與溫家寶面對的挑戰將遠大於前一代（江澤民與朱鎔基），因為他們不僅要解決前一代所遺留下來的發展難題，同時又要面對詭局多變的內外部不確定因素的挑戰。

第五節　發展前景

一、未來經濟發展的機遇

　　中國經濟學家林毅夫等預測，如果中國經濟可以在未來一段相當長的時間維持自 1978 年底開始改革開放以來所達到的成長速度，中國將可以如國內外許多學者所預期的那樣，在二十一世紀成為全世界最大的經濟體。如果中國面對國內外經濟環境的制約，能夠繼續推進其未竟的改革目標，中國經濟完全有可能再保持二十至三十年的快速成長。林毅夫等所持論據主要有以下四項：[14]

（一）高資本累積率

　　高資本累積率能為經濟快速發展提供有力的支持。經濟改革以來，中國的經濟流量越來越大，而且資本的年累積率高達 GDP 的 40% 左右，中國所具有的這一特徵，將會對經濟保持快速成長產生顯著的作用。

（二）產業結構升級

　　特別是伴隨著產業結構升級過程而發生的勞動力轉移，能為經濟快速成長提供有力的支持。由於中國目前總體發展水準還較低，以及地區間發展差異還很大，勞動力從邊際生產力低的農業部門，轉移到邊際生產力高的非農業部門，期間過程至少可以持續幾十年，從而將會對中國經濟保持快速成長作出積極的貢獻。

（三）技術後進優勢

　　中國是一個發展中國家，由於同發達國家在技術上存在著很大

的差距，因此在選擇技術進步的實現方式上具有後進優勢。如同日本與亞洲四小龍利用與發達國家間的技術差距，實現將近四十年的經濟快速成長一樣，中國經濟至少可以有五十年的快速成長，從 1978 年底的改革到現在二十幾年，因此，中國應該有可能再維持二十至三十年左右的經濟快速成長。

（四）制度效率潛力

中國自 1978 年底實行漸進式的改革開放政策以來，已經取得了舉世矚目的成就，但改革與轉型的任務至今還沒有完成。中國未來通過深化國有企業改革與創造公平競爭的市場體系，使資源配置效率向生產可能曲線靠近，將被計畫經濟體制壓抑的生產力釋放出來，還有相當大的潛力。

此外，中國經濟的持續對外開放，將對未來經濟快速成長作出有力的貢獻。外商持續看好中國的市場前景，中國自 1993 年以來連續九年成為吸引外資最多的發展中國家，2002 年中國引進外商直接投資首次超過美國，位居世界第一。中國加入 WTO 之後，根據入世承諾和國際慣例，進一步打開市場大門，取消對外商企業的限制，積極鼓勵外商投資。中國經濟的持續對外開放，不僅有利於中國利用兩個市場、兩種資源，更為經濟快速成長注入新的活力。

二、未來經濟發展的挑戰

從中長期來看，未來中國經濟發展主要面臨以下挑戰：[15]

（一）農民增收困難，負擔過重

目前中國農民增收七成來自非農業，三成來自減輕負擔、退耕還林等政策措施，幾乎沒有務農的增收來源。據調查，農業區的農民收入呈現停滯甚至下降趨勢。農村基層財政困難突出，縣以下金融嚴重萎縮，農村經濟發展和社會穩定都面臨較大困難。

（二）就業壓力沉重

中國每年新增勞動人口、失業者、國企下崗職工，加上向城市轉移的農村勞動力，遠遠大於城市新增就業機會。目前中國就業成長面臨新的制約因素，一是資金技術密集產業的比重提高，吸納就業相對減少。據估算，GDP 成長一個百分點帶來的就業成長率，1980 年代爲 0.32，到 1990 年代已降到 0.1 左右。二是競爭加劇，企業不斷裁員，使就業增長放緩。

（三）地區差距和收入差距持續擴大

中國各地區發展極不平衡，未來五年地區發展差距不可能縮小，只能逐步緩解差距擴大的趨勢。未來城鄉居民收入差距的擴大勢所難免，其中由於不合理甚至不合法因素所造成的收入差距，有可能成爲社會不穩定的誘因。

（四）資源、環境承載能力脆弱

中國人均自然資源缺乏卻浪費嚴重，水資源短缺和分布不均的問題尤爲突出。中國生態環境「局部改善、總體惡化」的趨勢尚未根本遏止，是世界上環境污染和生態惡化最嚴重的國家之一。中國工業化目標尚未完成，高消耗與高污染的傳統工業勢必繼續發展，對經濟的可持續發展將造成嚴重的制約。

結論

　　目前中國經濟發展程度已進入小康社會階段（人均 GDP 將近
1,000 美元），但是離比較全面的、比較富裕的小康社會目標尚有一段
差距。中國近年來的經濟表現呈現相當穩定的成長，這毋寧是一個好
現象。繼去年（2002 年）11 月中共十六大，確立中國第四代接班格
局之後，今年（2003 年）3 月的中國人大十屆一次會議，更確立了中
國的人事布局和未來經濟發展的方向。新一屆領導班子隨即提出了今
後經濟工作的目標，並保證將盡最大的努力實現這些經濟任務。由於
中國新一屆領導人屬於務實的技術官僚，中國未來的經濟發展仍將採
取穩健務實的原則。以中國本身具有的龐大市場，再加上大量外資企
業的資金注入，未來中國經濟發展仍將維持一個相當可觀的成長速
度，經濟結構的戰略性調整也將隨著入世而加快步伐。

表 11-1 中國各地區基本實現現代化時間表

地區	現代化水平的相對比較（%）	標準化處理	與中等發達國家水平的對應比較（%）	以中等發達國家水平為標準的現代化差距（%）	各地區達到中等發達國家水平的時間表（年）
全國	34.15	3.53	40.42	59.58	2050
上海	73.32	4.29	49.18	50.82	2015
北京	68.14	4.22	48.34	51.66	2018
廣東	63.79	4.16	47.58	52.42	2021
天津	57.83	4.06	46.46	53.54	2026
江蘇	49.96	3.91	44.79	55.21	2033
福建	48.15	3.87	44.36	55.64	2034
遼寧	47.32	3.86	44.16	55.84	2035
浙江	46.32	3.84	43.92	56.08	2036
山東	41.16	3.72	42.57	57.43	2041
黑龍江	41.10	3.72	42.55	57.45	2041
吉林	38.03	3.64	41.66	58.34	2045
海南	35.64	3.57	40.92	59.08	2048
湖北	35.44	3.57	40.85	59.15	2048
河北	31.00	3.43	39.32	60.68	2052
湖南	30.36	3.41	39.08	60.92	2052
陝西	29.62	3.39	38.80	61.20	2052
河南	29.28	3.38	38.67	61.33	2053
江西	28.72	3.36	38.45	61.55	2053
廣西	27.27	3.31	37.85	62.15	2054
內蒙古	25.91	3.25	37.27	62.73	2055
安徽	25.73	3.25	37.19	62.81	2055
重慶	25.64	3.24	37.15	62.85	2055
新疆	25.19	3.23	36.94	63.06	2055
四川	25.09	3.22	36.90	63.10	2055
山西	23.30	3.15	36.05	63.95	2056
雲南	21.90	3.09	35.34	64.66	2057
寧夏	19.25	2.96	33.86	66.14	2060
甘肅	16.42	2.80	32.04	67.96	2062
青海	14.28	2.66	30.45	69.55	2065
貴州	10.26	2.33	26.66	73.34	2070
西藏	3.19	1.16	13.28	86.73	2075

資料來源：中國科學院可持續發展戰略研究組，〈中國各地制定實現現代化的指標及基本實現時間表〉，中國網，2003 年 1 月 24 日。

表 11-2 中國 1978～2002 年經濟成長與物價變動

年分	國內生產毛額（億人民幣）	GDP 成長率（%）	居民消費價格上漲率（%）
1978	3,624	11.7	1.5
1979	4,038	7.6	2.1
1980	4,518	7.8	7.0
1981	4,862	5.3	2.6
1982	5,295	9.0	1.9
1983	5,935	10.9	1.2
1984	7,171	15.2	1.7
1985	8,964	13.5	7.6
1986	10,202	8.9	6.5
1987	11,963	11.6	7.3
1988	14,928	11.3	18.8
1989	16,909	4.1	18.0
1990	18,548	3.8	3.1
1991	21,618	9.2	3.4
1992	26,638	14.2	6.4
1993	34,634	13.5	14.7
1994	46,759	12.7	24.1
1995	58,478	10.5	17.1
1996	67,885	9.6	8.3
1997	74,772	8.8	2.8
1998	78,345	7.8	-0.8
1999	82,067	7.1	-1.4
2000	89,442	8.0	0.4
2001	95,933	7.3	0.7
2002	102,398	8.0	-0.8
2003/Q1	23,562	9.9	0.5
2003*		7.0	1.0
2003**		7.3	

註：2003*為中國官方的預期目標值，2003**為亞洲開發銀行在 SARS 疫
　　情後的預測值。

資料來源：中國國家統計局，《中國統計年鑑》，各年資料。〈亞行預計未來兩年
　　　　中國 GDP 增長率仍高於 7%〉，《國際金融報》，2003 年 4 月 30 日，
　　　　第 8 版。

表 11-3 中國最近五年（1998～2002 年）重要經濟指標

指標	單位	1998 年	1999 年	2000 年	2001 年	2002 年
經濟成長						
經濟成長率	%	7.8	7.1	8.0	7.3	8.0
國內生產毛額	億人民幣	78,345	82,067	89,442	95,933	102,398
產業結構	%	100.0	100.0	100.0	100.0	100.0
農業	%	18.6	17.6	16.4	15.2	14.5
工業	%	49.3	49.4	50.2	51.2	51.8
服務業	%	32.1	33.0	33.4	33.6	33.7
城鎮人均可支配所得	人民幣	5,425	5,854	6,280	6,860	7,703
鄉村人均年純收入	人民幣	2,162	2,210	2,253	2,366	2,476
物價變動						
商品零售價格漲幅	%	-2.6	-3.0	-1.5	-0.8	-1.3
居民消費價格漲幅	%	-0.8	-1.4	0.4	0.7	-0.8
消費						
全國消費品零售總額	億人民幣	29,153	31,135	34,153	37,595	40,911
投資						
固定資產投資	億人民幣	28,406	29,855	32,918	37,213	43,202
基本建設投資	億人民幣	11,916	12,455	13,427	14,820	17,251
貿易						
貿易總額	億美元	3,239	3,606	4,743	5,098	6,208
出口	億美元	1,837	1,949	2,492	2,662	3,256
進口	億美元	1,402	1,657	2,251	2,436	2,952
外資						
合同外資金額	億美元	632	520	711	720	828
外商直接投資	億美元	455	403	407	469	527
金融						
外匯存底（年底）	億美元	1,450	1,547	1,656	2,122	2,864
金融機構存款餘額	億人民幣	95,698	108,779	123,804	143,617	183,388
財政						
財政收入	億人民幣	9,876	11,444	13,395	16,386	18,914
財政支出	億人民幣	10,798	13,188	15,887	18,903	22,012
財政赤字	億人民幣	922	1,744	2,492	2,517	3,098
勞動						
全國就業人數(年底)	萬人	70,630	71,394	72,085	73,025	73,740
城鎮登記失業率（年底）	%	3.1	3.1	3.1	3.6	4.0

註：城鎮登記失業人數不包括下崗工人、農村剩餘勞動、隱藏性失業與
　　未登記失業者。

資料來源：行政院主計處網頁，〈近五年中國大陸經社指標統計〉，2003 年 3 月
　　20 日。

【問題與討論】

一、中國經濟發展的最終目標是實現社會主義現代化，本世紀的第一個十年與第二個十年的目標則是要建設成熟的小康社會。何謂社會主義現代化？有那些具體指標？何謂小康社會？有那些具體指標？

二、中國在 1978 年前的三十年實行的是「重工業優先發展策略」，1978 年底改革開放以來實行的是「比較優勢發展策略」與「外向型經濟發展策略」。「重工業優先發展策略」、「比較優勢發展策略」與「外向型經濟發展策略」各具有那些特色？對中國經濟發展各造成什麼影響？

三、中國於 2001～2005 年實行第十個五年計畫（簡稱「十五計畫」），其中最重要的內容是推動「西部大開發戰略」。「十五計畫」與「西部大開發戰略」的主要內容與目標為何？「西部大開發戰略」的前景如何？

四、中國於 2001 年 12 月 11 日正式加入世界貿易組織（WTO），成為 WTO 第一百四十三個會員國，此舉對中國未來經濟發展的影響極為深遠。中國加入 WTO 對其三級產業的個別影響為何？對其總體經濟發展所產生的中長期效果為何？

五、如果您有意赴中國投資經商，您會選擇中國目前具有比較優勢的勞力密集型產業，還是台灣目前具有比較優勢的資本與技術密集型產業？您會選擇中國目前經濟發展程度較高的東部沿海地區，還是中國目前經濟發展程度較落後的中西部地區？

注釋

[1] 陶文達,《發展經濟學》（北京：中國財政經濟出版社,1988 年）,
頁 48。

[2] 在「一五」計畫中,重工業獲得了核心的戰略地位。「一五」計畫的
工業建設核心和骨幹,是當時蘇聯幫助設計和建設的一百五十六項
重點工程,這些建設項目全部是重工業。在「一五」計畫期間,重
工業基本建設投資占工業基本建設投資的 85%,占工農業基本建設
總投資的 72.9%。中國國家統計局編,《中國統計年鑑（1992）》（北
京：中國統計出版社,1992 年）,頁 158。

[3] 胡乃武主編,《當代中國經濟發展中的政策選擇》（杭州：浙江人民
出版社,1993 年）,頁 5～7。

[4] 林毅夫、蔡昉、李周,《中國經濟改革與發展》（台北：聯經出版社,
民國 89 年）,頁 68～72。

[5] 林毅夫、蔡昉、李周,前引書,頁 181～199。

[6] 陳耀,〈西部大開發與中國區域經濟：兼論全球化與區域發展〉,收
錄於宋國誠主編,《21 世紀中國（卷二）──全球化與中國之發展》
（台北：政大國關中心,民國 91 年）,頁 163～164。

[7] 關於中國加入 WTO 的關稅減讓與市場開放承諾,詳見魏艾,〈經濟
全球化下兩岸三地的經濟合作與融合〉,《全球化時代下的兩岸關係
與中國大陸學術研討會論文集》（台北：政治大學社會科學院,民國
90 年）,頁 2-1～11。

[8] 以 2002 年為例,中國的 GDP 僅次於美國（10 兆 4,456 億美元）、日
本（3 兆 9,924 億美元）、德國（1 兆 9,841 億美元）、英國（1 兆 4,267
億美元）、法國（1 兆 4,230 億美元）。詳見行政院主計處網頁,〈主
要國家重要經社指標〉,2003 年 5 月 23 日。

[9] 〈亞銀預計未來兩年中國 GDP 增長率仍高於 7%〉,《國際金融報》,
2003 年 4 月 30 日,第 8 版。

[10] 財政風險主要衡量指標為赤字率（即財政赤字與國內生產毛額的比

率,國際公認的安全線為 3% 以下)和債務率(即國債餘額與國內生產毛額的比率,國際公認的安全線為 60% 以下)。2002 年中國中央財政赤字達 3,098 億元人民幣,國內生產毛額為 10 兆 2,398 億元人民幣,因此,中國中央政府財政赤字率為 3.03%,已經超過國際公認的安全線;2002 年中國國債餘額占 GDP 比率為 18.05%,仍然處於國際公認的安全線內。詳見魏艾,〈中國大陸總體經濟情勢分析〉,《投資中國論壇論文集》,2003 年第一季(2003 年 3 月 28 日)。

[11] 國際重要金融機構於今年(2003 年)4 月 SARS 疫情爆發後,對中國今年的 GDP 成長率作出調降。如下表所示:

金融機構	SARS 之前	SARS 之後	差別
亞洲開發銀行	7.5%	7.3%	0.2%
摩根史坦利	7.0%	6.5%	0.5%
高盛	7.5%	7.0%	0.5%
摩根大通	8.0%	7.4%	0.6%
美林	8.0%	7.5%	0.5%
花旗集團	7.6%	6.5%	1.1%
法國巴黎銀行	7.4%	7.4%	0.0%
渣打銀行	7.9%	7.5%	0.4%
平均預期	7.6%	7.4%	0.2%

資料來源:鄒光祥,〈亞銀報告預測:SARS 使中國損失 500 億元人民幣〉,《21 世紀經濟報導》,2003 年 5 月 21 日。

[12] 溫家寶,〈溫家寶總理等會見中外記者並回答提問〉,《新華社》,2003 年 3 月 18 日。

[13] 詳見本書第十章第五節之二。

[14] 林毅夫、蔡昉、李周,前引書,頁 14~19。

[15] 盧中原,〈未來五年中國大陸經濟走勢分析〉,《投資中國論壇論文集》,2003 年第一季,2003 年 3 月 28 日。

第五篇
外交軍事篇

　　中華人民共和國「人民解放軍」的肇始於 1927 年 8 月 1 日江西省南昌市的「南昌暴動」，迄今已有七十餘年，共軍從「小米加步槍」的游擊隊，轉變為擁有核子武力並影響世局的巨大武裝力量，這一發展過程，是值得想瞭解當代中國的學生及台商們，加以學習及討論的。

　　人民解放軍是從革命戰爭起家的，當初組成時並無正規的軍事組織，所以其建軍目的並非保衛國家，而是革命，是為了奪取國家政權而組成的。俟中國共產黨建政之後搖身一變而成為保衛政權的軍隊，然後慢慢轉變成為正規軍的體制。職是之故，「解放軍」迄今一直有著「革命軍」與「國防軍」的雙重目的。所以要分析解放軍力，必須以「革命軍」與「國防軍」的雙重思維來解析「解放軍」。

　　國家對外關係是一個國力的象徵，在 1949 年中國共產黨剛奪取政權時，在同年與之建交的國家僅有八個，甚至於二十年後 1969 年邦交國也只有四十九個，但是根據中華人民共和國外交部統計，直至 1998 年底與中華人民共和國建立邦交的國家就有一百六十四個。在這五十年之間，中華人民共和國如何從一個國際孤兒轉變成為一個國際強權，這五十年的轉變，與國際局勢的變化息息相關。

　　在共產世界崩盤、蘇聯解體之後，中華人民共和國成為全球少數僅存的社會主義國家，在蘇聯瓦解的衝擊之下，非但沒有步蘇聯的後塵，近年來經濟的快速發展已引起全球的關注和側目。所以，二十一世紀中共的軍事演變與對外關係發展是值得台灣及全世界觀察及注意的。

第十三章 對外關係簡論

邱伯浩

　　國家對外關係是一個國力的象徵，在 1949 年中國共產黨剛奪取政權時，在同年與之建交的國家僅有八個，甚至於二十年後 1969 年邦交國也只有四十九個，但是根據中華人民共和國外交部統計，直至 2003 年 5 月與中華人民共和國建立邦交的國家就有一百六十四個。[1]在這五十年之間，中華人民共和國如何從一個國際孤兒轉變成為一個國際強權，這五十年的轉變，與國際局勢的變化息息相關。

　　中國共產黨建政後，隨著國力的增長以及與蘇聯產生矛盾，中華人民共和國外交政策開始向西方伸出雙手，1971 年美國國務卿季辛吉（Kissinger）的打開鐵幕之旅，讓西方媒體開始注意到中國大陸，中華人民共和國陸續與許多國際大國建交，如在 1970 年有義大利、加拿大等；1971 年土耳其、伊朗、比利時；1972 年日本、西德、澳大利亞、紐西蘭……等。總之，中華人民共和國外交在 70 年代開始走出鐵幕、邁向世界。而隨著 70 年代的改革開放，中華人民共和國經濟實力不斷增長，伴隨著外交夥伴越來越多。中華民國的忠誠盟邦美國也在 1979 年與中華人民共和國建交成為第一百一十個邦交國，[2]相對著中華民國邦交國也就越來越少。在彼長我消的狀況下，瞭解中華人民共和國外交現況是可以讓國人相對明瞭我國外交的困境，更可以認識中華人民共和國整體國力增長的情形。

　　而中國共產黨的領導人與其外交政策有絕對的關係，毛澤東、鄧小平、江澤民以及現任的胡錦濤都有其政治特色及風格，對外政策的處理常操諸少數領導人之手，在很多場合，是由一個人做最後決定，[3]因此本文以其領導者來劃分階段，分段敘述。

第一節 毛澤東時期的對外關係

毛澤東掌政時期，其外交決策及對外關係的戰略方向，全部掌握在毛澤東一人之手，雖由周恩來負責外交事務，但是決策權還是由掌握意識形態的毛澤東掌握。許多學者認爲以當時的環境如果美國伸出善意的手，可能改變中華人民共和國的外交走向，但是往往忽略 1940 年代開始意識形態掌握國家的政策方向，連美國都不能避免，[4]所以毛澤東要超越意識形態跟美國交往，在當時其實是「幻想」。[5]

一、建政初期

1949 年毛澤東確立了中華人民共和國外交政策的三項基本方針：

1. 「另起爐灶」，就是不承認國民政府同各國建立的關係，並重新與各國建立外交關係，把當時各國駐華使節當作普通僑民看待，不當做外交代表對待。

2. 「打掃乾淨屋子再請客」，把帝國主義國家在中國的勢力及特權加以肅清，在相互尊重領土主權和平等互利的基礎上與世界各國建立新的外交關係。[6]

3. 「一邊倒」，全面倒向以蘇聯爲首的社會主義一邊。這根據毛澤東《論人民民主專政》其涵義有兩方面：第一，「團結工人階級、農民階級、城市小資產階級和民族資產階級，在工人階級領導之下，結成國內的統一戰線，並由此發展到工人階級領

導的以工農聯盟爲基礎的人民民主專政的國家」，走社會主義
道路，也就是不實施西方國家的民主制度，實施一黨獨裁；第
二，「聯合世界上以平等待我的民族和人民，共同奮鬥。這就
是聯合蘇聯，聯合各人民民主國家，聯合其他各國的無產階級
和廣大人民，結成國際統一戰線」。也就是成爲蘇聯的附庸，
反對以美國爲首的政策。[7]

實際上，「一邊倒」的外交政策也與美國與蘇聯冷戰開始有極大
關係，美蘇兩國互相孤立對方，當時的中華人民共和國雖然與蘇聯有
過密的交往，但也向與美國爲首的西方世界示意，但卻遭受拒絕，出
於被孤立的恐懼及國家安全，真正促使中共「一邊倒」的外交政策成
真，真正倒向蘇聯。[8]職是之故，在中國共產黨建政初期與之正式建
立良好關係的均爲共產國家，在其建政第二天（1949 年 10 月 2 日），
蘇聯即致電中國共產黨，與之建立正式的外交關係，並召回於廣州國
民政府的代表，爲第一個與其建交的國家，表 12-1 爲首先與其建交
的國家：

表 12-1　中華人民共和國建政初期的邦交國

國家	建交日期
蘇聯	1949 年 10 月 3 日
保加利亞	1949 年 10 月 4 日
羅馬尼亞	1949 年 10 月 5 日
匈牙利	1949 年 10 月 6 日
北韓	1949 年 10 月 6 日
波蘭	1949 年 10 月 7 日
外蒙古	1949 年 10 月 16 日
阿爾巴尼亞	1949 年 11 月 23 日
越南	1950 年 1 月 18 日
印度	1950 年 4 月 1 日

資料來源：作者自行整理。

當時其外交政策有兩大走向：

首先，與蘇聯和各社會主義國家建交和發展友好合作關係。1949年12月至1950年2月，毛澤東、周恩來赴蘇訪問，並與蘇聯簽署《中蘇友好同盟互助條約》[9]，其條約更加深化了與蘇聯兩國關係並共同對付可能的外來侵略。有利於整理國內的政治問題及經濟建設。

再則，積極謀求建立新的國際關係。周恩來於1953年12月31日，提出了「互相尊重主權和領土完整、互不侵犯、互不干涉內政、平等互利、和平共處五項原則」，並在次年訪問印度和緬甸時，同倡議將這五項原則作為國際關係的基本準則。但是實際上，中華人民共和國在處理非社會主義國家政策卻沒有依照五項原則，還是依照其意識形態及國家實際需要，發起在50、60年代的革命戰爭行為。

二、武力衝突時期

（一）韓戰

在二次大戰之後韓國由美蘇共管，以北緯38度線為界，美蘇再各占領區實行不同政策，導致韓國朝向兩個極端發展，北韓在蘇聯扶植下在1948年8月25日，成立以金正日為首的朝鮮民主主義人民共和國（北韓）；而韓國在美國的授意下，於1948年5月10日成立以李承晚為首的大韓民國政府（南韓）。而在1950年南韓總統李承晚因連任失敗，引導南韓內部動亂，金正日師法毛澤東，想以武力來「解放」全國，北韓則乘機於1950年6月25日發動入侵南韓行動，北韓僅以兩個月時間就占領南韓90%的土地及92 %的人口。此時美國為

防堵共產勢力的擴張，於聯合國的授權下，同年 9 月 15 日於仁川港登陸，以一個月時間即將戰線拉回至中韓邊界的鴨綠江附近。

此時毛澤東在蘇聯的授意及武力支援下，於 1950 年 10 月 25 日在彭德懷領下，派遣「人民志願軍」，正式與美國對抗投入戰爭，爲激起參戰士兵的意志，連毛澤東的兒子毛岸英，也「自願」投入此場「抗美援朝」的戰爭，此戰役於 1953 年 7 月 23 日於板門店正式簽署了《關於韓國軍事停戰協定》，[10]而韓戰的結束，更深化與美國爲首的西方集團的對立，更將台灣問題推上檯面，美國於 1954 年 12 月 2 日與中華民國簽定《共同防禦條約》，美國第七艦隊協防台灣，將台灣正式納入防堵共產勢力外擴的勢力範圍。

（二）台海衝突

中國共產黨建政之後，台灣問題一直是其外交上首要問題，而至 1949 年起，美國即在台灣安全扮演關鍵角色。韓戰爆發使美國由放棄台灣轉爲決定派遣第七艦隊執行台海中立化政策。1954 年 9 月 3 日，爲轉移韓戰失利焦點，無預警砲擊金門，中共更於 1955 年 1 月 18 日攻擊一江島，我國將駐守的國軍在美國的協助下，撤回台灣，此爲第一次台海危機，美國正視中共企圖之後，美國與國民政府簽訂中美共同防禦條約，而在條約未獲美國國會批准之前，先以「台海決議案」協助國府撤出大陳島，解除危機。

1958 年 8 月 23 日再次無預警砲擊金門，意圖瓦解國軍在金門的防務，八二三砲戰爲第二次台海危機，美國除負責台、澎空防外，護航國府海軍運補金門突破封鎖。美國亦提供國府響尾蛇飛彈、勝利女神飛彈、八英吋榴彈砲，迫使毛澤東無法「解放金門」。

（三）中印邊境衝突

中國大陸與印度兩國互相接壤的邊界土地長約二千公里，因歷史因素中華人民共和國與印度之邊界問題遲遲未能界定，各有看法，1953 年 3 月入侵西藏，西藏精神領袖達賴喇嘛出走印度，「西藏事件」為中印正式交惡的導火線，印度因邊界「朗久問題」於 1959 年 8 月與共軍發生武裝衝突，同年 11 月又在中印邊界西段空喀山口二度發生武裝衝突，而此時蘇聯的輿論偏袒印度直指中共為侵略行為，還大量供應軍火給印度，為中蘇關係發生埋下陰影。這時其內部因「三面紅旗」的失敗，經濟大為惡化並出現大饑荒，國際上又空前孤立，面對著印度軍隊的侵擾邊界，採取守勢，企圖以退為近。[11]

雙方為避免大規模戰爭爆發，於同年 11 月 7 日各自後撤 20 公里，並停止武裝型態的巡邏，並於印度新德里舉行雙邊會談，但因無共識，邊界武裝衝突持續發生，在 1962 年 10 月 20 日中印雙方再次發生大規模武裝衝突[12]，中華人民共和國於此次衝突中明顯占優勢，重新奪回被印度占領的邊界。而此次的勝利猶如給中共打了強心針，迅速恢復自信，對內加強鎮壓「階級敵人」，對外則更敵視蘇聯。因為蘇聯無論在精神上或是物質上，都完全站在印度一方。[13]

三、「兩個中間地帶」階段

因與蘇聯關係全面惡化，美國持續圍堵中華人民共和國，面對兩個超級大國都與其為敵的不利局面，毛澤東分析了當時的國際形勢，於 1960 年底，[14]提出了「兩個中間地帶」的戰略思想。他指出：

「中間地帶有兩部分：一部分是指亞洲、非洲、拉丁美洲的廣大經濟落後的國家，一部分是指以歐洲為代表的帝國主義國家和發達的資本主義國家。這兩部分都反對美國的控制。在東歐各國則發生反對蘇聯控制的問題」。我們的戰略是依靠第一中間地帶，爭取第二中間地帶，反對兩個超級大國的霸權主義。[15]這個時期是中華人民共和國對外關係的黑暗時期，內部又因為「三面紅旗」的失敗引起一連串的政治鬥爭。此時毛澤東雖退居二線，但透過政治鬥爭，實際上仍掌握政治實權。[16]而此時期中共對外關係主軸為：

1. 大力加強與亞非拉國家和人民的團結合作。全力支持當時亞洲、非洲和拉丁美洲各國的民族獨立解放運動。

2. 發展同西歐、日本的關係。著眼於因法國在戴高樂（Gaulle, Charles de）將軍重新執政後，拒絕禁止核子試驗條約，退出北大西洋公約組織軍事一體化機構，突顯出西歐與美關係的緊張，所以積極謀求與歐洲關係的建立。並重新與日本進行貿易往來。

3. 擺脫蘇聯控制，反擊蘇聯的威脅。50 年代末期，蘇聯領導人赫魯雪夫（Khrushchev, Nikita）推行「蘇美合作，主宰世界戰略」，並因共建長波電台和共同艦隊等問題與中華人民共和國交惡，且要求其在台灣問題和中印邊界問題上放棄原則，以服從蘇聯的全球戰略。因中華人民共和國的拒絕導致中蘇關係交惡。於 1960 年 7 月蘇聯在一個月內，撤走在中國大陸的全部 1,390 名蘇聯專家，中斷中蘇政府簽訂的十二個協定和三百多

個專家合約，停止二百多項科技合作專案，繼而在新疆一些地區發生邊境糾紛。布列茲涅夫（L. L. Brezhnev）上台後，在中蘇邊境加強軍備。導致與蘇軍因珍寶島問題發生武裝衝突。於 1969 年 9 月，外長周恩來與蘇聯部長會議主席柯西金在北京機場舉行了會晤，雙方達成維持邊界現狀、防止武裝衝突協議。

4.反對美國的圍堵戰略。韓戰停戰後，爲緩和中美關係，努力爭取與美國坐下來談判，中美大使級會談就是在這種背景下進行的。但因恣意在台海間挑起衝突，從古寧頭戰役、九三砲戰、大陳撤軍、八二三砲戰，終究讓美國明瞭與中共進行和談在當時是一個不明智的選擇。

此時 60 年代後期，在國際社會上處於十分孤立，這個時期與中華人民共和國建交者，僅有南葉門一國（1968 年 1 月）。[17]

四、中華人民共和國取代我國聯合國地位

中國共產黨建立政權之後，即想取代中華民國在聯合國的地位，1950 年 1 月 8 日時任外長的周恩來即致電聯合國聲明：「中國國民黨代表留在聯合國安全理事會是非法的，並主張將其從安全理事會開除出去」，[18]但是我國在美國及國際社會支持下，繼續在聯合國執行職權，從 50 年代開始，其友邦尤其是非洲國家每年持續在聯合國提案，要求聯合排我接納中共，在 1960 年 9 月支持中華人民共和國取代我國聯合席位問題列入大會議程討論，投票結果三十四票贊成、四

十四票反對、二十二票棄權,中共並未獲各國的認同。

但是在 1971 年 10 月,在第三世界的支持下,[19]第二十六屆聯合國大會以壓倒多數,通過 2758 號決議,將中華民國在聯合國的一切合法權利由中華人民共和國取代,我國立即退出聯合國及其一切機構。

這反映了中華人民共和國國際地位的提高,反映著其傾向西方世界的政策發酵。此後,開始與西方國家建立外交關係,從而出現第三次建交高潮。而同時美國國務卿季辛格(Kissinger, Henry A.)於 1971 年 7 月 9 日秘密訪問中國大陸,為美國總統尼克森(R. Nixon)訪問中華人民共和國努力。而於 1972 年 2 月 21 日美國總統尼克森訪問中國大陸,簽訂上海公報,達成三項協議:美國承認只有一個中國,台灣是中國領土的一部分;美國還宣布了從中華民國撤軍的意願;中華人民共和國則許諾不介入越南事務。中華人民共和國保證要擴大兩國的文化和科學交流。[20]

在 1972 年 9 月 29 日中華人民共和國同日本建交,雙方簽署《中日聯合聲明》,於 1978 年 12 月 16 日中華人民共和國和美國建交,簽署《建交公報》,同時終止與台灣的《共同防禦條約》,此公報開啟中華人民共和國對外關係新的里程碑,也為鄧小平主政時期打下良好的外交基礎。

第二節　鄧小平時期的對外關係

1976 年毛澤東、周恩來的去世,標示著一個時代的結束。鄧小

平於 1978 年年底中共第十一屆三中全會，掌握了毛澤東死後的政權，鄧小平從「實事求是」的角度重新詮釋了毛澤東思想。在此時的蘇聯因不斷向外擴張，戰線過長，特別是陷入阿富汗戰爭後，國內經濟出現問題，國力下降。美國結束越戰後，重新思考定位，雷根（Ronald Reagon）主政後，經濟開始復甦。美蘇爭霸態勢轉入均衡、僵持階段。西歐、日本崛起，發展中國家壯大，世界多極化的趨勢開始顯現。

一、改革開放時期

此時的中華人民共和國全力發展經濟，盡全力發展國內經濟，仿效台灣 60 年代加工出口區辦法，引進外資、僑資、港資、台資和先進技術，成立深圳、珠海經濟特區，重新思考中國定位，鄧小平，在此基礎上作出了「兩個重要轉變」：

1. 在較長時間內，不發生大規模世界戰爭是有可能的，維護世界和平是有希望的。從而改變了原來認為戰爭危險很迫近的看法。
2. 改變了「一條線」戰略，高舉反對霸權主義，維護世界和平的旗幟，堅定地站在和平力量一邊。[21]

鄧小平思想成為外交的理論基礎和行動指南。在鄧小平思想指引下，堅持獨立自主，不與任何大國結盟或建立戰略關係，也不支援它們一方反對另一方。全力發展社會主義現代化建設服務的方針，堅持在和平共處五項原則的基礎上發展與世界各國的關係。[22]其當時對

外關係的主軸為：

1. 調整對美、對蘇關係。在這一方針的指導下，中共發展了與美國、日本、西歐的正常關係，改善了對蘇關係，全面發展了與第三世界國家的關係。其國際戰略地位大為加強。

2. 務實外交，淡化意識形態色彩。逐步改善和發展與蘇聯和東歐國家的關係。[23]為打開中蘇長期對抗和僵持的局面而採取與蘇聯談判行動。中蘇兩國經濟、科技、貿易等領域的互利合作和人員往來得到了不同程度的恢復和發展。1989 年 5 月，蘇聯總統戈巴契夫（N. Gorbachev）訪問中國大陸宣布兩國關係「結束過去，開闢未來」，恢復了兩國關係的正常化。[24]

3. 改善和周邊國家和發展中國家的關係。在處理與鄰國之間存在的歷史遺留的領土和海域爭端的問題上，鄧小平提出，「主權屬我、擱置爭議、共同開發」的主張，緩解了與有關國家的關係。但卻在 1979 年與越南因邊境問題而爆發戰爭，停戰後，因越南不執行聯合國有關由柬埔寨撤軍的決議，衝突不減反增[25]。並在 1987 年因南沙群島問題發生武裝衝突。後因柬埔寨問題解決，中越雙方於 1991 年 10 月恢復正常關係。與印度邊境問題也於 1988 年完成協議，維持了邊界的和平與安寧。

4. 實行「一國兩制」，解決香港問題和澳門問題。中華人民共和國與英國和葡萄牙經外交談判，分別與上述兩國於 1984 年 12 月和 1987 年 4 月發表聯合聲明，確認中華人民共和國政府分別於 1997 年 7 月 1 日和 1999 年 12 月 20 日對香港和澳門恢復

行使主權。實施「一國兩制」、「港人治港」，高度的自治方針。但因基本法二十三條問題，於 2003 年 7 月引起港人普遍不滿，爆發香港有史以來最大規模的遊行示威活動。「一國兩制」受到嚴重的挑戰。[26]

5. 實行對外開放，增進國際間經貿、科技合作。徹底結束了封閉狀態，以積極的姿態走向世界。中國大陸進出口貿易總額從 1978 年的 206 億美元增加到 1989 年的 1,116 億美元，一切以經濟發展為前提。

二、「六四事件」爆發

1989 年 6 月 4 日的天安門事件，引起全世界震驚，歐美國家同聲譴責，對外關係降到冰點，各國政府作出了強烈反應，在屠殺後的六個星期裡，主要的西方國家和日本均同意採用象徵和實質意義制裁相結合的行動，因為從很多方面來講，這種混合模式的制裁行動有助於達成某些特定的、有限的目標。這些行動包括對北京政府屠殺行為表示強烈的譴責，雖然與中共的實質性關係並沒有中止，但是大量重要的經濟和科技轉移關係暫停下來，使改革開放受到挫敗。

以澳洲政府為例，它譴責北京大屠殺並且取消高層官方互訪與解放軍合作發射通訊衛星。美國布希總統採取第一個行動是中止有關軍事物資的交易，並且停止軍方領導人之間的所有訪問、拜會，中止了所有高階層的官方交往，並且進一步凍結國際機構所考慮中的新貸款申請。日本凍結了其對中華人民共和國的援助，包括預計在 1990

年會計年度完成的四十二項計畫在內的 5.8 億美元的項目。歐洲共同體也譴責在中國大陸發生的「野蠻鎮壓」，採取了包括禁運武器和禁止與中華人民共和國從事軍事合作、中止高階層之間的接觸、縮減在文化、科學和技術方面的合作計畫。而聯合國第一次對其常任理事國人權狀況提出批評。[27]

雖然外資大量減少，此時台資趁機而入，天安門事變後西方各國紛紛撤資，台商反倒認為這是取而代之的機會，到 1992 年 6 月，台商在大陸設立工廠已達 3000 多家，遍布中國大陸，投資金額高達 30 億美元，台資加上港資和僑資，形成三資企業，正好彌補美日等國中斷投資的部分真空。[28]為爭取輿論同情，於 1989 年底宣布留學在外的民運分子，既往不究，也對一些有國際知名度的民運分子，低調處理，讓它們流亡到國外。[29]而此時鄧小平更提出「冷靜觀察、穩住陣腳、沈著應付、善於守拙、絕不當頭、韜光養晦、有所作為」的二十八字外交方針，在外交上採取低姿態。[30]

第三節　對外關係現況

天安門事件後江澤民以上海黨委書記身分入主中國共產黨中央擔任總書記，而在 1989 年 11 月 6 日江澤民取代鄧小平任軍委主席，1993 年更出任國家主席，出現以鞏固江澤民為核心的領導班子。而歐洲此時正掀起「蘇東波」潮，波蘭、匈牙利兩國於 1989 年掀起自由化浪潮，席捲東歐，羅馬尼亞以及東德的共產政權也隨即崩潰，蘇聯更在 1991 年 12 月 25 日由戈巴契夫宣布正式解體，整個國際局勢

陷入混亂。冷戰結束後，蘇聯因共產勢力瓦解及各加盟共和國紛紛獨立而自顧不暇，遂將其軍事力量從亞太撤出，而美國也因國內經濟問題無法負擔龐大軍事費用，而紛紛關閉其亞太的駐軍基地。由於美俄軍事勢力逐漸的淡出，使得亞太地區成為權力真空，原先美、俄及中華人民共和國三角關係成為中華人民共和國獨大的不平衡關係[31]。

一、大國外交的體現

鄧小平於 1990 年曾指出，要與「蘇聯、美國、日本、歐洲打交道，搞好關係」，在此時期「大國外交」為其外交主要策略，從 1997 年起，美、歐、日、俄、中共等強權間合縱連橫關係頻繁，彼此之間建立「戰略夥伴關係」或準戰略夥伴關係。[32]此時的外交走向有以下二點：

（一）加強與俄羅斯和獨聯體國家的關係

1991 年，蘇聯解體，政治制度發生根本變化。中華人民共和國隨即宣布承認俄羅斯和其他獨聯體各國政府，並先後與它們建立了外交關係。1994 年雙方簽署關於互不首先使用核武器和互不將戰略核武器瞄準對方的聯合聲明，1996 年 4 月，雙方宣布建立「平等信任、面向二十一世紀的戰略協作夥伴關係」，兩國元首、總理和外長之間建立了定期會晤制度，與俄羅斯成為戰略夥伴關係。

1996 年和 1997 年與俄羅斯、哈薩克、吉爾吉斯、塔吉克簽署《關於在邊境地區加強軍事領域信任的協定》和《關於在邊境地區相互裁減軍事力量的協定》。與哈薩克解決的長久兩國間的邊界問題。

（二）改善與美國及歐洲之間關係

六四事件後，美國等西方國家，以各種方式對中華人民共和國實施聯合制裁，所以中華人民共和國積極想與美國恢復以往關係。但是美國出於利益考量 1992 年 3 月 2 日，美國總統老布希（G. Bush）否決了美國國會有條件延長 1992～1993 年度對中華人民共和國最惠國待遇案，中華人民共和國外交部對此表示歡迎。 1993 年 5 月 28 日，美國總統柯林頓（Bill Clinton）宣布延長 1994～1995 年度對華最惠國待遇。並允許 1995 年 6 月李登輝總統以私人身分訪問美國，直接造成於 1996 年 3 月於我國舉行首屆總統直選前，在台灣海峽進行軍事演習。由於台灣海峽局勢緊張，美國派遣了兩艘航空母艦到台灣海峽巡弋。此時軍事對峙中華人民共和國與美國關係最為緊張。[33]

但是於 1997 年 10 月 27 日至 11 月 2 日，中華人民共和國國家主席江澤民對美國進行正式國事訪問。江澤民是繼李先念之後第二位訪問美國的中華人民共和國國家元首，也是自從 1989 年「六四事件」以來第一位訪問美國的最高領導人。在雙方發表的《中美聯合聲明》中，與美國將致力於建立面向二十一世紀的建設性戰略夥伴關係。這種戰略夥伴關係不同於冷戰時期存在的那種戰略關係，其實質是不對抗、不結盟、不針對第三國。而於 1998 年 6 月：美國總統柯林頓對中國進行了為期九天的正式訪問。他是自從 1989 年「六四事件」以來第一位訪問中國的美國在職總統。

與歐洲關係的解凍，於 1994 年國家主席江澤民訪問法國，提出與西歐關係的四項原則，即面向二十一世紀，發展長期穩定的友好合作關係；相互尊重，求同存異；互補互利，促進共同發展；加強在國

際事務中的磋商與合作。這次訪問有力地推動了與西歐國家關係的發展。1994 年底，歐盟正式取消對中華人民共和國制裁。1995 年，歐盟發表對中華人民共和國關係長期政策文件，主張全面加強與其在政治、經濟等各個領域的關係，且於 1996 年提出合作新戰略，強調政策的全面性、長期性和獨立性。

（三）改善與日本關係

對日本外交政策仍是以「和」爲主導，[34]因爲其在謀求經濟發展、科技進步及建軍都需要日本的資金、科技，而日本的經濟發展亦需要大陸的市場和資源，因此，在經濟上雙方形成相當程度的互相依存關係。這也就是儘管中日政治關係並不穩定，但經貿關係仍能維持發展的原因所在。[35]。90 年代以來，與日本兩國高層互訪和各個領域的接觸相當頻繁。1997 年是中日兩國總理互訪並共同確認，要在嚴格遵循《中日聯合聲明》和《中日和平友好條約》的原則基礎上，建立長期穩定的睦鄰友好關係，實現兩國世世代代友好的目的。1998 年是與日本《和平友好條約》簽訂 20 週年。同年 11 月，江澤民訪日，雙方政府發表了《聯合宣言》。這是繼中日聯合聲明、中日和平友好條約之後，又一重要文件。

二、二十一世紀的外交政策

與美國外交關係於美國總統小布希（George W. Bush）2001 年 1 月就任後起了變化，小布希在共和黨的競選綱領中修正了柯林頓政府同意中美兩國「共同致力於建立建設性戰略夥伴關係」。爲：「中華人

民共和國是美國的戰略對手，而不是戰略夥伴」。[36]而在 2001 年 4 月
1 日，美國一架 EP-3E 偵察機在中國大陸南海附近作偵察飛行時與解
放軍一架戰鬥機在高空相撞，然後緊急迫降在海南島陵水機場，此事
引發了美中兩國之間的一場外交爭執。同年 4 月 24 日美國總統小布
希在接受美國廣播公司採訪時表示，美國將以一切必要力量幫助台灣
「自衛」。引發中華人民共和國政府對小布希的這種協防台灣的言論
表示了「強烈的憤慨」。與美國關係降到一個新的低點。

（一）上海合作組織會議

但是在 2001 年 9 月 11 日美國本土遭受恐怖分子攻擊後，美國
需要中華人民共和國一起打擊恐怖主義，其外交政策開始轉變。[37]此
時其重新定位與俄羅斯、中亞各國、美國、日本等國的關係。首先於
2002 年 6 月 7 日俄羅斯、中華人民共和國和中亞四國領導人在俄羅
斯聖彼得堡的上海合作組織會議上簽署組織宣言和對抗恐怖主義的
協議。上海合作組織簽署的宣言具有重要意義，俄羅斯、中華人民共
和國、哈薩克、塔吉克、烏茲別克、吉爾吉斯等六個國家組成的鬆散
團體，將正式成爲新誕生的國際組織，未來上海合作組織將在北京設
立永久的秘書處和辦公室。過去上海合作組織也曾經召開會議，但是
除了宣示國家友誼之外，沒有簽署實質協議。此次主要的目的是打擊
恐怖主義、預防區域衝突、促進中亞地區的安全，但也隱含著將在二
十一世紀持續加強與俄羅斯關係，避免俄羅斯轉向北約或美、俄聯合
遏制中共。

（二）加強與美對話

911 事件之後，江澤民以「電話外交」方式，向美國總統布希表

達慰問之意，[38]並表達願意與美國共同對抗恐怖主義，並在 2002 年元旦講詞中用「沉著應對，趨利避害」來概括中華人民共和國新的外交政策。而美國布希政府在 2002 年 2 月小布希訪問中國大陸之際再度表示與北京建立「合作性、建設性的夥伴」[39]，江澤民也於同年 10 月訪問美國，其重點對話為：

1. 反恐戰爭：911 以來，與美國雙方在反恐中有所合作。在情報和反洗錢上對美國提供了協助。美國則把所謂「東突組織」列為恐怖組織。

2. 台灣問題：這無疑是中方的首要議題。由於布希總統上任後採取了偏台的政策，在外交和軍事上明顯違背華盛頓有關「一個中國」的承諾，北京在台灣問題上可謂是一籌莫展。台灣問題將仍為中華人民共和國與美國之間最危險的衝突因素。

3. 中美軍事交流：自從 2001 年 4 月撞機事件以後，雙方的軍事交流基本中止。布希和江澤民和恢復中美軍事交流達成協議，甚至宣布雙方國防部長的互訪。

4. 反擴散：由於美方的壓力，中華人民共和國政府近來在控制大規模殺傷武器技術的輸出上對美方頻頻釋放善意。　最近北京發布了一系列有關文件以示和美國合作的意願。　[40]

結論

目前由胡錦濤領導的第四代領導班子已經成型，胡錦濤行事低

調，個性沉穩，目前會持續的執行江澤民時期的外交策略，不至於有多大變動，而在於 2003 年胡錦濤以國家領導人身分代表其政府第一次出訪似乎沒有實質內容。他在俄羅斯訪問參加「上海合作組織」的年會和聖彼得堡三百週年市慶。在法國，「八國集團高峰會」中的「南北對話」同樣是象徵意義大於實際影響的一個外交儀式。

對外關係發展從革命時期的意識形態主導一切，到如今以發展經濟務實求是的精神來面對國際情勢，改變甚大，在面對全球化的今天，對外關係已不是可以用單一事件來思考，在多元的國際社會中，國際環境的複雜、美國獨霸以及經濟發展的壓力，是中華人民共和國面對二十一世紀開展對外關係的決定因素。

【問題與討論】

一、 1949 年毛澤東確立了那三項外交方針？請解釋之。

二、 鄧小平時期中華人民共和國對外關係發展為何？

三、 六四天安門事件，如何影響中華人民共和國對外關係發展？

四、 何謂大國外交，做法為何？

五、 911 事件後中華人民共和國對外關係發展為何？

注釋

[1] 中國外交部網頁，http://fmprc.gov.cn，visit 7/13/2003；同時參考，中華人民共和國外交部政策研究室編，《中國外交 1999 年版》（北京：世界知識出版社，1999 年 7 月），頁 5。

[2] 中國外交部網頁，http://fmprc.gov.cn，visit 7/13/2003。

[3] 巴奈特著，伊豆見元、田中明彥譯，《現代中國外交——政策決定的結構與程序》，（東京：教育社，1986 年 9 月 30 日第 1 版），頁 21。轉引註，尹慶耀，《中共外交研究》，作者自印，頁 32。

[4] Charles W. Kegley, Jr./Eugene R. Wittkopf, *American Foreign Policy*(New York : St, Martain's Press, 1996), p. 55.

[5] 陳永發，《中國共產革命七十年，上冊》（台北：聯經出版社，2000年），頁 528～530。

[6] 中華人民共和國外交部中共中央文獻研究室編，《周恩來外交文選》（北京：中央文獻出版社，1990 年），頁 48。

[7] 中國外交部網頁，http://fmprc.gov.cn，visit 7/13/2003。

[8] 謝慶奎等著，《中國大陸政府與政治》（台北：五南圖書，民國 88 年），頁 431。

[9] 方連慶等編，《戰後國際關係史 1945-1995》，上卷（北京：北京大學出版社，2003 年），頁 165。

[10] 韓戰交戰各方，為戰爭付出的代價，極為龐大。估計有五十二萬的北韓人、九十萬的中國人和一百三十萬的南韓人死於戰場。大約有一百萬南韓平民遇難或受傷，另有四萬七千名南韓軍人、五萬四千二百餘名美軍死亡。其他國家支援韓戰的士兵，也有三千餘人傷亡。總之，大約有將近四百萬人死於韓戰，另有三百五十萬人流離失所，形成人間悲劇。韓戰導致大量軍民傷亡之外，對於南北韓經濟造成極大的破壞。戰爭使雙方皆成為焦土，目前雙方的經濟建設，都是建基於廢墟，得來極為不易。而在韓戰結束之後，美國重新評價南韓在冷戰期間戰略地位的重要性，對於南韓多所支持，無

論經濟軍事各方面，提供鉅額援助。北韓則由於國際孤立，加以施行無效率的社會主義經濟，經濟情況日漸蕭條，甚至於在進入 1990 年代之後，難以提供民眾基本物質需求，國力已今非昔比。

[11] 上官戟編，《中共對外戰役》（台北：洞察出版社，民國 76 年），頁 56～61。

[12] 同前註。

[13] 同前註。

[14] 尹慶耀，《中共外交研究》，作者自印，頁 142。

[15] 中國外交部網頁，http://fmprc.gov.cn，visit 7/14/2003。

[16] 大躍進失敗後，毛澤東退居二線，但是透過林彪的支持，厚植實力於解放軍，實施黨政軍人事對流和重疊制度，擴大解放的影響力，並透過四人幫，來批判對手，並引發中國大浩劫「文化大革命」。

[17] 尹慶耀，前引書，頁 143。

[18] 方連慶等編，前引書，頁 571。

[19] 毛澤東針對當時的國際形勢，提出了劃分三個世界的戰略思想。他指出：「美國、蘇聯是第一世界。中間派，日本、歐洲、澳大利亞、加拿大，是第二世界。中共及其亞非其他友邦是第三世界」。

[20] http://newswww.bbc.net.uk/hi/chinese/news/newsid_1830000/18306542.stm, visit 7/14/03。

[21] 中國外交部網頁，http://fmprc.gov.cn，visit 7/14/2003。

[22] 謝慶奎等著，前引書，頁 451。

[23] 潘錫堂，前引書《中共外交與兩岸關係》（台北：五南圖書，民 83 年），頁 86。

[24] 同前註，頁 457。

[25] 許志嘉，〈鄧小平時期中共交決策模式〉，《問題與研究》，第 37 卷 8 期（民國 87 年 8 月），頁 66。

[26] 〈港議員：若台持續關注二十三條，北京就會更小心〉，《聯合報》，http://udn.com/NEWS/WORLD/WOR1/1441713.shtml

[27] Peter Van Ness，《國際制裁對中國影響之分析》，引自中國人權網頁，http://big5.hrichina.org/subsite/big5/article.adp?article_id

=2327

[28] 陳永發，《中國共產革命七十年，下冊》（台北：聯經出版社，民國 89 年）頁 924。

[29] 同前註，頁 925。

[30] 鄧小平，〈改革開放政策穩定，中國大有希望〉，《鄧小平文選》，第 三卷（北京：人民出版社，1993 年），頁 321。

[31] Denny Roy, "Assessing the Asia-Pacific Power Vacuum," *Survival*, 37: 3(Autumn, 1995), pp. 50-53.

[32] 于有慧，〈中共的大國外交〉，《中國大陸研究》，第 42 卷 3 期（民 國 88 年 3 月），頁 53。

[33] 同前註，頁 54。

[34] 魯競，〈江澤民主政後中共外交走向分析〉，《中共研究》，30 卷 3 期（1996 年 3 月），頁 31。

[35] 陳伯賢，〈中（共）、美、俄、日四國互動關係探析〉，《中共研究》，31 卷 3 期，1997 年 12 月），頁 57。

[36] 〈鮑爾：今後不再稱中共為戰略競爭者〉，《中國時報》，2001 年 7 月 31 日。

[37] 蔡裕明，〈後 911 時期中共外交政策的持續與遞嬗〉，《共黨問題研 究》，第 28 卷 10 期（民國 91 年 10 月），頁 53。

[38] 同前註，頁 55。

[39] 同前註。

[40] 裴敏欣，〈從牧場峰會看中美關係〉，英國國家廣播電台網頁，http://news.bbc.co.uk/hi/chinese/china_news/newsid_2332000/2332935 2.stm.

第十三章 軍事發展

邱伯浩

中華人民共和國人民解放軍是從革命戰爭起家的，當初組成時並無正規的軍事組織，所以其建軍目的並非保衛國家，而是革命，是爲了奪取國家政權而組成的。俟中國共產黨建政之後搖身一變而成爲保衛政權的軍隊，然後慢慢轉變成爲正規軍的體制。職是之故，「解放軍」迄今一直有著「革命軍」與「國防軍」的雙重目的。所以要分析中華人民共和國的軍力，必須以「革命軍」與「國防軍」的雙重思維來解析「解放軍」。

而在韓戰爆發之後，中華人民共和國倒向蘇聯陣營之後，「解放軍」在朝向「正規軍」的進程中，無論是軍事制度的訂定、軍事組織的發展、武器系統的設計、教育訓練的方式、後勤整備的模式都與蘇聯大致相仿，甚至核子武器的製造都是師承蘇聯。但在 60 年代末期中蘇交惡，美國積極與中華人民共和國交往，「解放軍」也開始接觸已美國爲首的西方民主國家，在 70 年代中華人民共和國全面實施改革開放之後，「解放軍」正式與美軍展開軍事交流，開始受到美軍的影響。

在共產世界崩盤、蘇聯解體之後，中華人民共和國成爲全球少數僅存的社會主義政權，在蘇聯瓦解的衝擊之下，非但沒有步蘇聯的後塵，近年來經濟的快速發展已引起全球的關注和側目。[1]更重要的是共軍總結韓、越戰的失敗經驗以及美軍在波灣戰爭、阿富汗、科索沃及 2003 年的美伊戰爭高科技戰爭的輝煌成果；以「打贏二十一世紀一場現代化高科技的局部戰爭」重新思考其定位及未來的走向[2]，所以，二十一世紀共軍的發展是值得中華民國及全世界觀察及注意的。

第一節　軍事力量分析

依據中國共產黨《共同綱領》總綱中規定，把「人民解放軍」、「人民警察」、「人民公安部隊」同列爲「國家武裝力量」。而當前中國共產黨也將解放軍、武警及民兵視爲「三大武裝力量」[3]加上中共的黨政、公安情治系統形成一套牢不可破的國家安全支柱（如圖13-1）：

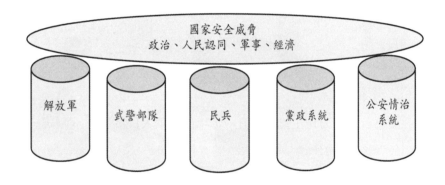

圖 13-1　中華人民共和國國家武裝力量

一、人民解放軍

人民解放軍成立初期，陸軍總兵力約 420 萬人，到 1951 年約 580 餘萬，此爲兵力最多之時。而在 1980 年以後，進行三次較大規模的整編，1985 年 6 月 4 日，中共中央與中央軍委做出裁軍一百萬的重大決策，鄧小平代表政府鄭重宣布解放軍裁減員額一百萬[4]，

並於 1987 年完成；1997 年 9 月，江澤民在中國共產黨十五大宣布共軍再裁減 50 萬人，順應高技術戰爭的要求。解放軍的陸軍步兵師首遭裁減，撤銷了部分集團軍和師、團建制，並將一批乙種步兵師改編為武警部隊和預備役部隊[5]。至 1999 年底，裁軍五十萬完成。

目前總兵力約 232 萬餘人。陸軍（地面部隊）150 萬餘人，海軍 34 萬餘人，空軍 33 萬餘人，二砲 12 萬餘人。[6]中共三軍兵力員額比例判斷如圖 13-2。

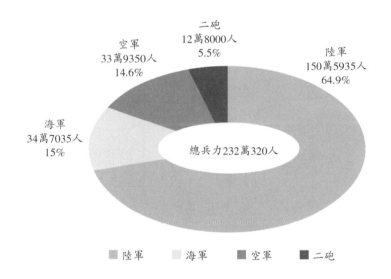

二砲
12萬8000人
5.5%

空軍
33萬9350人
14.6%

陸軍
150萬5935人
64.9%

海軍
34萬7035人
15%

總兵力232萬320人

■ 陸軍　　■ 海軍　　■ 空軍　　■ 二砲

圖 13-2　中華人民共和國三軍兵力員額比例

資料來源：改編自國防部編，《中華民國九十一年度國防報告書》，http://www.mnd.gov.tw/。

目前兵力部署依循「遠戰速勝、首戰決勝」戰略指導，並確定以遠戰、速決戰為主的現代化「非線性」戰爭概念，為了打贏二十一世紀現代化高科技局部戰爭，其假想敵包括中華民國、日本及美國，

所以人民解放軍依據地緣戰略特性評估威脅，以七大軍區爲主體，綜合陸、海、空軍及二砲部隊，規劃「戰區戰略」構想。兵力部署圖，如圖 13-3。

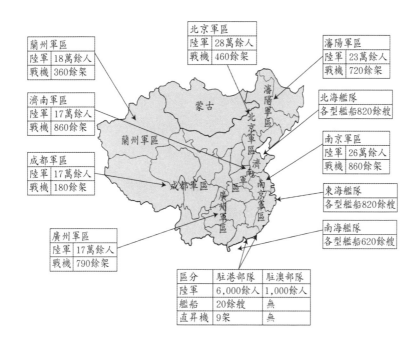

圖 13-3　中華人民共和國三軍兵力部署判斷圖

而目前已發展戰略導彈，現有東風系列短、中、長程、洲際彈道飛彈約五百餘枚；其中「東風十五號」（M-9 型）部署於江西樂平地區，前進（預備）陣地則分布江西、福建一帶地區；「東風十一號」（M-11 型）改良型飛彈部署於福建，射程均可涵蓋台灣全島。上述地區飛彈部署完全針對中華民國，且數量不斷增加，預估至 2005 年

針對我部署之戰區飛彈可達六百餘枚。[7]

二、人民武裝警察

　　人民武裝警察部隊總部成立於 1983 年 4 月 5 日。武裝警察部隊是擔負國家賦予的安全保衛任務的部隊，受國務院、中央軍事委員會雙重領導，由內衛、黃金、森林、水電、交通等部隊組成。　武警部隊經過調整擴充，已成為一支多警種、遍布全國各地、具有相當規模的武裝力量。目前武警部隊擁有三類八個警種部隊，如表 13-1。

　　武警總部現設司令部（副大軍區級）、政治部（副大軍區級）、後勤部（正軍級）、裝備部（正軍級）和各專業警種指揮部（正軍級）。武警部隊的組織、指揮層次一般為：總隊（師，正軍級至正師級）、支隊（團，副師級至正團級）、大隊（營）、中隊（連）、排。[8]

三、民兵及預備役部隊

　　1997 年中華人民共和國訂定「國防教育法」，並於「國防法」中制定戰時實施人力、物力動員原則，進一步落實民兵與預備役部隊制度化工作，並加強各級地方政府人民武裝部組建、民兵基層建設、民兵應急分隊整建，以及強化民兵與預備役軍事訓練工作[9]。

表 13-1　中華人民共和國武警任務分類

任務性質	內衛部隊，武警主要組成部分。（武警總部直接領導，公安部門督導）			經濟建設任務及維護國家安全與社會穩定任務的部隊（受國務院相關業務部門及武警總部雙重領導）				列入武警序列，由公安部門管理的部隊		
組成單位	武警總隊	機動師	總部直屬單位	黃金部隊	水電部隊	交通部隊	森林部隊	邊防部隊	消防部隊	警衛部隊
主要任務	承擔固定目標執勤和城市武裝巡邏任務、保障國家重要目標安全。	處置各種突發事件，維護國家安全與社會穩定。	支援國家經濟建設和執行搶險救災任務。	黃金地質勘查、黃金生產任務。	國家能源重點建設，包括大中型水利、水電工程。	公路、港口及城市建設施工任務。	森林防火，維護森林治安及保護森林資源。	邊境檢查、管理和部分地段的邊界巡邏以及海上緝私。	防火滅火任務。	擔任黨和國家領導人、省市主要領導及重要來訪外賓的警衛任務。

資料來源：邱伯浩等著，《中國人民武裝警察大解構》，（台北：揚智文化，民國82 年），頁 212。

（一）民兵

民兵是一支不脫離生產的群眾武裝組織。通常是中華人民共和國或政治集團的武裝力量組成部分，被視為常備軍隊的助手和後備力量，有的與預備役相結合，既是武裝力量的組成部分，又是預備役的

一種組織形式。平時其成員各事其業，接受必要的軍事訓練，維持社會治安；戰時則就地配合軍隊作戰或開展游擊戰，擔負各項戰爭勤務，必要時隨軍遠征或徵調入伍補充常備兵。

民兵被視為「毛澤東人民戰爭思想的產物，是一支新型的人民群眾武裝組織」。1950 年 5 月 16 日，中國共產黨中央委員會、中央軍事委員會發出《關於加強民兵建設的指示》，提出在全國實行「普遍民兵制度」，把過去戰爭時期實行的自願參加民兵的原則，轉變為按規定條件普遍參加民兵的制度，規定凡是適齡男性青年，只要身體健康，都要參加民兵的權利和義務。1958 年因受到韓戰的影響，領導人毛澤東下令大辦民兵師，從農村到城市，普遍建立民兵組織。文化大革命期間，民兵制度一度停滯，直至 1976 年 10 月，才又重新恢復民兵制度的傳統領導及管理體制。1984 年 5 月 31 日，中華人民共和國頒發新的《中華人民共和國兵役法》，進一步確立了民兵與預備役相結合的制度。1990 年 12 月 24 日，中華人民共和國國務院、中央軍委頒布新訂的《民兵工作條例》〈共九章七十六條〉對民兵工作的任務、指導原則、組織建設、政治工作、軍事訓練、武器裝備、戰備值勤等各方面，都作了明確的規定，推動了民兵工作的全面發展。[10]

民兵工作係由總參謀部主管；軍區按照上級賦予的任務，負責該區的民兵工作；省軍區、軍分區和縣〈旗、縣級市、市轄區〉人民武裝部是該地區的民兵領導指揮機關；鄉、鎮、街道和企業事業單位設有人民武裝部，負責民兵工作。各地方人民政府對民兵工作亦實施領導，組織和監督民兵工作任務之完成。過去民兵訓練形態為小型、就地、分散的群眾性練武活動，1981 年以後，發展成為以縣、市民

兵訓練基地集中訓練為主要形式的正規訓練。

（二）預備役

「預備役」亦稱「後備役」，簡言之，預備役就是一種「公民在軍隊外所服的兵役」。預備役部隊是按照現役部隊編制，以少數現役軍人為骨幹，以預備役軍官和士兵為基礎組建而成的，屬於解放軍的建制序列，授予解放軍的番號和旗幟，執行解放軍的條令和條例。預備役制度是儲存兵員的重要方式，於 1955 年頒布的《中華人民共和國兵役法》中規定建立預備役制度起成立，1956 年 4 月，中華人民共和國國防部發出《關於預備役軍士和兵的登記工作指示》，是第一次有計畫、有組織的進行預備役登記制度。1984 年重新頒布的《兵役法》中將民兵與預備役相結合，其間曾一度中斷，直到中共「十一屆三中全會」後再度恢復。

按照中華人民共和國兵役法中的規定，公民要依法服現役，退出現役的士兵和軍官以及其他符合條件的公民，在規定年齡內要服預備役〈較現役軍官年齡大三至五歲，尉級軍官最高四十至五十歲；校級軍官最高五十至六十歲；將級軍官最高至六十五歲〉，因此服預備役與服現役一樣，被視為公民必須履行的義務。預備役部隊是加強軍後備力量建設，解決「平時少養兵，戰時多出兵」及保障戰時迅速擴編軍隊的重要組成形式。其訓練內容係依照總參謀部頒發的《民兵軍事訓練大綱》、《預備役部隊訓練大綱》及國家教育委員會、總參謀部、總政治部聯合頒發的《高等學校學生軍事訓練大綱》執行。預備役軍官在服役期間需參加三至六個月的軍事訓練，士兵的訓練則為三十至四十天，訓練難度較大或專業技術的軍官及士兵，則可適當延長訓練期程。[11]

第二節　軍事戰略發展過程

　　依據美國蘭德公司（RAND）研究，中華人民共和國的軍事演變概分三個時期，首先是「人民戰爭時期」，其次是「現代條件下的人民戰爭」，目前是「高技術條件下的局部戰爭時期」，[12]而從其軍事戰略演變觀察似乎可以得到與美國蘭德公司同樣的答案。

一、人民戰爭時期

　　人民戰爭的基本特點為「以農村包圍城市」，其特點為：

1. 中國革命的中心任務及最高形式，是發動人民群眾武裝奪取政權，並使各種鬥爭形式緊緊配合起來。

2. 堅決依靠人民，實行正確政策，形成最廣泛的統一戰線，動員人民群眾參軍參戰，武裝人民群眾配合軍隊作戰，組織人民群眾努力發展生產，積極支援前線。

3. 建立一支以農民為主體的、密切聯繫的、具有高度紀律性的人民軍隊。

4. 實行主力兵團、地方兵團與游擊隊、民兵相結合的武裝力量體制。

5. 在敵人統治力量薄弱而地形有利的農村地區，建立鞏固的革命根據地。

6. 運用適應於中國革命戰爭特點的人民戰爭的戰術戰略，實行正確的戰爭指導。[13]

　　中國共產黨剛奪取政權後而尚未完全改造解放軍，韓戰就在一九五〇發生了，緊接著在同年 10 月，中國共產黨就派遣由解放軍組成的「人民志願軍」參戰，與美國交手後，獲得了現代戰爭的經驗，認識到了現代武器與現代軍事技術的重要性。在另一方面中國共產黨也見識到了，美軍壓倒性的火力與空軍的轟炸與密集攻擊，讓解放軍以為戰無必勝的「人民戰爭」受到嚴重的挑戰，甚至無用，瞭解到若要跟現代化軍隊對決，必須徹底改變「解放軍」使之現代化。

　　1953 年韓戰停戰，在國防部長彭德懷的指導下，開始了人民解放軍現代化的改革，而彭德懷於 1954 年提出以下主張：

1.建軍方針：建立現代化、正規化部隊。

2.工作重點：加強正規訓練，革新武器裝備，反對編訓民兵。

3.領導體制：主張「一長制」，反對以黨領軍與黨委集體領導。

4.軍隊任務：強調「軍隊僅是單純的打仗，搞生產是不務正業」。

　　這四點主張與毛澤東一貫主張的「黨指揮槍」及「人民戰爭」背道而馳，而遭毛澤東於 1959 年盧山會議整肅，導致「解放軍」只在武器裝備的更新並隨著與蘇聯的密切合作，獲得了大量的更新，甚至取得製造原子彈的技術，但是在軍事戰略上還是以「人民戰爭」為概念，來因應中華人民共和國所擔心兩大超級強權的攻擊（1950 年代至 1960 年代是美國；從 1960 年代末期到 1985 年則是前蘇聯）[14]。而後林彪繼任國防部長，為配合毛澤東意願更提出新的主張與政策：

1.建軍方針：建立革命化戰鬥化軍隊。

2.工作重點：著重抓基層連隊，展開「四好連隊」、「五好戰士」
運動。

3.部隊訓練：實施「少而精」方針，強調突出政治，進而政治建
軍。

4.編訂訓練條令，統一共軍戰術思想。

5.發展國防工業：從軍隊補充配套，到發展海空新裝備與氫彈尖
端武器。

　　然而，文化大革命使中國大陸陷入瘋狂，所有人都在尋求「政
治正確」解放軍也不例外，再加上俄援中斷，更是將解放軍停留在「思
想教育」階段。

二、現代條件下的人民戰爭

　　1976 年 9 月毛澤東死亡後，中華人民共和國內部開始修改「人
民戰爭」向「現代條件下的人民戰爭」路上前進，加上與前蘇聯交惡
並與美國重修舊好，使中蘇邊境承受很大的威脅，更明確的說，「現
代條件下的人民戰爭」係為因應蘇聯可能越過中國大陸北方邊界發動
攻擊所引發的安全挑戰。[15]而蘇聯與美國軍備競賽的結果，在核武器
與傳統武器上領先中華人民共和國多達數十年，且在華沙集團中累積
無數次的現代武器下的實兵操演，其傳統部隊實力於當時為世界第
一，可以對中華人民共和國進行三維攻擊，並且其本身的核武也可以
用來對付中共。

　　而 1979 年的「懲越戰爭」的失敗更促使了解放軍對軍事戰略的

重新檢討與修正，當時的解放軍軍事學院開始修改毛澤東的「十大戰爭原則」，其認爲以往制定的「堅壁淸野，誘敵深入，撇開兩手請你進來的戰略方針，已難適應現在狀況」，必須研究「現代條件下的人民戰爭」。

　　而中國共產黨中央軍委於 1985 年強調：「要把我軍建設成爲具有中國特色的現代化、正規化的革命隊伍，從而進一步從全局上決定了軍隊長遠建設的根本大計」，[16]而在這變革中，共軍強調提高諸兵種協同作戰能力爲必要條件，而解放軍「現代條件下的人民戰爭」的意涵根據約非（Ellis Joffe）寫道，概有七點：

1. 除了發動大規模地面進攻外，雙方必須對敵人後方深處的目標，特別是那些「用於突襲的遠程武器」發動戰略空襲。

2. 現代戰爭的初級階段比以前更爲重要。現代戰爭爆發的突然，開始階段也縮短了，其規模更大且比以前更有破壞力。

3. 現代戰爭的戰區範圍比以前大，情況也與過去完全不同。

4. 於現代戰爭可以在陸地、空中和海上進行，又由於所使用的武器比過去的破壞力更大，因此更難區分後方和前方。

5. 對後勤的依賴性更強。這也包括給養、維修和醫療設施。

6. 指揮和控制方式也完全不同，對戰爭的結果起著決定性的作用。現代指揮方式要有電腦和自動控制系統，還要有尖端的電子偵查和通訊系統。

7. 「人的因素」依然很重要，但這是由於操作現代化武器需要先進技術，而且因爲全體人民都將受到現代戰爭的影響，而不是

因為「人的因素」可以取代現代手段和方法。[17]

從中華人民共和國戰略演變可以得知,「現代條件下的人民戰爭」是為了擺脫文革時期「思想領導全部」及對抗國際政治演變的結果的過渡性產物。

三、高技術條件局部戰爭

1991 年的波斯灣戰爭,使解放軍開始思考高技術條件下局部戰爭之可行性,企圖從波斯灣戰爭中獲得經驗與教訓。解放軍將高技術戰爭加上戰爭的局部性,形成了所謂的「高技術條件下局部戰爭」的戰略指導原則。[18]在此原則下的現代化過程,也面臨歐美「軍事事務革命」(Revolution in Military Affairs, RMA。中華人民共和國稱之為「新軍事革命」)趨勢的衝擊,而朝向「高技術戰爭」的理論與戰略研究發展。

所謂「軍事高技術」,依據解放軍的看法,是指現代高科技中運用於軍事領域的高技術。[19]具體的說,軍事高技術是建立在現代科學技術成就基礎上。中國大陸學者認為,當今世界軍事高技術競爭有十個制高點[20],分別為:軍用微電子技術、電子計算機和人工智能技術、軍用光電子技術、軍用航天技術、軍用新型材料技術、軍用生物技術、C^3I 系統技術、[21]電子對抗技術、隱身技術及定向能技術。另一方面,軍事上的新需求又促進了高技術的發展。由於軍事高技術是高技術在軍事上的應用,因此採用高技術的分類方法,將軍事高技術劃分為六大領域,如表 13-2:

表 13-2　軍事高技術的類別

類　　別	內容
軍事信息技術	主要包括微電子、光電子、計算機、自動化、衛星通信和光纖通信技術。
軍用新材料技術	主要包括信息材料、能源材料、新型結構材料和功能材料技術。
軍用新能源技術	主要包括核能、太陽能、風能、地熱能、海洋能和生物能技術。
軍用生物技術	主要包括基因工程、細胞工程、發酵工程技術。
軍用海洋開發技術	主要包括海水淡化、海水提鈾、海底採礦及海底工程建設技術。
軍事航天技術	主要包括航天器的製造、發射和測控技術、航天遙感（空間偵察、監視）、空間通信以及空間工程技術等。

資料來源：中國人民解放軍總參謀部軍訓部，《軍事高技術知識教材》，上冊（北京：解放軍出版社，1997 年），頁 5～6。

此外，中華人民共和國高技術戰爭的特點如表 13-3：

表 13-3　中華人民共和國高技術戰爭的特點

戰爭形態	特點內容
注重武器裝備技術優勢的較量	高技術武器裝備本身所具有的巨大效能，使其成為左右戰場形勢和制約戰爭勝負的重要因素。擁有高技術勢力的一方，可以靈活選擇打擊目標、範圍、方式，有效控制戰爭的規模和進程，更多的掌握著戰爭的主動權，軍隊的作戰行動已由側重人力、物力數量優勢的對抗，轉向側重人員素質和技術優勢的較量。
戰場的高立體、大縱深、全方位特徵突出	戰爭在過去陸海空三維空間的基礎上進一步向太空和深海擴展，形成多層次的立體對抗；導彈等遠程火力打擊手段的運用以及軍隊機動能力的大幅提高，使戰場縱深空前加大，前方後方模糊；精確制導武器和特種作戰手段的使用，交戰雙方的行動呈現全方位、多方向的特徵。
作戰行動向高速度、全天候、全天時發展	高技術手段的運用，使用兵力、火力具有高速機動能力，從而使戰爭的發起更加突然，作戰節奏加快，戰爭進程大為縮短。新型光學電子設備和夜視器材的大量運用，使軍隊能夠實施全天候、全天時的連續作戰，作戰時效顯著提高。
作戰方式發生重大變革	導彈戰、電子戰等許多新的作戰樣式出現，並在戰爭中發揮重要作用。空中作戰的地位和作用上升，遠戰、夜戰的比重增大，機動戰、聯合作戰成為基本的作戰型態。作戰行動更加強調縱深突擊和整體打擊。
C^3I 對抗成為軍隊指揮活動的焦點	以電子計算機為核心，集指揮、控制、通信、情報於一體的 C^3I 系統的發展和運用，使軍隊指揮效能和整體作戰能力大幅度提高。C^3I 對抗日趨激烈，奪取戰場信息控制權成為軍隊指揮的前提與焦點。此外高技術更加重視軍事、政治、經濟、外交、文化等多種手段的綜合運用，對人的素質要求更高，對後勤的依賴性空前增大。

資料來源：中國軍事百科全書編審委員會，《中國軍事百科全書》，第二冊（北京：軍事科學出版社，1997 年），頁 126～127。

　　中華人民共和國所指稱的「高技術局部戰爭」，是指具有現代生產技術水平的武器系統及與之相適應的作戰方法，在作戰目的、目標、戰鬥力、空間、時間等方面都有所限制的高技術作戰體系間的武裝對抗。這個作戰體系包括以戰略核武器作後盾的常規武器系統、支援保障系統、管理系統等。[22]同時，對於高技術條件下局部戰爭的特性之認知，有以下幾點：[23]

1.政治對戰爭的制約力增強，戰爭的目的、規模受到嚴格限制。

2.高新技術在戰爭力量中的地位日益突出，戰爭能量迅速膨脹。

3.戰爭更多地表現為系統與系統的對抗，對戰爭系統結構的防護與破壞成為對抗的焦點。

4.戰爭實施的節奏加快、進程縮短，但準備時間增長。

5.戰爭的直接（兵力）交戰空間縮小，但戰爭的相關空間擴大。

6.戰爭對抗重心轉移，作戰樣式明顯增多。

7.戰爭的投入高、消耗大，依賴雄厚的經濟基礎和有效的綜合保障。

8.戰爭的牽動面大，關聯對手多，容易導致「國際化」的複雜局面。

　　中華人民共和國為在二十一世紀爭取戰略主動權，俾在未來國際戰略格局中占有一席之地，在其「理論要先行」的認知下，積極重新調整其軍事戰略、精進軍事思想、理論。目前，解放軍之軍事思想理論，已由人民戰爭思想向高技術條件下的人民戰爭思想逐漸演變、由應付一般條件下局部戰爭向打贏高技術條件下的局部戰爭轉變。

第三節　中華人民共和國對我國之軍事行動

　　我國國防報告書指出，目前中華人民共和國無法以正規登陸戰術奪取中華民國，則其對台可能採取的軍事行動，預判大致有下列方式：一、在不動用大規模兵力原則下，對台外島區域遂行突襲作戰進而奪取；二、以機艦越過海峽中線，甚至近迫中華民國藉以騷擾；三、藉漁事糾紛，以逐漸奪取海峽主控權；四、襲擾中華民國運補船隊，趁機擴大事端；五、運用海、空兵力長期封鎖，孤困中華民國；六、以戰機、飛彈及 M 族系列飛彈對中華民國進行突襲，企圖癱瘓中華民國以戰逼降；七、對中華民國地區發動大規模正規與非正規全面攻擊。[24]

　　兩岸曾在 1950 與 1960 年代亦爆發多次的武裝衝突。[25]如表 13-4 所示：

表 13-4 武裝解放時期之中華人民共和國對台政策（1949 年至 1978 年）

武力解放政策	武裝解放台灣民國 1949 年至 1958 年	軍事威脅	揚言血洗台灣，共軍發動金門古寧頭戰役、一江山和大陳島戰役，以及八二三砲戰。
		內部顛覆	企圖在台灣本島建立據點，發展共黨組織，推展群眾運動和武裝鬥爭，以便裡應外合。
		宣傳鼓動	一再聲稱，除了用戰爭方式解決以外，還存在和平解放的可能。
	和平解放台灣民國 1959 年至 1978 年	和戰並用	一方面提出國共和談，另一方面又恫嚇將以武力解放台灣。
		海外統戰	利用國際情勢及海外華人發動對台統戰，提出「認同、回歸、統一」的口號。
		反對分離	不斷聲明，堅決反對「兩個中國」、「一中一台」和「台灣獨立」等分離主張。

資料來源：法務部調查局編，《中國大陸綜覽》（台北：共黨問題研究中心，民91年），頁205。

　　1950 年韓戰爆發，中華民國在全球圍堵國際共產勢力擴張的戰略地位升高，並與美國於 1954 年簽定「中美共同防禦條約」，但中華人民共和國仍在 1955 年發動一江山及大陳島戰役，逐步削弱我國在台灣海峽及中華人民共和國領海的實力，1958 年，毛澤東有意試探「中美共同防禦條約」，發動金門砲戰──八二三砲戰以及台海之間的空戰。[26]金門八二三砲戰打破了二次大戰以來火力密集度的最高紀錄，在金門對岸的解放軍砲兵原有一百三十門重砲，再加上從解放軍調來的三百多門長程砲以及一百多門高射砲，再前後將近一百天的砲擊下，耗彈四十四萬發，不但沒有攻下金門，只損傷國軍砲位三十多門，連基本戰鬥力仍未損傷（表 13-5）。[27]中國大陸與金門之間的砲戰持續了十七年，在其間僅除了美國總統艾森豪訪問中華民國時（1960 年 6 月），較爲激烈外，其餘大多是宣傳彈的互相發射。

　　而中華人民共和國與美國關係自 1970 年代開始逐漸改善，自鄧小平上台以後，與美國於 1979 年 1 月 1 日簽訂建交公報，中華民國與美國之間的「中美共同防禦條約」廢止，中華人民共和國也暫停砲擊金門的歷史。而台灣海峽兩岸之間的武力衝突，也正式劃下句點。

表 13-5　金門八二三砲戰期間國共損傷表

共軍			國軍		
空軍	米格-17	毀32架 傷4架 重創8架	F-86 C-46運輸機 C-47運輸機 PBY民航機	毀2架　傷1架 毀3架　傷2架 毀1架 毀1架	
	毀32架　傷12架		毀7架　傷3架		
海軍	各型魚雷快艇 各型高速砲艇 各型機帆船 LCM機械登陸艇	18 沉 9 傷 4 沉 13 傷 10 沉 14 傷 4 傷	LCT坦克登陸艦 LSM 中型登陸艦 MSF掃雷艇 LCM機械登陸艦 商船	1沉3傷 重傷 1傷 重傷 1沉	
	32 沉　40 傷		2沉　5傷		
陸軍	各型野戰砲、高砲 各型車輛 砲位及掩體 油彈儲存所	221 門 96 輛 107 處 17 處	各型野戰砲、高砲 油彈儲存所 碼頭	14 門 1 處 2處	

資料來源：馬鼎盛，《國共對峙 50 年軍備圖錄》（香港：天地圖書有限公司，2000 年），頁 31。

　　而中華民國國軍自 1990 年代以來的幾年時間內，購買和更新武器的結果是空軍和海軍裝備發生了脫胎換骨的變化，成為新一代的空軍和海軍。陸軍方面，雖然舊式的 M-48 系列戰車仍在服役，但是增購 M-60 戰車及陸軍航空兵建立起來，戰車的火力及眼鏡蛇攻擊直升機使陸軍反裝甲有強大的火力，大大增強了陸軍的戰力。 海軍、空軍、陸軍的防空能力，隨著「標準」飛彈、「麻雀」飛彈、「天弓二型」飛彈、「愛國者」飛彈及刺針飛彈、復仇者飛彈陸續編成服役，防禦能力相對提高很多。它的影響是：當共軍空軍與國軍空軍爭奪制空權時，不僅要面對國軍新一代戰機，而且要花很大的代價來面對從地面、海面射來的飛彈。如果中華民國成功地購買到戰場彈道飛彈防禦

系統（TMD），將對中華民國安全環境的改善產生重要效果。

從第一代武器到第二代武器的變化，中華民國使中華人民共和國很難不付代價便可以攻擊得手。就此而言，中華民國軍隊武器裝備的更新，在很大程度上增強了國防安全。到底在何種程度上增強了安全，不同的人有不同的估算和判斷。政治家對此的評估最為重要，政治家對此事的估算將直接影響到他們所採取的政策，影響到如何與中國大陸往來互動，影響到台海的和平與安全。

結論

「兵者國之大事，死生之地，存亡之道，不可不察」。「不戰而屈人之兵，善之善者也。」孫子的至理名言為東方世界所極至推崇，不輕啟戰端一直為東方民族奉為圭臬，因為「殺人一千，自損五百」；當前中華人民共和國的軍事力量，當前已經成為全球第三大強國，雖然國軍的軍事力量也不容忽視，因為經濟發展及文化的交流，使兩岸的人民都不願看到戰爭的發生。

目前中華民國購買和更新武器的結果，是防衛中華民國的力量大體上與中華人民共和國可能用於進攻的軍事力量相平衡。[28]中華民國進一步購買和更新武器裝備，並與美軍之間有準同盟的默契，但是對岸的共軍也與美軍的互動相當頻繁，所以兩岸的軍事競爭，美國具有決定性因素，所以兩岸問題不應該靠軍事力量解決，但是軍事力量卻是維繫兩岸和平共存的重要因素。

【問題與討論】

一、請說明中華人民共和國人民解放軍的演變？

二、何謂人民武裝警察？其警種及任務為何？

三、何謂民兵及預備役？

四、請描述中華人民共和國軍事戰略的變遷？

五、解釋中華人民共和國高技術條件下的局部戰爭的涵義？

注釋

1. 中國大陸研究社評,〈論所謂「中國威脅論」〉,《中國大陸研究》,第 36 卷 8 期(民國 82 年 8 月),頁 3。

2. 華盛,《中共最新王牌武器》(香港:夏菲爾出版社,2000 年),頁 68。

3. 邱伯浩等著,《中國人民武裝警察大解構》(台北:揚智文化,民國 92 年),頁 175。

4. 同前註,頁 22。

5. 王法安,〈面向新世紀的突破與跨越──「九五」軍隊建設與改革回顧〉,《軍事歷史》,第 109 期(2001 年 7 月),頁 3。

6. 國防部編,《中華民國九十一年度國防報告書》,http://www.mnd.gov.tw/

7. 同前註。

8. 邱伯浩等著,前引書,頁 212。

9. 國防部編,前引書。

10. 景杉主編,《中國共產黨大辭典》(北京:中國國際廣播出版社,1991 年)頁 144。

11. 同前註,頁 145.

12. Mark Burles Abram N. Shusky 編,國防部史政編譯局譯,《中共動武方式》(台北:全球防衛雜誌,民國 90 年),頁 39〜51。

13. 景杉主編,前引書,頁 153。

14. Mark Burles Abram N. Shusky 編,前引書,頁 40〜41。

15. 同前註,頁 46。

16. 景杉主編,前引書,頁 152。

17. 沈明室,《改革開放後的解放軍》(台北:慧眾文化出版有限公司,民國 84 年),頁 76〜77。

18. 譚傳毅,《中國人民解放軍之攻與防》(台北:時英出版社,民國 88 年),頁 2。

19. 中國人民解放軍總參謀部軍訓部,《軍事高技術知識教材》(北京:

解放軍出版社，1997 年），頁 2。

[20] 喬松樓，《軍事高技術 ABC》（北京：解放軍出版社，1999 年），頁 115～132。

[21] C^3I 或 C3I 系統的名稱首先起源於美國，它是取英文的指揮（Command）、控制（Control）、通信（Communication）和情報（Intelligence）四個單詞的頭一個字母縮寫而成的。而 C3I 的演變係因「軍事事務革命」使美國國防部傳統指揮（Command）、管制（Control）、通信（Communication）、情報（Intelligence）系統（C^3I），增列由電腦（Computer）所發展而出的資訊權而成為指揮、管制、通信、電腦系統（C^4I），並進而演變為指揮、管制、通信、電腦、情報、監視（Surveillance）、偵察（Reconnaissance）的整合系統（C^4ISR），其目的就在建立並維持資訊優勢作為，以支援軍事作戰與國家安全戰略。就是要取得資訊作戰的優勢作為，支援軍事作戰而或取勝力。請參閱喬松樓，前引書，頁 55。

[22] 蘇彥榮主編，《軍界熱點聚焦 —— 高技術局部戰爭概論》（北京：國防大學出版社，1994 年），頁 13。

[23] 戴怡芳，〈高技術條件下局部戰爭的特點和規律〉，《中國軍事科學》（北京），1999 年第 1 期，頁 82～86。

[24] 國防部，《中華民國八十九年度國防報告書》（台北：黎明出版社，民國 89 年）。

[25] 岳崇、辛夷合著，《鄧小平生平與理論研究彙編》（北京：中共黨史資料出版社，1989 年），頁 134。

[26] 陳力生著，〈兩岸關係與中國前途〉，《中國大陸研究》（台北：三民書局，民國 80 年），頁 296。

[27] 馬鼎盛，《國共對峙 50 年軍備圖錄》（香港：天地圖書有限公司，2000 年），頁 32。

[28] 趙雲山，《消失的兩岸》（台北：新新聞出版社，民國 85 年），頁 160。

第六篇
文教篇

　　第六篇的主題是文化與教育，分成兩章以探討中華人民共和國的知識分子與其政策，以及其教育體制。知識分子本身就是共產主義的傳播者、中國共產黨的起造者，以及中華人民共和國的建國者。隨著市場經濟的發展，中華人民共和國的知識分子已分化為人文知識分子與科技知識分子。人文知識分子已面臨被邊緣化的問題，而科技知識分子已取代昔日人文知識分子，進入政治領導核心。第十四章從四個層面探討當代中華人民共和國的知識分子與政策：第一，知識分子的定位；第二，知識分子政策的沿革；第三，知識分子政策的影響；第四，知識分子政策問題評析。第十五章分五節介紹中華人民共和國的教育體制，包括：教育價值的選擇、教育行政制度、學校制度、教育經費，以及對教育體制進行評析。

第十四章 知識分子與政策

吳榮鎮 博士

第一節　前言

　　1919 年五四運動以後，李大釗、陳獨秀等知識分子對傳統文化與知識系統產生認同危機，以及嚮往蘇俄列寧十月革命成功，被共產主義的理想所吸引，欲借用共產主義、馬列主義來解決中國大陸的政治、經濟與社會問題，於 1920 年在蘇俄的協助下組成中國共產黨，1949 年 10 月在中國大陸革命成功取得統治權，建立了中華人民共和國。

　　二十世紀末以來，共產主義與馬列主義的理想與實踐內涵在世界各地都發生了變化。中華人民共和國的政治領導精英也借鑑文化大革命的教訓，於 1978 年起進行改革開放。因此，本章擬從四個層面探討當代中華人民共和國的知識分子與政策：第一，知識分子的定位；第二，知識分子政策的沿革；第三，知識分子政策的影響；第四，知識分子政策問題評析。

第二節　知識分子的定位

　　知識分子（intellectuals）常被理想化為社會與時代的眼睛與良心。但是，符合這種形象的知識分子在整個人類歷史中極為少數。因此，曼漢（Karl Mannheim）另從知識的創新與傳承角度，認為：知識分子是為社會解釋世界的人；[1]金耀基認為：知識分子是一個從事於創造、詮釋、傳播及適用具有一般重要性觀念的人。[2]

　　事實上，古今中外知識分子是構成統治階層的主幹，把知識分子說成是對權力說不的人（The intellectual is one who says "No" to power），並無法解釋古今中外知識分子的角色，以及他們與政府及社會的複雜關係。例如，史達林曾說：沒有一個統治集團可以沒有知識分子而統治成功的。毛澤東師承史達林於 1939 年發表〈大量吸收知識分子〉中說：沒有知識分子的參加，革命的勝利是不可能的。[3]可以說，馬列主義與共產主義思想是知識分子引進的，沒有知識分子的領導，中國共產黨於 1949 年是無法取得政權的。

一、毛澤東對於知識分子的界定

1. 以服務對象界定知識分子：知識分子分為為地主資產階級服務與為工農階級服務兩種。於 1939 年 12 月 1 日發表〈大量吸收知識分子〉。[4]

2. 以出生家庭界定知識分子：知識分子和青年學生的多數是可以歸入小資產階級範疇的。[5]

3. 以實際工作界定知識分子：認為只有書本知識，沒有參加實際活動，還沒有把自己所學的知識應用到生活的任何部門裡去，像這樣的人是否算得一個完全的知識分子，我以為很難。[6]

4. 以適應新社會界定知識分子：〈關於正確處理人民內部矛盾的問題〉一文中，指出知識分子的問題：人民內部的矛盾，在知識分子中間也表現出來。過去為舊社會服務的幾百萬知識分子，現在轉到為新社會服務，存在著他們如何適應新社會及如

何幫助他們適應新社會的問題。[7]

5. 以階級界定知識分子：1971 年 4 月 15 日中華人民共和國國務院在北京召開文革期間第一次也是唯一的全國性教育工作會議。會後發布〈全國教育工作會議紀要〉，此紀要是先經毛澤東於是年 8 月圈閱後發布的。其中，第三部分指出：建國後十七年來學校教育主要是由資產階級知識分子統治學校。

　　毛澤東於 1939 年抗戰第三年，發表前述第 1 至 3 點有關知識分子的界定，旨在鼓勵與拉攏「為地主資產階級服務的知識分子」，以及所謂為工農階級服務的知識分子，共同參與組織抗日統一戰線，擴大共軍的實力。

　　其次，1942 年以實際工作界定知識分子，旨在發動 1942 年的延安整風，整肅王紹禹等只會背誦馬列著作的國際派人士，徹底化解 1930 年以來國際派的威脅，企圖以毛澤東思想取代馬列主義。

　　而 1957 年以適應新社會界定知識分子，旨在對知識分子進行思想改造與加強思想政治教育，為三面紅旗進行準備工作。毛澤東希望知識分子逐步樹立共產主義的世界觀，學好馬列主義。

　　至於 1971 年發布之〈全國教育工作會議紀要〉，主要由毛澤東親自領導的文化大革命，首先向文化教育開刀的藉口，認定建國十七年來的學校教師仍是資產階級統治學校的代表。主要目的是整肅共黨內部走資本主義的當權派。

二、周恩來對於知識分子的界定

1. 以進步程度界定知識分子：1956 年發布〈關於知識分子問題的報告〉，提出要徹底肅清在知識界中的反革命分子，使落後分子減少到最低限度，使中間分子儘可能變爲進步分子，使進步分子成爲完全社會主義的知識分子。[8]

2. 以附屬於統治階級界定知識分子：1962 年發布〈論知識分子問題〉，指出知識分子不是獨立的階級，而是腦力勞動者構成的階層。這個階層的絕大部分人在一定的社會條件下是附屬於當時的統治階級並爲其服務的。[9]

3. 以又紅又專界定知識分子：1962 年發布〈知識分子應當受到國家人民的尊重〉，指出新社會培養出來的大量知識分子，正在沿著又紅又專的道路成長，是屬於勞動人民的知識分子，應該信任與關心他們，使他們很好地爲社會主義服務。[10]

　　周恩來於 1956 年以進步程度界定知識分子，著眼於加強黨領導一切，對於知識分子的領導，以及黨對於整個科學文化工作的領導，配合毛澤東發動三面紅旗作準備；而 1960 年三面紅旗失敗，劉少奇接任國家主席。爲配合劉少奇的八字方針，以發展經濟爲主的政策，周恩來於 1962 年爲認爲知識分子是附屬於統治階級並爲其服務，要尊重與團結一切愛國的知識分子爲社會主義建設服務。

三、鄧小平對知識分子的認定

鄧小平以腦力勞動界定知識分子：1977 年鄧小平復出發表〈尊重知識，尊重人才〉，指出要實現現代化，關鍵是科學技術要上去。不論腦力勞動，體力勞動，都是勞動，重視從事腦力勞動者，承認這些人是勞動者。[11]

鄧小平之所以尊重知識分子及肯定知識分子的貢獻，主要原因是，他於文化大革命後，警覺到中華人民共和國的文盲約占人口的五分之一，認為要實現四個現代化，沒有知識分子的參與是不可能成功的。知識分子只要在科學及事業上有貢獻，仍然是紅的表現。

第三節　知識分子政策的沿革

毛澤東、周恩來及鄧小平等當權領導人於不同時期給予知識分子不同的定位，以便於不同時期達成團結、教育、改造與利用非當權派與不同利益群體知識分子的目的。因此，本節擬以 1978 年為轉折點，分別從改革開放前與改革開放後兩個時期，分析中華人民共和國的知識分子的政策。

一、改革開放以前的知識分子政策

（一）抗戰時期的知識分子政策（1937～1945）

毛澤東於 1939 年 12 月 1 日，毛澤東發布〈大量吸收知識分子〉

一文，提出共產黨必須善於吸收知識分子的政策，對於知識分子正確的政策，是革命勝利的重要條件之一：[12]

1. 應該大量吸收知識分子加入我們的軍隊。

2. 注意拒絕敵人和資產階級派遣進來的分子，拒絕不忠實分子。

3. 對於一切多少有用的比較忠實知識分子，應當分配適當工作，應當好好教育他們。

4. 對於一部分反對知識分子參加工作的幹部，尤其主力部隊的某些幹部，則應該切實地說服他們，使他們懂得吸收知識分子參加工作的重要性。

5. 在國民黨統治區和日寇占領區，基本上適用上述原則，但吸收知識分子入黨時，應更多注意其忠實的程度。對於廣大同情我們的黨外知識分子，則應該與他們建立適當的聯繫，把他們組織到抗日和民主的偉大鬥爭中去，組織到文化運動中去，組織到統一戰線的工作中去。

6. 在無產階級知識分子的造成，也絕不能離開利用社會原有知識分子的幫助。

其次，毛澤東於 1940 年發布〈目前抗日統一戰線中的策略問題〉，提出在發展進步勢力，爭取中間勢力，孤立頑固勢力的鬥爭中，知識分子的作用是不可忽視的。爭取一切進步的知識分子於在黨的影響之下，是一切必要的重大的政策。[13]1945 年 4 月 24 日毛澤東發表〈論聯合政府〉，提出人民解放鬥爭迫切需要知識分子，注意團結和教育現有一切有用的知識分子[14]。

可見，中國共產黨於抗戰時期的知識分子政策是：吸收、利用、組織，團結、教育知識分子，以發展革命統一戰線。而此政策一直延續到 1949 年。

（二）建政初期的知識分子政策（1949～1956）

知識分子在協助中國共產黨建國之後，其知識分子的政策迅速改變，由抗戰時期的吸收、利用、組織，團結與教育等政策，轉變為思想改造。因為中國共產黨認為中國知識分子的結構有三：一是親身參加共產革命運動而成長的知識分子；二是在舊教育體制下培養出來的，尚未參加共產革命的知識分子；三是在舊社會過來的各類專家、學者、教授，以及文藝工作者、醫生、工程師、記者、教員等。所謂知識分子問題主要指後者，他們才是建國初期知識分子隊伍的主要組成部分。他們在建國初期的立場和世界觀還是資產階級的。有鑑於此，在對待知識分子的問題上採取慎重的態度：即在爭取、團結、信任和使用知識分子的同時，也開始向他們提出學習和改造的任務。毛澤東更指出，思想改造，首先是各種知識分子的思想改造。[15]

改造的內涵主要見諸於 1951 年 9 月 29 日周恩來發表之〈關於知識分子的改造問題〉的報告。報告共分七部分：立場問題、態度問題、為誰服務問題、思想問題、知識問題、民主問題、批評與自我批評。旨在闡明對知識分子進行思想改造的必要與目的，強調要分清敵我、批判帝國主義、封建主義與官僚資產階級的思想影響。[16]

（三）「整風與反右」時期的知識分子政策（1956～1965）

「整風與反右」是 1956 年至 1965 年的知識分子政策。期間雖然有 1962 年 3 月廣州會議對知識分子政策的調整，周恩來發表〈知

識分子應當受到國家和人民的尊重〉。但是，好景不常，是年 9 月中國共產黨召開八屆十中全會毛澤東提出〈千萬不要忘記階級鬥爭〉，一步步演化成 1966 年的〈文化大革命〉。[17]矛頭指向黨內走資本主義道路的當權派：劉少奇、鄧小平、陳雲等人。

首先，1956 年 4 月 25 日毛澤東在中國共產黨中央政治局擴大會議上提出〈論十大關係〉的報告，指出建設社會主義的十大矛盾問題。他認為中國生產資料所有制（國有制）的社會主義改造已經基本完成，故而想調動一切積極因素，〈多、快、好、省〉建設社會主義[18]，準備向共產主義過渡。

1957 年 2 月 27 日毛澤東發表〈關於正確處理人民內部矛盾的問題〉的講話，指出：現階段存在兩種不同性質的矛盾，一是人民內部矛盾；二是敵我矛盾。而人民內部的矛盾在知識分子中間也表現出來。過去在舊社會服務的幾百萬知識分子和青年學生的思想政治工作減弱了，存在著官僚主義、主觀主義和命令主義，故而毛澤東決定展開全黨整風。1957 年 2 月 27 日發布〈關於整風運動的指示〉。

整風運動很快地發展成反右鬥爭。主要原因是整風運動中，因為中國共產黨黨中央鼓勵知無不言、言無不盡、言者無罪、聞者足戒，故而出現許多反中國共產黨的言論。例如，要共產黨退出機關、校園，反合作化運動等言論，毛澤東解釋為引蛇出洞，故而迅速將整風的主題轉變為反右鬥爭。由於毛澤東錯估了形勢將反右鬥爭擴大化，全國知識分子有 55 萬多人被打成右派，對於知識分子來說是一場悲劇。

（四）文革時期的知識分子政策（1966～1977）

清理階級隊伍；鬥、批、改、接受工農兵教育；發配五七幹校；

大學五年不招生等是文革時期的知識分子政策。[19]

　　毛澤東於 1962 年重提階級鬥爭後，此後學術界即開展了一連串的批判運動，這些批判運動，應該是文化大革命的思想準備工作。1966年 5 月至 1976 年 10 月中國大陸發生文化大革命的浩劫，知識分子的命運跌到了谷底。這場由毛澤東發動的文化大革命的主題原來是防修與反修、整頓黨內那些走資本主義道路的當權派、清除中國大陸的赫魯雪夫。

　　但是，這場運動卻以破四舊（破除舊風俗、舊思想、舊習慣、舊文化）開始，在文藝界、學術界及教育界展開批鬥運動。主要原因是，毛澤東在黨內權力鬥爭過程中，動輒將權力鬥爭對手扣上資產階級的帽子。

二、改革開放以後的知識分子政策（1978～迄今）

　　尊重知識、尊重人才、爭取、攏絡與安撫等是改革開放以後的知識分子政策。1977 年鄧小平復出，是年 5 月 24 日鄧小平發表〈尊重知識，尊重人才〉。反對不尊重知識分子的錯誤思想。他認為，靠空講不能實現現代化，必須有知識，有人才。[20]次年，中國共產黨第十一屆三中全會以後，對知識分子政策做了重大的調整。主要表現在下列幾方面。[21]

（一）重申知識分子是工人階級自己的一部分

　　鄧小平在 1978 年全國科學大會開幕式上的講話中明確宣布：在社會主義社會裡，工人階級自己培養的腦力勞動者，與歷史上的剝削

階級社會中的知識分子不同了，他們的絕大多數已經是工人階級和勞動人民自己的知識分子。因此，也可以說，已經是工人階級自己的一部分。不論是腦力勞動、體力勞動，都是勞動。

（二）提出尊重知識，尊重人才，代替團結、教育、改造

所謂尊重知識，尊重人才，就是要對廣大的知識分子在政治上充分信任他們、在工作上放手使用他們、在生活上關心照顧他們。例如，在紅與專的關係上，鄧小平認爲，一個人愛社會主義祖國，自覺爲社會主義服務，爲工農服務，按政治標準來說，應該說是紅了。[22]

（三）提高知識分子待遇

1949 年以來，知識分子收入偏低，腦體倒掛現象相當嚴重。文革時期教師是臭老九，教師地位飽受摧殘，教師待遇排列十二行業之末。但是，在改革開放以後，爲保證實現四個現代化，引近知識與人才，不得不改善知識分子的待遇，以鼓勵知識分子的工作積極性。

（四）聽取知識分子的意見

改革開放以來，領導階層刻正迅速革命化、年輕化、知識化、專業化，已經有大批優秀的知識分子學而優則士，進入各級黨政領導崗位，並吸收大批學者專家及大學生入黨；另一部分知識分子得以通過人民代表大會、人民政治協商會議及其它管道，參與黨國重大問題的討論、決策與諮詢。尤其，改革開放以後，智囊機構如雨後春筍般的應運而生。智囊團聚集各種學者專家爲決策系統服務，他們根據信息系統提供的大量資料，對決策的對象進行研究分析，從而提出若干備選方案供決策者選擇。[23]

（五）在堅持四項基本原則的前提下，鼓勵知識分子解放思想

　　由於 1978 年以前，知識分子所依侍的馬列主義與毛澤東思想等信仰體系，其實踐結果已成為教條主義，不符合現代化的需求，因此，80 年代以後以鄧小平為首的改革派重新對社會主義的基本價值進行再認識工作，並鼓勵知識分子在堅持〈四項基本原則〉的前提下，進行解放思想。而解放的內容，主要包括：承認個人生存的基本物質需求、承認資本主義文化與無產階級文化的互補性、容許社會主義的多樣經濟模式、黨政職能分化，以及承認對於意識形態的詮釋與策略的可變性等對於社會主義的修正價值觀。[24]

（六）加強對黨外知識分子進行統戰工作

　　對黨外知識分子進行統戰工作是改革開放後新時期統一戰線的重要工作。對於「統戰」的概念有新的定義，以團結、共事取代過去的團結、教育、改造。因此，從中國共產黨的角度而言，統戰工作的實質，就是黨與非黨（共產黨與非共產黨人）的政治聯盟。

　　因此，中國共產黨的統戰部門做黨外知識分子工作的重點，主要是針對文教、科技、醫藥、衛生等各行業上的高、中級知識分子，特別是其中有代表性的、有影響性的人士，做好這些骨幹人物的工作，就會帶動其他黨外知識分子。工作內容包括加強同黨外知識分子的聯繫；調查研究黨外知識分子思想中存在的問題；調查瞭解黨外知識分子的政治表現與業務專長；調查瞭解與黨外知識分子共事的情形，及時總結和交流經驗；與黨外知識分子中的代表人物建立密切聯繫，深交一批朋友；協助有關部門認真貫徹正面教育、積極引導、幫助提高的方針，深入細緻的做好黨外知識分子的思想政治工作等。[25]

第四節　知識分子政策的影響

　　根據前述中華人民共和國知識分子政策的變遷，已對社會與知識分子的結構造成巨大的衝擊。

一、社會結構的轉型

　　1978 年改革開放以後的知識分子政策，標示著以經濟建設為中心的時代已來臨；1992 年中華人民共和國第十四次人大會正式提出建設社會主義市場經濟體制，經濟生活已是整個社會群眾的主流價值。社會結構在市場機制的引導下，已面臨結構轉型的趨勢，主要轉型特徵如下：[26]

（一）計畫經濟轉向市場經濟

　　1978 開始改革開放，在經濟體制上進行一系列的放權讓利的措施。從農村實行承包制開始，允許農民具有自主經營權，在城市允許企業有自主經營權，允許個體勞動，允許私人開辦企業，允許三資企業等。1992 年正式提出建設社會主義市場經濟體制，改革進入一個新的階段。此後，經濟建設為中心的思維刻正推動社會結構的轉型。

（二）中央集權社會結構逐漸轉向多元機制

　　改革開放前社會結構表面上是國家大於社會，政治──經濟──意識形態一體化，資源全由中央控制的社會。改革開放以後整個社會在市場經濟引導下原集權社會結構逐漸轉向多元機制。在產業結構方面，第一產業比重持續下降，第二產業比重持續上升，第三產業亦穩

定成長；其次，勞動力的流動性逐步增大，從農村到城鎮單向流動，發展爲農村與城鎮雙向流動；在所有制結構方面，由單一公有制模式轉向以公有制爲主體，多種經濟成分並存的局面；在分配結構方面，國家、集體和個人三者的分配比例已調整爲，政府收入比重持續下降，集體與個人收入比重持續上升。

（三）知識分子由國家幹部轉向專業人員

1949 年以來知識分子在政治化與意識形態化的政策下，基本上被機關化、行政化與勞動化，納入國家職工隊伍，沒有自主的空間。改革開放以後，由於民營企業的發展，爲知識分子開拓一塊靠自己力量生存發展的空間，尤其是科技專業的知識分子，可以不再做國家幹部，轉化爲各類企業的專業人員。

二、知識分子結構的分化

改革開放以來，隨著現代化工程的啓動，市場化與世俗化的大眾生活價值取向時代已經到來，社會價值觀的轉變使得知識分子內部結構，人文與科技知識分子的社會角色互換。

（一）知識分子內部構成問題

北京大學中文系教授王岳川將知識分子爲四類：一是權力話語的知識分子，渴望成爲政治首腦智囊團的一員，爲政治服務；二是技術知識分子，主要爲發展科技和獲取利潤服務；三是經濟型文化人，由文人轉化爲商人；四是人文知識分子，旨在實踐意識形態的承諾。前述四種型態的知識分子，隨著市場經濟的發展，渠等的角色與定位

刻正處於急速轉化與互換中。[27]

（二）人文知識分子與科技分子問題

北京首都師範大學副教授陶東風認爲，1949 以來人文知識（文、史、哲）歷來占據整個知識體系的中心，故而人文知識分子作爲社會啓蒙者與精神牧師，幾乎壟斷了政治權力的精英群體，科技知識分子則處於權力邊緣。90 年代以後，原作爲中國社會主義社會啓蒙的人文知識分子的傳統角色與地位則陷入空前的危機。[28]人文知識分子的危機主要表現在 90 年代以後世俗化與市場化的價值取向，導致那些充滿超越精神、慣於編織理想主義、英雄主義、精神至上神話、操弄意識形態的人文知識分子逐步被邊緣化了。

市場經濟對於科技知識分子則如魚得水，科技知識分子相對於人文知識分子已逐漸中心化。根據調查結果顯示，知識分子在不同行業、不同單位之間的收入水準由高而低依序是：科研單位──高校──國有企業。[29]收入的差異自然促使知識分子內部人文與科技的「邊陲與中心」之矛盾，以及價值取向日趨多元。

三、知識分子的價值變遷

1992 年底鄧小平南巡的講話，是引發中華人民共和國社會結構加劇市場化與世俗化。此後，大眾生活價值取向走向關心「菜籃子」的時代，知識分子不再同樣操持意識形態的話語、不再領同樣的工資、不再完全吃大鍋飯，已經開啓了專業化與多元化的價值選擇。主要表現在下列幾個方面：

（一）高校科研教師的流失

　　知識分子投入市場經濟主要表現在高校教師向市場的流失。根據 1999 年北京商情諮詢公司和北京工業大學進行的一項調查顯示，有 30.9% 的高校教師有跳槽的打算或想法。進一步統計發現，年輕教師準備跳槽的人更多，四十五歲以下的教師想跳槽的比例達 41.4%。這四成以上的教師想跳槽的第一位考慮因素就是收入。據調查，高校教師的經濟收入與他們的期望距離很大。目前北京多數高校教師的平均月工資為 1,320.89 元人民幣，而他們期望的平均月收入為 3568.97 元人民幣。故而，高校教師由於工資低而大量流失，他們主要流向國外、沿海地區、三資企業及政府的企事業單位。

（二）人文學者對世俗化感到焦慮

　　80 年代以前，知識分子從來沒有感嘆過自身生活的貧困，雖然他們的收入與普通民眾相差無幾。但是，90 年代以後隨著市場經濟的深入發展，人文知識分子對世俗化的感嘆與焦慮越來越明顯。這正代表 90 年代人文學者的命運。主要原因，是政府和企業都願意重獎有突出貢獻的科技精英，經濟學者與法律專家也日益得到社會各界的禮遇，惟獨人文學者可有可無備受冷落。[30]如此，在 90 年代以後產生知識分子對世俗文化與大眾文化的不同態度與認同危機。這種危機意識表現在知識分子在市場經濟體制下，展開文化人如何自處與安身立命的人文精神議題的討論。

　　前述人文精神失落議題的討論，在 1995 年文壇上討論最引人注目的，莫過於關於二王（王蒙、王朔）、二張（張承志、張煒）的爭論。爭論的焦點在於在日益世俗化的社會背景下，如何看待世俗主義

與理想主義的問題。[31]而這個問題已成為 90 年代以後知識分子所必須面對的問題。主要是，90 年代鄧小平南巡講話的發表，使社會經濟運作機制成了不可逆轉的潮流，而人文知識分子卻不可能走上經濟的主戰場，被宿命的排斥在市場經濟之外，傳統的意識形態的理想在市場經濟時代，逐漸失去了往日的光彩。

（三）文化資本重新分配，精英文化人向市場投靠

改革開放以後，隨著對外文化交流和中國大陸文化市場的形成，傳統文化生產方式，即國家控制下的文化生產方式已經解體，由國家出資扶持的文化產品只是社會文化供給的一部分。如此，文化資本重新分配，多元文化的生態有了生長的空間，產生精英文化人向市場投靠。

（四）大學生個人目標突顯，政治價值觀居末位

1990 年代以後，知識分子已不在熱衷於討論對國家與歷史的使命，青年人在入學大學那天起，專業上比較優秀的青年就開始準備托福考試，他們對於人生最大的幸福的回答，排前三位的是事業有成、有個溫暖的家、有個知心的朋友，為社會作貢獻則排到第六位。[32]

其次，大學生政治型價值觀已居末位。根據北京師範大學心理系教授許燕對於北京地區的九所大學 268 名大學生所作的一項價值觀研究，並比較了 1982 年以來，四個時期的大學生價值觀的變化，1984 年政治型價值觀（關心國家與民族的發展、以振興中華為己任）居首位，1997 年以後則以社會型價值觀（注重人際關係）居首位。[33]

（五）群體性的精神逃亡

1990 年代以後的知識分子在面對中國大陸近半個世紀以來政治

意識形態對學術無所不在影響和統治，一批知識分子正展開一場遠離政治，重返學術的純粹的學術研究運動。

第五節　知識分子政策問題評析

二十世紀以來，知識分子在大部分的時間裡的地位與身分有兩極，一方面他們是革命的群體，是統治者，另一方面是被改造的對象，因而衍生出下列問題：

一、人文價值仍未真正的建立

中華人民共和國一直存在著人文知識與意識形態共生，以及人文精英與政治精英的共生的現象。這種人文精英與政治精英共生的現象更隨著 1949 年政權的成立而益形穩固，知識分子從此沒有獨立的地位，迄今，很難告別對政治的依附。

其次，中華人民共和國當權的知識分子的人性價值，其實相當異化。迄今，渠等對人性、生命與人權的價值仍然一直相當漠視。例如，1949 年以來知識分子彼此的一連串鬥爭、1957 年反右鬥爭犧牲 55 萬知識分子，連同家屬 300 萬人遭受災難，以及文化大革命中有 5,000 萬人的犧牲。近幾年來中華人民共和國的人民大量偷渡到國外打工或賣淫，因而在途中頻遭意外或死亡的事件雖層出不窮，卻未見當權的知識分子為此現象提出關懷。

二、知識分子存在主流地位潛意識

1949 年代以後的中華人民共和國，掌握人文意識的知識分子一直是黨內當權的知識分子，被批鬥的則是右派知識分子，人文知識分子高度政治化，操弄意識形態的知識分子長期身居主流地位。

但是，1990 年以後，隨著社會的轉型，意識形態的淡化，科技型的知識分子大量進入政府領導核心，使得原來操弄政治意識形態語言的知識分子被邊緣化，渠等卻大多數不敢發揚知識分子的本色，對當前政治主流價值提出批判與制衡。主要原因是，知識分子迄今仍然期待有朝一日重回政治主流地位，作爲社會的政治精神牧師。

三、知識分子在價值選擇上陷入兩難

知識分子在價值選擇──「義」與「利」的選擇上陷入兩難，結果是大部分知識分子捨義逐利。例如，中華人民共和國教育部曾明令禁止中小學以高收費取擇學生，卻屢禁不止。北京市豐台區一所重點中學明碼標價：低於錄取分數者，一分交一萬；某大學附中定下錄取分數線，達不到的要交八萬元，不久即有出十一萬元的，後來又炒到十二萬元。[34]

結論

吾人在研究中華人民共和國知識分子政策時，不宜將中國共產

黨與知識分子區隔看待。事實上，知識分子本身就是共產主義的傳播者、中國共產黨的起造者，以及中華人民共和國的建國者。

隨著市場經濟的發展，中華人民共和國的知識分子已分化為人文知識分子與科技知識分子。人文知識分子昨日的意識形態化、政治化，強烈對政治的依附，以面臨被邊緣化的問題。反之，科技知識分子卻大量進入政府官僚體系，科技官僚已取代昔日人文知識分子，進入政治領導核心。

在中華人民共和國的知識分子政策下，雖然時序已進入二十一世紀，但是當權知識分子的人性仍然相當異化，他們對於人性、生命與人權的價值仍未予重視。例如，目前以數百顆飛彈瞄準著我們，並時刻高喊著「中華民國已於 1949 年滅亡了」、「不放棄以武力統一台灣」，這種在「唯心主義」的作祟下，不尊重中華民國存在的霸權心態，才是當前中華人民共和國當權知識分子問題的關鍵所在。

【問題與討論】

一、知識分子是對權力說不的人嗎？說明您對知識分子的看法。

二、請比較中華人民共和國 1978 年前後的知識分子政策。

三、請說明中華人民共和國的知識分子政策所造成的影響。

四、請評析當前中華人民共和國的知識分子政策。

五、請比較當前中華民國與中華人民共和國知識分子的社會地位。

注釋

[1] Karl Mannheim, *Ideology and Utopia* (N.Y. : A Harvest Book, 1936), p.10.

[2] 金耀基，《中國現代化與知識分子》（台北：時報出版社，民國 77 年），頁 63。

[3] 毛澤東，〈大量吸收知識分子〉，顧明遠，《馬克思主義與中國教育》（湖北：湖北教育出版社，1993 年），頁 110。

[4] 同前註，頁 110。

[5] 同前註，頁 110。

[6] 同前註，頁 127。

[7] 同前註，頁 161。

[8] 周恩萊，〈關於知識分子問題的報告〉，《周恩來教育文選》（北京：教育科學出版社，1984 年），頁 89。

[9] 周恩萊，〈知識分子問題〉，《周恩來文選》（教育科學出版社，1984 年），頁 199。

[10] 周恩來，〈知識分子應當受到國家和人民的尊重〉，顧明遠，《馬克思主義與中國教育》（湖北：湖北教育出版社，1993 年），頁 228。

[11] 鄧小平，〈尊重知識，尊重人才〉，《鄧小平文選》（北京：人民出版社，1983 年），頁 240。

[12] 毛澤東，引前書，頁 618。

[13] 毛澤東，〈目前抗日統一戰線中的策略問題〉，《毛澤東選集第二卷》（北京：人民出版社，1991 年），頁 751。

[14] 毛澤東，〈論聯合政府〉，《毛澤東選集第三卷》（北京：人民出版社，1991 年），頁 2。

[15] 毛澤東，〈關於知識分子的改造問題〉，《毛澤東選集第五卷》（北京：人民出版社，1991 年），頁 49。

[16] 賈春增，《知識分子與中國社會變革》（北京：華文出版社，1996 年），頁 126。

17 同前註，頁 167。

18 黃丘隆，《社會主義詞典》（台北：學問出版社，民國 85 年），頁 284。

19 賈春增，引前書，頁 173。

20 鄧小平，《鄧小平同志論教育》（北京：人民教育出版社，1990 年），頁 24。

21 賈春增，引前書，頁 265～268。

22 張明，《論鄧小平思想》（濟南：山東大學出版社，1989 年），頁 323。

23 公兵，《決策與哲學》（南昌：江西人民出版社，1997 年），頁 183。

24 吳榮鎮，《中國社會主義初級階段教育價值取向之研究》（台北：國立政治大學東亞研究所博士學位論文，未出版，民國 89 年）。頁 139。

25 賈春增，前引書，頁 272～273。

26 同前註，頁 178～185。

27 同前註，頁 185。

28 陶東風，《社會轉型與當代知識分子》（上海：三聯書店，1999 年），頁 141。

29 同前註，頁 188。

30 孟繁華，《中國問題報告：眾神狂歡—— 當代中國文化衝突問題》（北京：今日中國出版社，1997 年），頁 47。

31 許紀霖，《尋求意義：現代化變遷與文化批判》（上海：三聯書店，1997 年），頁 312。

32 許燕，〈北京大學生價值觀研究及教育建議〉，《教育研究》，1999 年第 5 期，頁 150。

33 同前註，頁 35。

34 賈春增，前引書，頁 199。

第十五章　教育體制

吳榮鎮　博士

教育體制是一組經過安排的教育思想、方法、方向或一群相互作用的教育組織。因此，本章分五節介紹中華人民共和國的教育體制，包括：教育價值的選擇、教育行政制度、學校制度、教育經費，以及於第五節對中華人民共和國的教育體制進行評析。

第一節　教育價值的選擇

教育是一種價值選擇的歷程，可從教育思想、教育目的及教育內容觀之。這種價值選擇通常分為官方的價值選擇及民間的價值選擇，兩者通常並不一致，甚至相互衝突。本節所論為中華人民共和國政府官方對於教育價值的選擇。

一、教育思想

教育思想是一套規範教育內容，形塑教育人員與學生思想行為發展的教育理念。主義（principle）是作為某社會的普遍真理或信仰，及個人行為基礎的意識形態。

1995年3月18日中華人民共和國第八屆全國人民代表大會第三次會議通過中華人民共和國教育法，其第三條規定：國家堅持以馬克思列寧主義、毛澤東思想和建設有中國特色社會主義理論為指導，遵循憲法確定的基本原則，發展社會主義的教育事業。[1]

從教育法觀之，中華人民共和國政府期待將馬列主義、毛澤東思想與中國特色的社會主義等意識形態運用在教育上，成為各級學校

教育人員及學生的信仰與行動綱領，這是一黨專政的共產國家才有的教育特色。

二、教育目的

目的（aim）是一種個體行為或動作的預期結果，也是任何一種活動進行所要達到的標的；教育目的決定教育發展的方向，指引教育活動的驅歸。[2]

中華人民共和國教育法第五條規定了教育目的：教育必須為社會主義現代化建設服務，必須與生產勞動相結合，培養德、智、體等方面全面發展的社會主義事業的建設者和接班人。這種教育目的與中華民國教育基本法所示之強調多元、人權、生態的教育目的大異其趣。

比較小檔案

中華民國教育目的：教育之目的以培養人民健全人格、民主素養、法治觀念、人文涵養、強健體魄及思考、判斷與創造能力，並促進其對基本人權之尊重、生態環境之保護及對不同國家；族群、性別、宗教、文化之瞭解與關懷，使其成為具有國家意識與國際視野之現代化國民（中華民國教育基本法第二條）

三、教育內容

中華人民共和國教育法第六條規定：國家在受教育者中進行愛國主義、集體主義、社會主義的教育，進行理想、道德、紀律、法制、國防和民族團結的教育。

比較小檔案

　　中華民國教育內容與方法：教育之實施，應本有教無類、因材施教之原則，以人文精神及科學方法，尊重人性價值，致力開發個人潛能，培養群性，協助個人追求自我實現。（中華民國教育基本法第三條）

第二節　教育行政制度

　　教育行政是對教育事務的管理，以求有效而經濟地達成教育目的。[3]中華人民共和國是由中國共產黨一黨專政的國家，在各級行政機構都設有中國共產黨的黨組織，簡稱黨組。領導人都由共產黨員擔任，形成黨政一體的特色。

　　中華人民共和國教育法第十四條規定：國務院和地方各級人民政府根據分級管理、分工負責的原則，領導和管理教育工作。中等及中等以下教育在國務院領導下，由地方人民政府管理。高等教育由國務院和省、自治區、直轄市人民政府管理。

一、中央教育行政

　　中華人民共和國教育法第十五條規定：國務院教育行政部門主管全國教育工作，統籌規劃、協調管理全國的教育事業。縣級以上地方各級人民政府教育行政部門主管本行政區域內的教育工作。縣級以上各級人民政府其他有關部門在各自的職責範圍內，負責有關的教育工作。

（一）教育部領導群

　　教育部主管教育事業和語言文字工作。教育部設部長一人、副

部長五人、部長助理二人、中國共產黨中央紀律委員會派駐教育部紀檢組組長一人、黨組成員一人。中國共產黨在教育部設有黨組，以迄2003 年教育部領導群全部都是中國共產黨黨員，與中華民國教育部的領導群相較，頗為大異其趣。

比較小檔案	
中華人民共和國教育部領導群	中華民國教育部領導群
周　濟：教育部部長、黨組書記	黃榮村：教育部部長、無黨籍
張保慶：教育部副部長、黨組成員	范巽綠：教育部政務次長、民進黨員
王　湛：教育部副部長、黨組成員	呂木琳：教育部常務次長、無黨籍
袁貴仁：教育部副部長、黨組成員	吳明清：教育部常務次長、無黨籍
章新勝：教育部副部長、黨組成員	吳聰能：教育部主任秘書、無黨籍
趙沁平：教育部副部長、黨組成員	
田淑蘭：中紀委駐教育部紀檢組組長	
鄭樹山：教育部部長助理、黨組成員	
李連寧：教育部部長助理、黨組成員	
李衛紅：教育部黨組成員	

（二）教育部主要職責

中華人民共和國教育部主要職責如下：[4]

1.研究擬定教育工作的方針、政策、教育的法律、法規。

2.研究提出教育改革與發展戰略、教育體制改革的政策。

3.統籌管理本部門教育經費、教育撥款、監測教育經費的籌措和使用情況。

4.研究提出中等和初等教育各類學校的設置標準、教學基本要求、教學基本文件；組織審定中等和初等學校的統編教材。

5.統籌管理普通高等教育、研究生教育以及高等職業教育、成人高等教育、社會力量舉辦的高等教育、成人高等教育自學考試和繼續教育等工作。

6.研究提出高等學校設置標準，審核高等學校的設置、更名、撤銷與調整。

7.統籌和指導少數民族教育工作，協調對少數民族地區的教育援助。

8.規劃並指導高等學校的黨建工作和各級各類學校的思想政治工作、品德教育工作、體育衛生與藝術教育工作及國防教育工作。

9.主管全國的教師工作，制定各級各類教師資格標準並指導實施。

10.統籌管理各類高等學歷教育的招生考試工作。

11.制定各類高等學校招生計畫；負責各類高等學歷教育的學籍管理工作。

12.宏觀指導高等學校的高新技術應用研究與推廣、科研成果轉化和「產學研」結合等工作；協調並指導高等學校承擔國家重大科研項目、國防科技相關項目的實施工作。

13.負責教育基本資訊的統計、分析和發布。

14.擬定國家語言文字工作的方針、政策。

15.統籌規劃學位工作，起草有關學位工作的法規。

16. 負責協調「中國聯合國教科文組織全國委員會」各委員單位及其他部門、機構。

17. 與聯合國教科文組織開展教育、科技、文化等方面的合作與交流。

（三）教育部內部機構

中華人民共和國教育部內部室、廳、司，共有十八個。工作職掌如下：[5]

1. 辦公廳：綜合協調部機關重要政務、事務，負責文件運轉和管理。

2. 政策研究與法制建設司：負責教育改革與發展戰略的研究並就重大問題進行政策調研；規劃並起草綜合性教育法律、法規草案。

3. 發展規劃司：制定全國教育事業發展的中長期規劃；負責全國教育基本資訊統計、分析。

4. 人事司：負責直屬高等學校、部機關與直屬單位、駐外使（領）館教育處（組）等幹部人事、機構編制工作，規劃並指導教師和教育行政幹部隊伍建設工作。

5. 財務司：參與擬定教育經費籌措和管理的方針、政策；統計並監測全國教育經費投入情況和執行情況；編制直屬高等學校和直屬單位經費的預算、決算、督導。

6. 基礎教育司：宏觀指導基礎教育工作和重點推動九年義務教育、掃除青壯年文盲工作，制定基礎教育的教材及評估標準。

7.職業教育與成人教育司：統籌管理普通及成人中等職業學歷教育、成人文化技術教育。

8.高等教育司：統籌管理各類高等教育，規劃並指導高等教育教學改革。

9.民族教育司：指導並協調少數民族教育的特殊性工作；統籌規劃並指導少數民「雙語」教學和教材建設；負責協調對少數民族地區的教育援助。

10.師範教育司：指導普通師範教育和在職教師的培訓工作。

11.教育督導團辦公室：承辦教育督導團的日常工作，組織國家督學對各地中等及中等以下教育的督導評估和檢查驗收，宏觀指導各地的督導工作。

12.社會科學研究與思想政治工作司：規劃高等學校社會科學研究、馬克思主義理論課和思想品德課建設工作並指導實施。

13.高校學生司：負責各類高等學校的招生及全國統一考試工作；負責各類高等教育學歷和學籍管理工作；負責制定高校畢業生就業計畫。

14.科學技術司：擬定高等學校自然科學技術的發展規劃。

15.體育衛生與藝術教育司：宏觀指導學校體育、衛生健康和藝術教育工作。

16.語言文字應用管理司：擬定語言文字工作的方針、政策和中長期規劃。

17.國際合作與交流司：負責教育的國際合作與交流；統籌管理出國留學和來華留學工作。

18.機關黨委：負責部機關和在京直屬單位的黨群工作。

二、地方教育行政

中華人民共和國地方教育行政制度分爲省（直轄市、自治區）、地（市）、縣三級。這三級地方教育行政部門都受到同級黨部及人民政府的統一領導，同時受到上級黨部及教育行政部門的領導或業務指導。

省級的教育行政機構一般是：省、自治區教育廳、直轄市教育局。在廳局之下一般設有主管高等教育、普通教育、師範教育、工農教育、計畫財物、體育衛生、人士、機關行政等工作處室；地（市）級教育行政機構一般是：省轄市、自治州、地區行政公署教育局，在局之下設有主管普通教育、工農教育、體育衛生、計畫財務、人事和機關行政等工作科（室）；縣級教育行政機構一般是：縣（市）教育局（科）。在局（科）之下，一般設有主管教育、計畫財務、人事、機關行政的工作科（組）。[6]

第三節　學校制度

中華人民共和國實施學前教育、義務教育、中等教育、高等教育等學校教育制度。各級學校教育不完全由政府開辦，可由社會各界辦學，包括來自地方各級人民政府、企業事業單位、居民委員會、村民委員會和民間的投資辦學，但是大部分以政府辦學爲主。

一、幼兒教育

中華人民共和國教育部於 1989 年頒布《幼兒園工作規程（試行）》，幼兒園的修業年限一般為三年制，亦可設一年。其辦學形式可分為全日制、半日制、定時制、季節制或寄宿制，這些形式可分別設置，亦可混合設置。[7]1996 年正式頒布《幼兒園工作規程》對於幼兒園的修業年限與辦學形式仍採上述規定。[8]

二、義務教育

中華人民共和國於 1986 年開始實施《義務教育法》，規定義務教育分為初等教育和初級中等教育兩個階段。初等教育為小學，其招生對象為六歲兒童，修業年限為六年。初級中等學校為初中，招收小學畢業生，採取免試入學，修業年限三年。

三、中等教育

中等教育分為普通高中教育及中等職業教育。普通高中招收初中畢業生，入學時必須經過入學考試，修業年限三年。中等職業教育於職業教育時另做介紹。中等教育學校分為政府開辦（公辦）與民辦兩種。而公辦又分省、直轄市立、縣（市）立、高校（大專校院）附屬設立。

1992 年開始，中華人民共和國在全國各地普遍實施普通高中畢業會考制度，這是一種高中階段所有九門學科（語文、數學、外語、

政治、歷史、地理、物理、化學、生物）畢業水準考試，及格者發證書，作爲報考高校的依據之一。[9]

四、高等教育

1998 年中華人民共和國頒布《高等教育法》。第十六條規定：有學歷的高等教育分爲研究生教育、本科教育、專科教育。辦學形式分爲普通全日制高等教育、成人高等教育、職業高等教育。以下先介紹普通全日制高等教育修業年限，成人高等教育與職業高等教育另於成人教育與職業教育介紹。

普通全日制高等教育招收高中畢業生，《高等教育法》第十七條規定，專科爲二至三年，大學本科爲四至五年，碩士生二至三年，博士生三至四年。高校招生主要採取統一招生方式，多數高中生通過高考入學，少數經由推薦保送入學，或經由實驗學校個別招生入學。

普通全日制高等教育的管理與辦學主體，分爲中央與地方兩級。中央級部分，除教育部可管理與開辦高校之外，其他中央各部會也可以管理及開辦所屬的高校。例如，鐵道部所辦的鐵道學院及鐵道醫學院。地方級部分，則有由省、自治區、直轄市政府管理和開辦的高校。另中央所屬高校也可委託地方管理。

五、職業教育

中華人民共和國的職業教育分爲初等、中等、高等三級。

初等職業教育主要由初等職業學校（包括初級農業中學）實施，

招收小學畢業生，修業三至四年。也有招收初中畢業生，加一年的職業教育。此類學校也為九年國民義務教育的一部分。[10]

中等職業教育分中等專業學校、技工學校、職業高中三類。中等專業學校可分為中等技術學校與中等師範學校，招收初中畢業生，修業三至四年。中等技術學校係以工、農、林、醫藥、政法、財經、體育等專業分工。技工學校主要由勞動部門主管，由中大型企業辦學，招收初中畢業生，修業三年，主要為企事業培養技術工人。職業高中招收初中畢業生，修業三年，主要在培養中級技術工人及管理人員。職業高中採用畢業證書與技術等級制度，又稱雙證制度。

高等職業學校分短期職業大學、高等職業技術師範院校、五年制技術專科學校。短期職業大學主要是由地（市）級政府為培養地方專科層次的人才，其所設專業多為普通大學所短缺的秘書、旅遊管理、建築經濟等專業。招收中專、技工學校或普通高中畢業生，修業三年，少數為二年。高等職業技術師範學校主要招收中專、技工學校、職業高中或普通高中畢業生。本科修業四年、專科二至三年，為中等職業技術學校培養師資。[11]五年制技術專科學校招收初中畢業生，在校第二年進行甄別，好的學生可以讀完五年，取得大專學歷；較差的學生則讀完三年取得中專學歷。

六、師範教育

師範教育是指專門培養師資的專門教育。師範教育分幼兒師範學校、中等師範學校、師範專科學校、師範學校及師範大學。幼兒師

範學校招收初中畢業生，培養幼兒園教師，修業三至四年；中等師範學校招收初中畢業生，培養小學師資，修業三至四年；師範專科學校招收高中畢業生，培養初中教師，修業二至三年；師範學院招收高中畢業生，培養中學教師，修業四年；師範大學招收高中畢業生，培養中學教師，修業四年。

七、成人教育制度

成人教育是利用在業餘或在職的時間，對社會成人進行的教育，是學校教育的繼續、補充和延伸，是一種社會教育，也是終身教育。

成人教育可分爲成人初等學校、成人中等學校及成人高等學校三種。成人初等學校包括職工初等學校及農民初等學校，其種要任務在掃除文盲；成人中等學校包括成人中專、成人中學、成人技術培訓學校；成人高等學校包括廣播電視大學、職工高校、農民高校、管理幹部學院、教育學院、獨立函授學院、普通高校所辦夜大學、函授班及專修班。

第四節　教育經費制度

教育經費制度包括教育預算制度與經費來源兩個方面。中華人民共和國和其他國家一樣，教育經費主要由政府編列預算支出，民間投資興學爲輔。

一、預算制度

中華人民共和國的預算，分爲中央預算及地方預算兩級。國務院及直屬各部門預算爲中央預算；省、自治區、直轄市、縣和鄉鎮預算爲地方預算。1980 年以前採用統收統支的財政管理政策，1980 年以後改採劃分改支、分級包乾制度。1985 年以後改進爲劃分稅種、核定收支、分級包乾制度，即劃分中央和地方固定收入的稅種，由中央核定預算支出項目，以及兩者共同收支部分。

二、教育經費來源

中華人民共和國各級教育投資是以中央及地方之財政撥款爲主，其他多種管道籌措教育經費爲輔，企業事業組織、社會團體及其他社會組織和個人依法舉辦的學校及其他教育機構，辦學經費由舉辦者負責籌措，各級人民政府可以給予適當支援。[12]

因此，中華人民共和國教育經費來自官方的財源有三：一是國家財政性教育經費支出；二是各級人民政府的教育經費支出；三是各級人民政府教育財政撥款。國家財政性教育經費支出占國民生產總值的比例應當隨著國民經濟的發展和財政收入的增長逐步提高。全國各級財政支出總額中教育經費所占比例應當隨著國民經濟的發展逐步提高。各級人民政府的教育經費支出，按照事權和財權相統一的原則，在財政預算中單獨列項。各級人民政府教育財政撥款的增長應當高於財政經常性收入的增長，並使按在校學生人數平均的教育費用逐

步增長，保證教師工資和學生人均公用經費逐步增長。[13]

　　其次，在政府預算之外，教育經費來源尚有：場礦企事業支出、釣魚政策、勤工儉學、個人捐贈及教育費附加。場礦企事業支出是屬於企業單位投資辦學；釣魚政策是指由上一級政府撥下少量經費，主要由下一級單位籌足大部分配合款；勤工儉學主要是由學校辦工廠、商店、農場等，以增加學校財源；教育費附加是指由省、自治區、直轄市、縣（市）、鄉鎮人民政府稅務機關依法足額徵收教育費附加於產品稅、增值稅、營業稅，向企事業單位徵收的教育捐，由教育行政部門統籌管理，專款專用，主要用於實施義務教育。[14]

第五節　教育體制評析

　　中華人民共和國從 1978 年開始進行教育體制改革，逐步建立教育體制之合法性與合理性，其特點及實施情形，頗值得探討：

一、教育體制的特點

（一）教育價值方面

　　中華人民共和國的人民雖然花了很長的時間才逐漸從共產主義神話狀態中甦醒過來，重新反省中國社會主義社會生產力落後的現實。但是，1978 年以後，官方仍強調共產主義、馬列主義、毛澤東思想等意識形態，引導教育價值取向。

（二）教育目的方面

從 1995 年發布之「中華人民共和國教育法」有關規定中發現，中華人民共和國官方仍然未突破工具性教育目的的視野，主要包括教育對於全面發展、有道德、有紀律等集體主義的教育目的，彰顯政治決策精英意圖透過教育，培養具有集體社會性格的人。

（三）教育行政方面

主要特點是在教育行政相對於黨的地位，仍處於依附情境中，政治精英仍是教育決策主體，教育行政與管理依然黨政不分，仍是為政治與經濟服務的工具。

二、教育體制的問題

（一）教育價值方面

中華人民共和國當前的教育價值問題主要有三：一是偏重集體價值，忽視個體價值；二是偏重專政價值，忽視分權價值；三是偏重集中民主，忽視民主價值。在世界教育民主浪潮的推動下，中華人民共和國政府雖然也提出教育民主化，但迄今只涉及到基礎教育的普及問題，至於教育內部的民主教學、教育管理民主，則由於政治原因尚未受到重視。教育民主的實現有待於政治民主的建立，很難想像那一個國家可以將教育民主體制建立在非民主的政治體制中。

（二）教育制度方面

教育制度主要問題有五：一是政治制度堅持共產黨的領導，共產黨永遠是唯一合法的執政黨；二是教育法制中，中央一級部門立法的現象相當突出，人大會的功能雖有提升，惟在一黨專政的制度下，

人大會的功能仍相當有限，尤其教育法制的內涵相當廣泛，舉凡黨政領導人的有關教育的講話、指示、政策、黨的決議等都是法律；三是國務院各部會皆有辦學權，設置學校的權力，各部會、中央與地方聯合辦學體制刻正試驗中，惟因受本位主義與既得利益者之制約，其效果有待觀察；四是教育管理體制中，所謂黨委領導下的校長負責制，所造成的黨、政、教三方面互動的矛盾，仍在發展中；五是重點學校的設置寡占教育資源。

（三）教育經費方面

教育經費的問題，首要是各級政府對於經費的分配一貫存在著「一工交、二財貿、剩下的給文教」的資源分配準則。故而迄今教育經費仍然嚴重缺乏，其次是「諸侯經濟」與「地方主義」，地區間教育的非平衡發展，以及為集中教育資源而辦理的各級重點學校，所造成整體教育資源分配不平等的問題。

在區域性的差異方面，主要是在中西部貧困省（市），教育整體投資占國民生產總值的比例太小，人事經費占教育事業費支出90%以上及欠帳太多，富裕地區與貧困地區學生平均教育經費差距太大。在教育財政平等與效益方面，主要是目前重點學校的設置政策，造成教育經費分配不均。

三、教育體制發展趨勢

中華人民共和國於1978年開始進行教育體制改革，迄今其教育體制正朝下列幾個趨勢發展。

（一）教育體制逐步合法化

1.教育法律系統的條文化、法典化。

2.加強對國家教育行政機構的控制。轉變政府職能，基礎教育實行地方負責、分級管理的體制、擴大省級政府辦學管理權限。

3.加強對教育行政官僚的控制。實施教育督導與評價，督導下一級教育行政機關與學校落實教育政策。

4.各級人民代表大會的功能提升。會議過程已日趨規則化與活潑化，各級人大會代表投反對票的人數日增。

5.加強黨、政、教職能分開。在教育專業上，黨政不再全權包辦，「紅」與「專」分途。

6.官方已改變群眾參與辦學的態度。尤其歡迎人民群眾捐資辦學，各種形式的民辦學校，已逐年增加。

7.改變中央指導計畫下的教育政策。中央政府加強宏觀管理，學校面對市場經濟自主辦學。

8.私人學校增加。私人辦學已是社會主義市場經濟下不可逆轉的產物。

9.加強國際教育學術的交流與合作。大量派遣留學生赴國外求學，引進西方教育理論、師資與教材教法。

表 15-1 中華人民共和國教育體制合法化趨勢[15]

指標項目	合法化趨勢
教育法律系統	教育法規條文化
教育行政機構	轉變職能，分級管理
教育行政官僚	加強督導與評價
人大會組織	功能提升
黨、政、教關係	紅與專分途
群眾參與	歡迎群眾捐資辦學
教育體制	改革計畫性教育政策
私人財產	私人辦學增加
國際關係	加強國際教育交流

（二）教育活動反應社會主義市場經濟情境

中華人民共和國於 1978 年以來的教育改革政策，係完全配合社會主義市場經濟體制與推進經濟發展為主軸。無論是在辦學與管理體制、學校內部管理制度、招生制度、學雜費收費制度、畢業生就業制度，以及教育投入制度等的改革方面，均以不同程度反應對社會主義市場經濟的配合。惟一切配合經濟發展的教育改革政策，將進一步促使校園功利主義盛行，教師下海經商，學生輟學打工，整個社會唯利是圖的現象更加惡化。

（三）教育意識形態轉向愛國主義與民族主義

中國共產黨一向策略性運用民族主義。近幾年來，在教育上更大力提倡愛國主義與民族主義，將「黨」、「中華民族」與「中國」串聯起來，而成為對國內外進行統一戰線的工具。但是，中華人民共和國教育的未來，在於它在多少程度上將現有的國家主義教育價值目的，改為先進的教育制度與人道主義教育目的觀，否則，缺乏人道關懷與民主自由的愛國主義與民族主義，則是逼迫中華民國與中華人民

共和國的人民走向戰爭的導火線。

（四）市民階層的教育價值正在發展

中國共產黨第十四次黨員代表大會確定了中國社會主義初級階段經濟體制改革的目標是建立社會主義市場經濟，在市場經濟的導引下，對教育的改革與發展已產生重大的影響與衝擊。主要原因是，社會主義初級階段屬於經濟改革開放時代，經濟發展的環境使「市民階層」（例如，市民百姓、學術界、校園師生等）崛起，渠等的價值觀、內心關懷及行為方式已然發生了顯著的變化，市民階層雖尚未構成主流政治勢力，但他們卻刻正以強有力的參與方式，介入教育的各個層面。

（五）回歸教育本質的學術研究正在形成

中華人民共和國教育體制雖有其發展上的問題，惟透過學者專家的研究觀之，中華人民共和國的教育仍有發展的空間：

1. 教育理論方面：教育學術界有關教育價值的理論研究已逐次擺脫前蘇聯傳統「凱洛夫」模式。教育學術界普遍認為，教育不再僅有階級鬥爭的工具價值；教育的價值，除政治價值外，尚有經濟、文化、科學、審美的價值；教育發展不僅受到政治制度的制約，更多受到人力素質、文化、經濟、科技等整體教育價值情境的影響；教育目的，除培養「社會主義新人」、「共產主義積極建設者」、「有社會主義覺悟有文化的勞動者」、「四有新人」之外，有關「素質發展」、「個性發展」、「主體性」、「兒童權益」等問題，已受學術界的重視。儘管這些研究常常只停

留在學術探討，但是，已提供教育發展的契機。

2.研究主題方面：中華人民共和國學術界傳統的研究主題，忽略了「人的需要」。但是，目前不再「談人色變」，部分學者回到馬克思有關「人學」的研究主題，研究主題核心是關懷「尊重人的價值、文化價值與主體性」。主要研究題目包括：[16]

（1）馬克思關於人全面發展學說的進一步探討。

（2）社會主義初級階段人的全面發展與個性發展。

（3）教育與人性、個性、人格、人道主義關係的再認識。

（4）當前人本主義教育思潮與教育。

（5）教育主體性問題。

（6）異化論與教育。

　　這些研究主題係針對「人如何成其為人」的關懷，與中華人民共和國官方主流價值有所落差，惟學術界的研究，近幾年來已日益受到黨政領導機關與社會大眾的注意，對於中華人民共和國的教育發展將產生積極正向的影響。

【問題與討論】

一、試比較中華民國與中華人民共和國的教育目的。

二、試比較中華民國與中華人民共和國教育部的職責。

三、概述中華人民共和國高等教育的學校制度。

四、試評析中華人民共和國教育體制的問題。

五、試說明中華人民共和國教育體制發展趨勢。

注釋

1 郭家齊、雷銑主編,《中華人民共和國教育法全書》(北京:北京廣播學院出版社,1995 年),頁 1。

2 黃光雄主編,《教育概論》(台北:師大書苑,民國 79 年),頁 31。

3 黃光雄,前引書,245。

4 中華人民共和國教育部(2003),教育部領導。2003 年 5 月 11 日,取自 http://www.moe.edu.cn/moe_ jieshao/zhize.htm/

5 中華人民共和國教育部(2003),教育法。2003 年 5 月 11 日,取自 http://www.moe.edu.cn/moe_ jieshao/simjigou.htm/

6 中國教育編輯部,《中國教育年鑑 1991》(北京:人民教育出版社,1992 年),頁 823。

7 王宗敏,張秀岩,《多元辦學模式探討》(成都:四川教育,1994 年),頁 199。

8 中國教育編輯部,《中國教育年鑑 1996》(北京:人民教育出版社,1997 年),頁 793。

9 中國教育編輯部,《中國教育年鑑 1994》(北京:人民教育出版社,1995 年),頁 9。

10 汝信主編,《簡明中國百科全書》(北京:中國社會科學出版社,1990 年),頁 455。

11 周愚文,(成人教育基本政策),收錄於黃政傑《大陸技術暨職業教育之研究(一)── 教育政策》(台北:台灣師大教育研究中心),頁 9。

12 中華人民共和國教育部(2003),《教育法》。2003 年 5 月 11 日,取自 http://www.moe.edu.cn/jyfg/laws/jyfggdjy.htm/

13 同前註。

14 同前註。

15 吳榮鎮,《中國社會主義初級階段教育價值取向之研究》(台北:國立政治大學東亞研究所博士學位論文,民國 89 年),頁 346。,

16 同前註,頁 350。

參考書目

一、中文部分

Potter, David 等著，王謙等譯（2000），《民主化的歷程》。台北：韋伯文化。

Richard M. Bird, Robert D. Ebel, and Christine I. Wallich 主編（2001），《社會主義國家的分權化：轉軌經濟的政府間財政轉移支付》。北京：中央編譯出版社。

Shusky, Mark Burles Abram N.編，國防部史政編譯局譯（2001），《中共動武方式》。台北：全球防衛雜誌。

大前研一著，許曉平譯（2002），《中國，出租中》。台北：天下雜誌。

大前研一著，趙佳誼等譯（2003），《中華聯邦》，台北：商周出版社。

中共中央文獻研究室編（1991），《十三大以來重要文獻選編（中）》。北京：人民出版社。

中國人民解放軍總參謀部軍訓部（1997），《軍事高技術知識教材》。北京：解放軍出版社。

中國大陸研究社評（1993），〈論所謂「中國威脅論」〉。《中國大陸研究》，第 36 卷第 8 期，頁 3。

中國民族工作年鑑編輯委員會（2002），《中國民族工作年鑑 —— 2002 年》。北京：中國民族工作年鑑編輯委員會。

中國國家統計局編（1992），《中國統計年鑑（1992）》。北京：中國統計出版社。

中國教育編輯部（1992），《中國教育年鑑 1991》。北京：人民教育出版社。

中國教育編輯部（1995），《中國教育年鑑 1994》。北京：人民教育出版社。

中國教育編輯部（1997），《中國教育年鑑 1996》。北京：人民教育出版社。

中華人民共和國大典編委會（1994），《中華人民共和國大典》。北京：中

國經濟出版社。

中華人民共和國國家統計局（2002），第五次全國人口普查公報（第 1 號）。
2003 年 4 月 1 日，取自 http://www.stats.gov.cn/tjgb/rkpcgb/qgrkpcgb/
200203310083.htm

中華人民共和國教育部（2003），教育法。2003 年 5 月 11 日，取自 http：
//www.moe.edu.cn/jyfg/laws/jyfggdjy.htm/

中華人民共和國教育部（2003），教育部領導。2003 年 5 月 11 日，取自
http：//www.moe.edu.cn/moe_jieshao/zhize.htm/

公兵（1997），《決策與哲學》。南昌：江西人民出版社。

方山（1994），〈大陸少數民族的人口結構〉。《中國大陸研究》，第 37 卷
第 7 期。

毛澤東（1952），《毛澤東選集，第二卷》。北京：人民出版社。

毛澤東（1953），《毛澤東選集，第三卷》。北京：人民出版社。

毛澤東（1960），《毛澤東選集，第四卷》。北京：人民出版社。

毛澤東（1991），《毛澤東選集，第五卷》。北京：人民出版社。

王宗敏，張秀岩（1994），《多元辦學模式探討》。成都：四川教育。

王東（2001），《中華騰飛論──毛澤東、鄧小平、江澤民三代領導集體
的理論創新》。北京：中國人民大學出版社。

王法安（2001），〈面向新世紀的突破與跨越──「九五」軍隊建設與改革
回顧〉。《軍事歷史》，第 109 期。

王紹光（1997），《挑戰市場神話：國家在經濟轉型中的角色》。香港：牛
津大學出版社。

王紹光、胡鞍鋼（1994），《中國國家能力報告》。香港：牛津大學出版社。

王嘉州（1997），〈中國大陸歷次民主運動之分析〉。《東亞季刊》，第 28
卷第 3 期，頁 108～110。

王嘉州（1998），〈論兩岸民主差距之現況與成因：精英策略互動論之分
析〉。《共黨問題研究》，第 24 卷第 4 期，頁 28～39。

王嘉州（2002），〈中國大陸中央與地方關係研究文獻之分析〉。《東亞季

刊》，第 32 卷第 4 期，頁 47～64。

王嘉州（2003），〈理性選擇與制度變遷：中國大陸中央與地方政經關係類型分析〉。政治大學東亞所博士論文。

王麗萍（2000），《聯邦制與世界秩序》。北京：北京大學出版社。

北京流傳左派批江澤民萬言書（2001，7 月 20 日）。《多維週刊》，總第62 期。2002 年 12 月 12 日，取自 http://www.future-china.org.tw/spcl_rpt/3r/r20010720.htm

北京師範大學經濟與資源管理所（2003, 4 月 14 日）。中國市場經濟發展報告 2003（簡本）。《人民網》。

石之瑜（2003），〈少數民族作爲研究方法〉。《中國大陸研究教學通訊》，第 56 期。

共黨問題研究中心編印（2001），《中國大陸綜覽（修訂三版）》。台北：法務部調查局。

共黨問題研究叢書編輯委員會（1993），《中共十四大綜合研究》。台北：法務部調查局。

汝信主編（1990），《簡明中國百科全書》。北京：中國社會科學出版社。

江之楓（1990），《王牌出盡的中南海橋局》。台北：中央日報出版部。

江振昌（1994），〈政治體制改革的背景〉。吳安家主編，《中共政治發展》。台北：政治大學國際關係中心。

江澤民（1993），〈加快改革開放和現代化建設步伐奪取有中國特色的社會主義事業的更大勝利〉。刊於共黨問題研究叢書編輯委員會編輯，《中共十四大綜合研究》。台北：法務部調查局。

江澤民（2001），〈在新的歷史條件下，我們黨如何做到「三個代表」〉。江澤民，《論〈三個代表〉》。北京：中央文獻出版社。

行政院大陸委員會編著（1996），《大陸宗教現況簡介》。台北：編者印行。

何帆（1998），《爲市場經濟立憲──當代中國的財政問題》。北京：今日中國出版社。

何華輝（1988），《比較憲法學》。武漢：武漢大學出版社。

吳玉山（1995），《共產世界的變遷：四個共產政權的比較》。台北：東大
　　圖書公司。

吳玉山（1995），《後鄧時期對大陸及台灣的震盪》。台北：國家發展基金會。

吳安家（1992），〈中共加強宣傳「鄧小平路線」之背景、內涵與阻力〉。
　　《中國大陸研究》，第 35 卷第 4 期，頁 8。

吳國光、鄭永年（1995），《論中央──地方關係》。香港：牛津大學出版社。

吳榮鎮（2000），〈中國社會主義初級階段教育價值取向之研究〉。政治大
　　學東亞研究所博士論文。

呂平編著（1990），《中國政制手冊》。香港：商務印書館。

李君如（2001），〈正確理解和堅持黨的階級性〉。《論壇通訊》（北京），
　　2001 年第 6 期，頁 2。

李沛良（2002），《社會研究的統計應用》。北京：社會科學文獻出版社。

李信成（2001），〈中共少數民族政策與國家整合〉。政治大學東亞研究所
　　博士論文。

李繼玄（1978），〈鄧小平與中共權力鬥爭〉。政治大學東亞研究所碩士論文。

沈宗靈（2002），《比較憲法──對八國憲法的比較研究》。北京：北京大
　　學出版社。

沈明室（1995），《改革開放後的解放軍》。台北：慧眾文化出版有限公司。

辛子陵（1993），《毛澤東全傳‧卷六，永不停止的鬥爭》。台北：書華出
　　版公司。

辛向陽（1997），《大國諸侯：中國中央與地方關係之結》。北京：中國社
　　會出版社。

辛向陽（2000），《百年博弈──中國中央與地方關係 100 年》。濟南：山
　　東人民出版社。

阮銘（1992），《鄧小平帝國》。台北：時報出版公司。

亞銀預計未來兩年中國 GDP 增長率仍高於 7%（2003，4 月 30 日）。《國
　　際金融報》，8 版。

周星（1993），《民族政治學》。北京：中國社會科學出版社。

周恩來（1994），《周恩來文選》。北京：教育科學出版社。

周恩來，（1984），《周恩來教育文選》。北京：教育科學出版社。

周紹朋、王健主編（1998），《中國政府經濟學導論》。北京：經濟科學出版社。

周雪光（1994），〈中央集權的代價〉。刊於吳國光編，《國家、市場與社會》。香港：牛津大學出版社。

孟繁華（1997），《中國問題報告：眾神狂歡——當代中國文化衝突問題》。北京：今日中國出版社。

岳崇、辛夷合著（1989），《鄧小平生平與理論研究彙編》。北京：中共黨史資料出版社。

易君博（1984），《政治理論與研究方法》。台北：三民書局。

林尚立（1998），《國內政府間關係》。杭州：浙江人民出版社。

林尚立（2001），《當代中國政治型態研究》。天津：人民出版社。

林恩顯（1998），〈大陸少數民族幹部培育政策〉。《兩岸文教交流簡訊》，第 12 期。

林毅夫、蔡昉、李周（2000），《中國經濟改革與發展》。台北：聯經出版社。

邱伯浩等著（2003），《中國人民武裝警察大解構》。台北：揚智文化。

金陽蓀、蘇俐、梅長華（1994），〈一九八二——一九九〇年中國少數民族非出生增長人口的定量分析〉。《人口研究》，第 18 卷第 1 期。

金耀基（1988），《中國現代化與知識分子》。台北：時報出版公司。

姚孟軒編（1975），《匪黨內部鬥爭問題論集》。台北：國際關係研究中心。

胡乃武主編（1993），《當代中國經濟發展中的政策選擇》。杭州：浙江人民出版社。

胡偉（1998），《政府過程》。杭州：浙江人民初版社。

胡鞍鋼、王紹光、康曉光（1995），《中國地區差距報告》。瀋陽：遼寧人民出版社。

胡鞍鋼、王毅（1989），《生存與發展》。北京：科學出版社。

胡鞍鋼主編（2001），《西部開發新戰略》。北京：中國計畫出版社。

胡繩主編（1991），《中國共產黨的七十年》。北京：中共黨史出版社。

軍方與地方大員扮演擁江要角（2002，8月29日）。《中國時報》，11版。

徐杰舜（1988），《民族理論與政策教程》。廣西：教育出版社。

殷海光（1990），《中國共產黨之觀察》。台北：桂冠圖書公司。

浦興祖主編（1990），《當代中國政治制度》。上海：人民出版社。

荊棘（2003），〈改革攻堅：有序趨雷區〉。《瞭望新聞週刊》，2003年第9
期，頁17～18。

袁易（1995），〈中共威權政體轉型的政治動力〉。《中國大陸研究》，第
38卷第6期，頁5～17。

馬立誠、凌志軍（1998），《交鋒——當代中國三次思想解放實錄》。台北：
天下文化公司。

馬鼎盛（2000），《國共對峙50年軍備圖錄》。香港：天地圖書有限公司。

高長（1999），《大陸經改與兩岸經貿關係》。台北：五南圖書。

高皋（1994），《後文革史——中國自由化浪潮》。台北：聯經出版公司。

國立政治大學（1994），《中國大陸少數民族政策之研究》。台北：內政部
委託專案研究。

國防部（2000），《中華民國八十九年度國防報告書》。台北；黎明文化公
司。

國防部編（2002），《中華民國九十一年度國防報告書》。2003年7月7
日，取自 http://www.mnd.gov.tw/。

國家民族事務委員、中共中央文獻研究室（1990），《新時期民族工作文
獻選編》。北京：中央文獻出版社。

常修澤（2003），〈改革也要與時俱進〉。《瞭望新聞週刊》，2003年3月3日。

張明（1989），《論鄧小平思想》。濟南：山東大學出版社。

張厚義（2002），〈成長中的中國私營企業主階層〉，載於汝信主編，《2002
年：中國社會形勢分析與預測》。北京：社會科學文獻出版社。

張清溪、許嘉棟、劉鷹釗、吳聰敏（2000），《經濟學——理論與實際》。
台北：著者。

許紀霖（1997），《尋求意義：現代化變遷與文化批判》。上海：三聯書店。

許燕（1999），〈北京大學生價值觀研究及教育建議〉。《教育研究》，1999年第5期，頁35。

郭家齊、雷銑主編（1995），《中華人民共和國教育法全書》。北京：北京廣播學院出版社。

郭華倫（1969），《中共史論，第一冊》。台北：中華民國國際關係研究所編印。

郭錫叚（1992），〈中共「反和平演變」的內外形勢〉。《共黨問題研究》，第18卷第4期，頁13。

郭錫叚（1993），〈中共未來政經趨向探索〉。《共黨問題研究》，第19卷第1期，頁4。

陳一諮（1990），《中國：十年改革與八九民運》。台北：聯經出版公司。

陳力生（1991），「兩岸關係與中國前途」。刊於《中國大陸研究》。台北：三民書局。

陳力生（1998），〈大陸民主運動邁進組黨階段〉。《中國大陸研究》，第41卷第9期，頁1～2。

陳會英、張麗卿（1998），〈大陸當局鐵腕取締法輪功〉。《大陸工作簡報》，1999年8月12日，頁1～11。

陳德昇（1987），〈中共「改革派」反「左」的背景與對策〉。《中國大陸研究》，第30卷第3期，頁15。

陳德昇（1993），〈中共的政經改革互動關係與影響〉。《中國大陸研究》，第36卷第4期，頁26～27。

陳耀（2002），〈西部大開發與中國區域經濟：兼論全球化與區域發展〉。收錄於宋國誠主編，《21世紀中國（卷二）——全球化與中國之發展》。台北：政治大學國際關係研究中心。

陶文達（1988），《發展經濟學》。北京：中國財政經濟出版社。

陶東風（1999），《社會轉型與當代知識分子》。上海：三聯書店。

喬松樓（1999），《軍事高技術ABC》。北京：解放軍出版社。

景杉主編（1991），《中國共產黨大辭典》。北京：中國國際廣播出版社。

童之偉（2001），《法權與憲政》。濟南：山東人民出版社。

華盛（2000），《中共最新王牌武器》。香港：夏菲爾出版社。

黃丘隆（1996），《社會主義詞典》。台北：學問出版社。

黃光雄主編（1990），《教育概論》。台北：師大書苑。

楊宏山（2002），《當代中國政治關係》。北京：經濟日報出版社。

溫家寶總理等會見中外記者並回答提問（2003，3 月 18 日），《新華社》。

賈春增（1996），《知識分子與中國社會變革》。北京：華文出版社。

鄒光祥（2003，5 月 21 日），〈亞銀報告預測：SARS 使中國損失 500 億
　　元人民幣〉。《21 世紀經濟報導》。

鄒讜（1994），《二十世紀中國政治》。香港：牛津大學出版社。

蓋軍主編（2001），《中國共產黨 80 年歷史簡編》。北京：中共中央黨校
　　出版社。

趙永茂（1998），《中央與地方權限劃分的理論與實際》。台北：翰蘆圖書
　　出版公司。

趙建民（1995），〈塊塊壓條條：中國大陸中央與地方新關係〉。《中國大
　　陸研究》，第 38 卷第 6 期，頁 70。

趙建民（2000），《當代中共政治分析》。台北：五南圖書。

趙建民（2001），〈社會主義憲法淺論〉。載中國大陸問題研究所主編，《中
　　共建政五十年》。台北：正中書局。

趙紫陽（1991），〈沿著有中國特色的社會主義道路前進〉。中共中央文獻
　　研究室編，《十三大以來重要文獻選編（上）》。北京：人民出版社。

趙曉斌、關榮佳（1994），〈中國的區域發展模式和中央與地方關係分析〉。
　　《中國社會科學季刊》（香港），1994 年秋季卷，頁 153〜154。

趙穗生（1992），〈中共中央與地方關係的演變——從強制到協商〉。《中
　　國大陸研究》，第 35 卷第 8 期，頁 33〜35。

劉洪主編（1990），《中國國情》。北京：中共中央黨校出版社。

劉清波（2001），《中共憲法論》。台北：華泰文化公司。

劉曉波（1992），《末日倖存者的獨白》。台北：時報文化公司。

劉曉波（2001），〈三個代表與中共政權的資本化〉。2002 年 11 月 8 日，
　　取自 http://www.future-china.org.tw/spcl_rpt/3r/r20010418.htm

樊祥麟（1985），〈毛死後中共政治權力轉移之研究〉。政治大學東亞所碩
　　士論文。

蔡昉主編（2001），《2001 年：中國人口問題報告》。北京：社會科學文
　　獻出版社。

鄭必堅（2001），〈時代發展與中國共產黨的「三個代表」〉。《求是雜誌》
　　（北京），總第 320 期，頁 3。

鄭永年（2000），〈實存的聯邦制的制度化〉，載於，田弘茂、朱雲漢編，
　　《江澤民的歷史考卷》。台北：新新聞文化公司。

鄭永年（2000），《政治漸進主義》。台北：吉虹文化。

鄭永年（2002），《江澤民的政治遺產：在守成和改革之間》。新澤西：八
　　方文化企業公司。

鄧小平（1990），《鄧小平同志論教育》。北京：人民教育出版社。

鄧小平（1994），《鄧小平文選，第二卷》。北京：人民出版社。

鄧小平（1994），《鄧小平文選，第三卷》。北京：人民出版社。

魯競（1996），〈江澤民「講政治」的歷史與現實分析〉。《中共研究》，第
　　30 卷第 6 期，頁 41。

盧中原（2003），〈未來五年中國大陸經濟走勢分析〉。《投資中國論壇論
　　文集》，2003 年第一季。

戴怡芳（1999），「高技術條件下局部戰爭的特點和規律」。中國軍事科學
　　（北京），第 1 期。

謝慶奎、楊鳳春、燕繼榮（1999），《中國大陸政府與政治》。台北：五南
　　圖書。

謝慶奎主編（1991），《當代中國政府》。瀋陽：遼寧人民出版社。

韓文甫（1996），《鄧小平傳（治國篇）》。台北：時報文化公司。

薩公強（1987），〈中共反對資產階級自由化鬥爭的前因後果〉。《中國大

陸研究》，第 30 卷第 1 期，頁 15～16。

魏艾（2001），〈中國大陸當前經濟形勢及未來的展望〉。收錄於中國大陸
　　問題研究所主編，《中共建政五十年》。台北：正中書局。

魏艾（2001），〈經濟全球化下兩岸三地的經濟合作與融合〉。《全球化時
　　代下的兩岸關係與中國大陸學術研討會論文集》。台北：政治大學社
　　會科學院。

魏艾（2003），〈中國大陸總體經濟情勢分析〉。《投資中國論壇論文集》，
　　2003 年第一季。

譚傳毅（1999），《中國人民解放軍之攻與防》。台北：時英出版社。

嚴家其（1992），〈中共「十四大」後中國大陸政治變革動向〉。《中共〈十
　　四大〉後之政經趨向與我國因應之道研討會》，台北：國策中心與陸
　　委會合辦，頁 3-1～3-2。

蘇彥榮主編（1994），《軍界熱點聚焦──高技術局部戰爭概論》。北京：
　　國防大學出版社。

蘇國樑（1994），《統計學》。台北：國立空中大學。

蘇紹智（1995），《中國大陸政治經濟的再認識》。台北：風雲論壇出版社。

顧明遠（1993），《馬克思主義與中國教育》。湖北：湖北教育出版社。

二、英文部分

Elazar, D. J. (1987). *Exploring Federalism*. Tuscaloosa: The University of
　　Alabama Press.

Harding, H. (1994). "On the Four Great Relationship': The Prospects for
　　China," *Survival*, 36(2), pp.22-42.

Hsu, Szu-chien (2000). "Central-Local Relations in the PRC under the Tax
　　Assignment System: An Empirical Evaluation, 1994-97," *Issues &
　　Studies*, 36(2), pp.32-72.

Karl, M. (1936). *Ideology and Utopia*. N. Y. : A Harvest Book.

Lijphart, Arend(1999). *Patterns of Democracy: Government Forms and Performance in Thirty-Six Countries*. New Haven: Yale University Press.

Marsh, D. and Stoker, G. ed. (1995). *Theory and Methods in Political Science*. N. Y. : Palgrave.

Oi, J. C. (1992). "Fiscal Reform and the Economic Foundations of Local State Corporatism in China," *World Politics*, 45(1), pp. 99-126.

Oi, J. C. (1999). *Rural China Takes Off: Institutional Foundations of Economic Reform*. Berkeley: University of California Press.

Schumpeter, J. A. (1950). *Capitalism, Socialism and Democracy*. New York: Haper and Brothers.

Zhang, Le-yin(1999). "Chinese central-provincial fiscal relationships, budgetary decline and the impact of the 1994 fiscal reform: An evaluation," *The China Quarterly*, no.157, pp. 115-141.

發現當代中國

著　　　者☞	施哲雄・王嘉州・何秀珍・吳榮鎮
	邱伯浩・張執中・陳重成・曾喜炤
出 版 者☞	揚智文化事業股份有限公司
發 行 人☞	葉忠賢
總 編 輯☞	閻富萍
執 行 編 輯☞	閻富萍
登 記 證☞	局版北市業字第 1117 號
地　　　址☞	台北縣深坑鄉北深路三段 260 號 8 樓
電　　　話☞	（02）86626826
傳　　　真☞	（02）26647633
印　　　刷☞	鼎易印刷事業股份有限公司
初版一刷☞	2003 年 10 月
初版四刷☞	2009 年 3 月
I S B N ☞	957-818-546-4
定　　　價☞	新台幣 400 元
網　　　址☞	http://www.ycrc.com.tw
E-mail ☞	yangchih@ycrc.com.tw

國家圖書館出版品預行編目資料

發現當代中國／施哲雄等著. -- 初版.
-- 臺北市：揚智文化，2003[民 92]
　面；　公分
　參考書目：面

ISBN　957-818-546-4（平裝）

1.政治-中國大陸　2.社會-中國大陸
3.經濟-中國大陸　4.軍事-中國大陸

574.1　　　　　　　　　　　92013968